GNOSTICISMO REVELADO

Arquetipos, Mitos y Misterios de una
Revolución Espiritual Oculta

Sabiduría Oculta de los Primeros Cristianos a través de sus
Mitos, Secretos y Arquetipos Junguianos

Autor:

Pluma Arcana
www.OperacionArconte.com

Edición original en español:
GNOSTICISMO REVELADO
PLUMA ARCANA

Primera edición abril de 2024
Derechos reservados. Ninguna parte de este libro puede ser reproducida o transmitida en cualquier forma o por ningún medio electrónico o mecánico, incluyendo fotocopiado, grabado o por cualquier almacenamiento de información o sistema de recuperación, sin permiso escrito de los autores.

Nota importante de exención de responsabilidad: Este libro es solo para propósitos educativos y de entretenimiento. El autor ha hecho todo lo posible para proporcionar información completa, precisa, actual y confiable, pero no se puede garantizar. El autor no es un experto en asesoramiento legal, financiero, médico o profesional. La información en este libro se ha recopilado de diferentes fuentes, por lo que es importante que consultes a un profesional antes de probar cualquier técnica descrita. Al leer este libro, aceptas que el autor no se hace responsable de ninguna pérdida directa o indirecta que pueda surgir por el uso de la información proporcionada, como errores o inexactitudes.

COPYRIGHT© OperacionArconte.com

Contenido

Prefacio 1

Parte 1- Fundamentos del Gnosticismo 3
    Orígenes del gnosticismo 3
    La Gran Hermandad Blanca y las Escuelas de Misterios 9
    La Iniciación gnóstica hacia la Iluminación 25
    El alma humana 36
    La Tradición Mistérica Occidental 39
    El Alma a través del Tiempo 43
    El descubrimiento de Nag Hammadi 52

Parte 2 – Misterios Gnósticos 58
    Para los Iniciados 58
    Los cristianos gnósticos y místicos 66
    Purificación Alquímica 81
    Las cinco etapas iniciáticas esotéricas 94
    Las Leyes de Moisés 108
    El Demiurgo 124

Parte 3 – Mitos Gnósticos y Arquetipos 135
    El Salvador danzante (Un himno gnóstico) 135
    El Lenguaje Simbólico De Los Mitos 141
    Realidad Simbólica 148
    Psique y Eros: Uniendo lo humano y lo divino 153
    El Reino de los Cielos 159
    El Cristo Interior 166
    Revisitemos el Alma 178
    El Amor Divino 181

Parte 4 – Maestros y Apóstoles Gnósticos 186

   La Ekklesia: cristianismo primigenio 186

   Jesús y sus enseñanzas según los primeros cristianos 197

   Jesús y los Misterios del antiguo Egipto 203

   Jesús como arquetipo humano y divino 220

   Jesús y los Esenios 228

   Misterios del antiguo Egipto y Jesús 237

   El apóstol Juan: Un místico gnóstico 241

   Pablo: Un gnóstico malinterpretado 244

   María Magdalena: La Divina Femenina gnóstica 251

   Felipe: Un apóstol del gnosticismo 259

Parte 5 – El Gnosticismo en la Vida Moderna 264

   La vida como ritual sagrado 264

   El Cristianismo Gnóstico 268

   El Puente Arcoíris que une personalidad y alma 282

   Los Gnósticos y La Hermandad Blanca 288

   La identidad de Jesús 297

   Gnosticismo moderno 301

A Manera de Cierre 303

Sobre el Autor 314

Prefacio

El Gnosticismo, siempre ha desafiado interpretaciones erróneas y visiones limitadas del divino mantenidas por aquellos arraigados en dogmas intransigentes. Sin embargo, esta corriente representa una venerable tradición de sabiduría que ha resonado en el espíritu humano a lo largo de los siglos, alimentando a aquellos buscadores de verdad que se adentran en los profundos misterios de la existencia.

En este texto, descubriremos una visión que trasciende las fronteras de las religiones convencionales. A lo largo de las cinco partes de este libro, emprenderemos un viaje de descubrimiento y despertar. En la primera parte, exploraremos los fundamentos del Gnosticismo, sus orígenes ancestrales y su relación con las Escuelas de Misterios. Nos sumergiremos en el concepto del alma humana y su evolución a través del tiempo, y examinaremos el significado del descubrimiento de los textos de Nag Hammadi.

En la segunda parte, nos adentraremos en los Misterios Gnósticos, aquellas enseñanzas esotéricas reservadas para los iniciados. Exploraremos la relación entre los gnósticos y los místicos cristianos, y descubriremos los procesos de purificación alquímica y las etapas iniciáticas que conducen a la iluminación. Reflexionaremos sobre el enigmático Demiurgo y su papel en la creación del mundo material.

La tercera parte nos sumerge en el reino de los mitos gnósticos y los arquetipos. A través de himnos y relatos simbólicos, penetraremos en las profundidades del alma y exploraremos la unión de lo humano y lo divino. Contemplaremos el arquetipo del Salvador danzante y el significado esotérico del Reino de los Cielos. Nos encontraremos con el Cristo Interior, esa chispa divina que habita en cada ser humano, y meditaremos sobre la naturaleza del Amor Divino.

En la cuarta parte, nos acercaremos a los maestros y apóstoles gnósticos, aquellos sabios y visionarios que encarnaron las enseñanzas de la Gnosis. Descubriremos la Ekklesia, el cristianismo primigenio, y exploraremos las enseñanzas de Jesús según los primeros cristianos. Indagaremos en la relación entre Jesús y los Misterios del antiguo Egipto, y contemplaremos su identidad como un arquetipo humano y divino. Nos adentraremos en la sabiduría de los apóstoles Juan, Pablo, María Magdalena y Felipe, reconociendo su papel como portadores de la Gnosis.

Finalmente, en la quinta parte, exploraremos la relevancia del Gnosticismo en la vida moderna. Descubriremos cómo la vida misma puede convertirse en un ritual sagrado, una oportunidad para encarnar las verdades espirituales. Reflexionaremos sobre el Cristianismo Gnóstico y su potencial para transformar nuestra comprensión de la fe. Exploraremos el puente arcoíris que une la personalidad y el alma, y meditaremos sobre la relación entre los gnósticos y la Gran Hermandad Blanca.

Este libro invita a cuestionar y a descubrir la sabiduría perenne del gnosticismo. No ofrecemos respuestas definitivas, sino una base sólida para tu propio viaje hacia el autoconocimiento y el despertar espiritual.

Pluma Arcana

Parte 1- Fundamentos del Gnosticismo

Orígenes del gnosticismo

Los orígenes del gnosticismo han sido objeto de debate entre los estudiosos durante mucho tiempo. A pesar de las diversas teorías que sugieren influencias de diferentes culturas, no se ha llegado a un consenso claro sobre su procedencia exacta. El término "gnosticismo" se utiliza de manera amplia para referirse a diferentes grupos filosóficos o religiosos, lo que puede generar confusión.

Existe un debate sobre si el gnosticismo es una filosofía que trasciende el cristianismo gnóstico o si está intrínsecamente ligado a él. La religión gnóstica parece ser un mosaico de diversas tradiciones sagradas vinculadas a los antiguos misterios del mundo occidental, y aunque su antigüedad exacta es incierta, hay indicios de que podría preceder al cristianismo.

El descubrimiento de los Rollos del Mar Muerto en 1947 evidenció un judaísmo precristiano de carácter gnóstico, identificado como la Orden Esenia. Esta variante del judaísmo pudo haber servido como base para la espiritualidad poco convencional de los gnósticos. Tanto esenios como gnósticos compartían prácticas similares y seguían las enseñanzas de los profetas, esperando la llegada de un Mesías.

Antes del surgimiento del cristianismo, existía una tradición esotérica conocida como "gnosis" para aquellos que buscaban una comprensión profunda de su vida espiritual. Sin embargo, debido a la ausencia de textos gnósticos precristianos, la mayoría de los historiadores consideran que el gnosticismo se desarrolló como un sistema de pensamiento único en el siglo II d.C.

A pesar de esta falta de evidencia textual, algunas referencias sugieren que los orígenes del gnosticismo podrían remontarse al zurvanismo, una religión iraní considerada el germen de la filosofía de Zaratustra. Los gnósticos eran venerados videntes celestiales, sacerdotes-astrónomos de la Orden de los Reyes Magos, antepasados de los que más tarde aparecerían en el nacimiento de Jesús.

Según el relato bíblico, los tres Reyes Magos, siendo gnósticos secretos, honraron a Jesús y le ofrecieron regalos. Después de este episodio, desaparecieron de los registros históricos, excepto en algunas leyendas.

Ciertos historiadores consideran que los Reyes Magos eran sacerdotes zoroastrianos de Persia. Según la tradición mítica, eran místicos monjes descendientes de Set que custodiaban la profecía del nacimiento de Jesús.

En esta leyenda, los gnósticos son llamados "los hijos de Seth", descendientes de Seth y Norea. Se separaron de la Orden de los Magos debido a la implicación de estos últimos en la manipulación y el control de la humanidad a través de la política teocrática. Los gnósticos, siendo adeptos y chamanes, evitaban las preocupaciones políticas, priorizando la transmisión de su sabiduría al mundo.

Aunque gran parte de esta leyenda no puede ser validada como verdad histórica, los gnósticos estaban consagrados a crear y guiar culturas hacia la sabiduría y el amor. Sin embargo, creían que poner su conocimiento sagrado por escrito lo corrompía, lo que explica la escasez de registros de sus enseñanzas específicas. Enseñaban mediante la instrucción mística, la reflexión meditativa, la alegoría, el ritual sagrado, la poesía, la música y la oración mística, desafiando suavemente el dogma estático y rígido. Esta forma de ser sigue caracterizando a los gnósticos hasta el día de hoy.

El uso de la palabra gnostiko se remonta a los tiempos más remotos de la historia documentada, expresada por los iniciados y adeptos de las Escuelas de Misterios Antiguos que existieron en Egipto, Persia y la India. Más de 300 años antes del surgimiento del cristianismo, Platón utilizó la palabra gnostiko. Los maestros pitagóricos le enseñaron a presentar la sabiduría de Zaratustra, Hermes y Orfeo en un marco exotérico comprensible. Pitágoras, considerado un avatar de Apolo, y posteriormente Platón, pueden haber sido dos de los primeros gnósticos.

En el siglo II, Basílides, uno de los primeros comentaristas de los evangelios cristianos, era gnóstico. Afirmaba haber heredado enseñanzas del apóstol Mateo. Tras su muerte, Valentín se convirtió en el principal inspirador del gnosticismo. Era un iniciado del discípulo de Pablo, Teudas, y estudió la sabiduría secreta que Pablo había enseñado sólo a unos pocos elegidos.

Valentín fue considerado por muchos como el padre del gnosticismo cristiano y el hereje gnóstico más influyente. Fue un extraordinario maestro y poeta, autor de hermosas homilías gnósticas. Incluso estuvo cerca de ser elegido Papa, pero al final de su vida fue tachado de peligroso hereje y se le prohibió cualquier forma de servicio público. Si un gnóstico hubiera llegado a ser Papa, la religión cristiana ortodoxa se habría transformado, permitiendo el florecimiento del gnosticismo en el seno mismo de la Iglesia.

Los seguidores de Basílides y Valentín, junto con otras sectas rebeldes contra el judaísmo ortodoxo, así como los primeros platónicos, pitagóricos y seguidores de Seth, eran gnósticos. Todos ellos buscaban comprender el significado más profundo de la vida, aunque existe controversia sobre qué sectas se autodenominaban "gnósticas". No obstante, estos maestros y sus discípulos parecen haber transmitido la esencia del pensamiento gnóstico.

La leyenda de Simón el Mago es otro ejemplo notable. Los simonianos, sus seguidores, se centraban en el matrimonio del alma con el yo humano a medida que viaja a través del mundo de la dualidad. La consorte de Simón, Helena, era vista como una manifestación de Sophia, el alma del mundo.

Los gnósticos desarrollaron esta creencia en Sophia como el alma del mundo, considerándola la naturaleza sintiente de la Humanidad y enfatizando su papel como esposa de Dios. Existía una versión sofiánica del gnosticismo que consideraba a la Sophia femenina como la deidad central. Bajo la protección del principio masculino, la única forma de conocer la verdad era a través de la vía femenina que la asume y la siente en el corazón. Esta filosofía gnóstica es fundamentalmente idéntica a la filosofía esotérica de las grandes Tradiciones de Misterios del mundo.

Los ofitas eran gnósticos de Siria y Egipto, incluyendo sectas judías que se desarrollaron durante el siglo II. Su sistema combinaba los Misterios de Isis con la sabiduría de la filosofía oriental. Se cree que el Diagrama definitorio de la Realidad creado por los ofitas influyó en el Árbol de la Vida cabalístico judío. Estos místicos comparaban a los humanos con un árbol invertido, enraizado en el cielo, y extendiendo sus ramas hacia la tierra para nutrirse. Los frutos del árbol son las buenas acciones.

Los ebionitas, por su parte, eran fanáticos religiosos aún más rebeldes. Deploraban el cristianismo ortodoxo, acusando a la Iglesia de distorsionar las enseñanzas de Jesús. Creían que la ley de Dios estaba escrita en el corazón y que toda autoridad externa carecía de validez. Para ellos, ser ebionita era un estado mental, una condición espiritual que permitía la entrada en el Reino de Dios interior.

Según Harold Bloom, el gnosticismo puede ser la más antigua y básica de todas las Tradiciones de Sabiduría auténticas conocidas a lo largo de la historia. En el texto gnóstico El Apocalipsis de Adán, el gnosticismo fue transmitido al hijo de Adán, Seth, en su lecho de muerte. A lo largo de la historia religiosa, la identidad de Seth se ha fusionado simbólicamente con otros grandes seres, reuniendo las enseñanzas esotéricas de las tradiciones greco-egipcia y hebrea.

A partir de estas investigaciones, se puede deducir que las enseñanzas orales de las Antiguas Tradiciones Misteriosas subyacen en todas las religiones de la Humanidad y son la base del Judaísmo y el origen del auténtico Cristianismo. Aunque no se sabe con certeza cuánto tiempo residieron Jesús y su familia en Egipto, no es descabellado pensar que Jesús pudo haberse formado en las esotéricas Tradiciones Misteriosas durante los 18 años perdidos de su joven vida adulta. Sin embargo, también es posible que Jesús simplemente naciera con esta Sabiduría Eterna codificada en su conciencia.

Cuanto más se profundiza en el gnosticismo, más se evidencia que se trata de una síntesis de la sabiduría esotérica perenne que subyace a toda la verdadera filosofía y religión que influye en el mundo. Permite acceder al mapa universal de la Humanidad y vislumbrar una imagen holográfica que contiene "el Todo". El gnosticismo compite con el cristianismo de Simón el Mago y, aunque es producto del sincretismo, posee una esencia autónoma.

En el cristianismo, aquellos con inclinación mística que habían estudiado con Jesús pasaron a ser conocidos como cristianos gnósticos. Explorar a estos primeros místicos cristianos menos convencionales puede arrojar luz sobre la herencia de quienes se identifican como cristianos pero se sienten fuera de sintonía con el cristianismo popularizado.

La Gran Hermandad Blanca y las Escuelas de Misterios

Las Escuelas de Misterios Esotéricas custodian la Sabiduría Perenne, transmitida en cada época. Estas "escuelas de comercio de la conciencia" restauran el equilibrio cuando la vida pierde sentido o se desvía. Recuerdan la gran historia del ser humano: almas espirituales en evolución a través del tiempo y el espacio, participando en el plan divino. Cuando se hace conscientemente, la vida se llena de magia y lo extraordinario se revela en lo ordinario.

Estas tradiciones milenarias, conocidas como Escuelas de Misterios, se enseñaban en secreto y rara vez eran comprendidas por las masas. Los Misterios, como la gnosis, revelan el significado más profundo de la vida, recordando que el ser humano es espiritual y eterno en esencia. La historiadora esotérica Caitlin Matthews lo expresa elocuentemente:

"Despojado de su tradición mística, un sistema externo es como una rosa sin su fragancia".

Un Misterio sagrado no es simplemente una idea elevada; es una "fragancia espiritual" interior que transforma la psique, eleva la conciencia y expande la comprensión de la identidad y del propósito vital. Estas Tradiciones de Misterios atemporales proporcionan las verdades más profundas sobre el origen y destino de la humanidad. Sumergirse en este mundo místico extiende un aura de asombro mágico a lo largo de la vida, permitiendo experimentar realmente la profundidad del propósito del alma.

En la antigüedad, los Misterios a menudo se narraban en historias diseñadas para impactar la vida emocional, expresadas en "Obras de la Pasión" que conmovían a los espectadores.

Cuando algo se siente verdadero, afecta tan profundamente que se cree de todo corazón. Por eso los Maestros Gnósticos enseñaron tan a menudo a través del mito.

Los registros históricos revelan que estas tradiciones atemporales existían 4.000 años antes del nacimiento de Jesús y continuaron abiertamente unos 400 años después de su muerte. Sin embargo, el linaje de las Tradiciones de Sabiduría occidentales se remonta al inicio terrenal de la civilización en el mítico paraíso ártico llamado Hiperbórea, donde se cree que se unen el Cielo y la Tierra. Posteriormente, los Misterios surgieron en la Atlántida, el Edén y la antigua Sumeria. Debido a la fusión de tantas fuentes en las Tradiciones Sabias Occidentales, nunca se tendrá certeza absoluta sobre todo esto. Pero se sabe que la "Sabiduría Perenne" en todas las culturas proporciona el conocimiento del proceso evolutivo de la humanidad y ha sido conocido de diversas formas desde el principio de los tiempos.

La profunda realización que yace en el corazón de todas las Escuelas de Misterios es la convicción de que la humanidad es divina. Cada Misterio tiene un propósito, enseñando a comprender las realidades simbólicas que despiertan la memoria del propósito sagrado. Durante el breve tiempo en la Tierra, se debe celebrar la vida desde lo más profundo del ser y utilizarla para marcar la diferencia en el mundo. Todos tienen una esfera de influencia y pueden ayudar a mejorar la vida, no necesariamente desde podios o la palabra escrita, sino simplemente con la forma habitual de ser.

Las Escuelas de Misterios son "almas antiguas" que se reúnen para ayudar a manifestar un aspecto del proceso evolutivo por el bien del mundo. Son el lado interno de las "tribus" que viven en una dimensión de conciencia más elevada que la experimentada en la vida cotidiana. En las Escuelas de Misterios esotéricas, estas almas que despiertan se denominan "Demostradores de lo Divino".

Sin embargo, para consternación de muchos, el primitivo mundo religioso ortodoxo consideraba todo este arte metafísico como "obras del Diablo". Y todavía hoy existen reductos de ese duro juicio. Por lo tanto, no es raro sentir la necesidad de mantener los intereses esotéricos en privado. Y lo que es aún más lamentable, aunque últimamente ha habido un renacimiento de las Tradiciones de Misterio, a menos que se asista a una Iglesia moderna del Nuevo Pensamiento o se sea miembro de un grupo esotérico, la mayoría de las personas que se autodenominan "cristianas" saben poco o nada de estos Misterios Eternos que yacen en el núcleo mismo del cristianismo formativo.

Hasta principios de la década de 1930, estas Hermandades y Órdenes espirituales ocultas tuvieron que permanecer como "Sociedades Secretas", ya que sus miembros podían ser perseguidos o incluso ejecutados por ir en contra de las normas establecidas. Por eso, en los primeros tiempos, las Religiones de Misterio tuvieron la obligación de guardar secreto perpetuo y se reunían a puerta cerrada. Sus secretos se consideraban "sagrados" y hasta hoy nunca han sido revelados en su totalidad. Incluso en la actualidad, estas Escuelas esotéricas de Sabiduría no hacen publicidad ni proselitismo; las personas son atraídas hacia ellas a través de la Ley cósmica de la Atracción. Existe un dicho eterno al respecto: "Cuando el estudiante está listo, el maestro aparece".

Estas enseñanzas esotéricas consagradas por el tiempo son la base de todas las religiones y filosofías verdaderas que han impactado el mundo. Este conocimiento sagrado sostiene una conciencia que honra todos los caminos espirituales y respalda las leyes inviolables del universo. Todos los gnósticos eran seguidores de "los Misterios" de una forma u otra. Las leyes de este universo físico y las realidades simbólicas más profundas serán siempre la clave de los Misterios Gnósticos. Los iniciados en los Misterios saben que, en ausencia de estos principios universales, la vida en la Tierra estaría entregada al sinsentido y al error.

G. R. S. Mead, uno de los más aclamados investigadores del Gnosticismo, afirma que los antiguos escritos sobre la gloria del pensamiento gnóstico eran tratados de los documentos secretos más íntimos de estas Escuelas de Sabiduría sin edad. En la brillante forma poética de expresarse de Mead, dijo que estas enseñanzas databan de un período en el que:

"El genio gnóstico, como un poderoso águila, dejó atrás el mundo y se elevó en círculos cada vez más amplios hacia la luz pura, hacia el conocimiento puro, perdiéndose en el éxtasis".

Las artes sagradas metafísicas de la Tradición Misteriosa Occidental son las "herramientas del oficio" para acceder a esta forma más profunda de conocimiento. Estos métodos y técnicas sagrados incluyen las pruebas de iniciación, la alta magia, la astrología esotérica, la simbología mítica, el cristianismo místico, la psicología esotérica, la alquimia, el chamanismo, la numerología, el Tarot, la geometría sagrada, los ritos de iniciación nativos y celtas, la antigua pompa griega, las invocaciones a la Diosa, el Camino del Árbol de la Vida de la Cábala judía y el Misterio experimental del Santo Grial. Sin duda existen más escuelas sagradas de despertar además de las mencionadas aquí, pero éstas son las que se pueden nombrar.

Los terapeutas griegos de las escuelas Eleusina y Órfica utilizaban la pompa y los estados extáticos no ordinarios de conciencia para acceder al arte, la belleza, y al misterio de la muerte y el renacimiento.

Los hermetistas egipcios o iniciados de Isis y Osiris tenían técnicas específicas para trasladar la sabiduría de los mundos superiores a la vida ordinaria, a menudo a través del Tarot y la Numerología.

Los zoroastrianos persas eran conocidos por lidiar con la tensión de los opuestos del bien y del mal.

La Escuela de Antroposofía de Rudolph Steiner enseña la unión de la personalidad humana con el alma.

Los Comentarios de Gurdjieff se centran en la integración del ego y la trascendencia.

La Orden Celta de los Druidas busca el Misterio de la Tierra Media y los Secretos del Santo Grial.

Los Caballeros Templarios fueron sacrificados por los romanos por su creencia en el conocimiento espiritual transmitido directamente.

Los Esenios y los Cristianos Gnósticos se someten a las Iniciaciones Cristianas para "Conocerse a Sí Mismos" y aprender sobre el verdadero Jesús, María Magdalena y la verdadera misión de Cristo.

La Escuela de la Francmasonería enseña a sus Iniciados a recordar sus deberes sagrados en la vida como servidores de la Humanidad.

La Escuela Arcana de Alta Magia enseña cómo manifestar el Espíritu en el mundo ordinario.

Los místicos judíos, engendradores de la sagrada Cábala y su eterno Árbol de la Vida, enseñan el Plan Divino: "Como es arriba, es abajo".

Los alquimistas buscan encontrar la Piedra Filosofal, el centro del Ser, "transmutando el plomo en oro" a través de un proceso purificador de transformación de la naturaleza sombría en luz.

Los Rosacruces enseñan alquimia mental y espiritual y creen en el logro de la pureza, la apertura de corazón y la transformación a través del sacrificio de la naturaleza inferior.

Las tradiciones de las diosas de Grecia y Roma enseñan las cualidades internas y los ritos de paso que despliegan el principio femenino esencial para equilibrar el poder y la autoridad masculinos.

Las enseñanzas teosóficas de Helena Blavatsky y del Maestro Tibetano Djwhal Khul guían en el conocimiento directo de la verdadera herencia como almas espirituales.

La Gnosis es el "saber" que reside detrás de todas estas Tradiciones sagradas. Como bien sabían los gnósticos, los Misterios no pueden enseñarse de una persona a otra; deben "captarse" a través de la gnosis, mediante el propio estudio profundo y la revelación intuitiva. En el gnosticismo, los candidatos aprobados por los Maestros de la Sabiduría son iniciados en "los Misterios" y se les muestra cómo descubrir por sí mismos el ennoblecimiento del alma humana. Descubren que los Misterios son acontecimientos espirituales reales que suceden internamente, como una experiencia de muerte o renacimiento, milagros que crean un cambio en la psique que puede transformar la vida para siempre.

Sin profundas percepciones y revelaciones, los Misterios simplemente no pueden ser comprendidos; desafían cualquier tipo de dogma o análisis lógico. Como siempre enseñó el gnóstico San Pablo, los principados y potestades divinos sólo pueden conocerse a través del misterio.

En el sentido más profundo, esta vida humana es, en efecto, un misterio inefable. Actualmente, los científicos no comprenden qué es la conciencia ni de dónde procede. Aunque tanto científicos como metafísicos han reflexionado, nadie sabe realmente de dónde viene la humanidad ni cómo se creó este mundo. Abundan las teorías, pero ninguna de ellas ha demostrado ser la respuesta a estas imponderables preguntas de toda la vida. El gnosticismo seguirá siendo siempre un camino místico y misterioso si quiere realmente honrar la integridad de sus valientes antepasados.

Cada vez que se siente "la llamada", el misterio de la evolución toca las almas y despierta alguna pieza olvidada del extraordinario viaje a través del Tiempo. Puede que se esté escuchando "la llamada" en este momento para estudiar más o unirse a una Escuela de Misterios para reencontrarse con el propio linaje terrestre/celestial.

Desde que los antepasados egipcios/griegos sentaron las bases del pensamiento occidental, el mandamiento griego Gnothi Sauton, "Conócete a ti mismo", ha impregnado la filosofía e inspiración. Como proclamó una vez el excelso dios griego Hermes, "Quien se conoce a sí mismo conoce el Todo". Y aunque este antiguo aforismo es la cumbre del conocimiento en casi todas las culturas del mundo, buscar el conocimiento del Ser como una forma de recordar la naturaleza divina quedó enterrado bajo los dictados retóricos de la ortodoxia cristiana, a menudo visto como arrogancia espiritual, o incluso blasfemia. En cambio, a los cristianos se les enseña habitualmente que siempre deben ponerse en último lugar. Sin embargo, el viaje interior muy personal hacia el autoconocimiento y el recuerdo de la unidad con Dios fue una parte vital de las enseñanzas originales de Jesús, que los cristianos gnósticos continuaron con apasionada intención.

A través de la gnosis, se aprende que el ser humano es la conciencia misma. Y esta conciencia es infinita y eterna. Así que, no importa lo que ocurra, el Ser observador permanece. Incluso en el momento de la muerte, la conciencia estará diciendo: "Oh, mira. Ahora estás 'muerto'". El autoconocimiento elimina todo miedo a la muerte, porque lleva más allá de esta mera existencia humana temporal y sitúa al individuo en su vida arquetípica inmortal. Como promete uno de los pasajes favoritos del Evangelio gnóstico de Tomás:

"Los vivos que vienen del Viviente no conocerán ni el miedo ni la muerte, pues está dicho: Quien tiene Autoconocimiento, el mundo no puede contenerlo".

El conocimiento del Ser arquetípico es una gnosis enraizada en el amor y la sabiduría espirituales. Los gnósticos creen que llevar este conocimiento de la herencia divina a los demás es la misión en la Tierra. Esto da a la vida un sentido profundo de propósito sagrado, y se vivirá libre de las restricciones de creerse "sólo humano". Como dice este discípulo gnóstico en El Evangelio de Felipe:

"Aquellos que han llegado a ser libres a través del conocimiento se convierten en siervos amorosos de aquellos que aún no tienen este conocimiento y libertad. El conocimiento (gnosis) les hace capaces de esto porque son libres, incluso de su libertad."

En la Tradición Gnóstica, se encuentra un movimiento espiritual esotérico profundamente arraigado que es a la vez religioso y psicológico por naturaleza. Los gnósticos sabían que para tener una espiritualidad auténtica, hay que tener una psique sana. En sus múltiples formas de expresión, el gnosticismo es un modelo psicológico formativo y duradero de la vida interior de la humanidad. Es la ley espiritual escrita en el corazón, comprendida a la manera de cada uno. Y como es bien sabido, aunque el intelecto pueda mentir, lo que se conoce en el corazón siempre será la verdad de fondo.

Al igual que el cristianismo derrumbó el viejo y anticuado sistema de la religión, el gnosticismo derrumbó el viejo y anticuado sistema de buscar siempre fuera de uno mismo para encontrar la identidad, volviéndose hacia dentro, hacia la propia naturaleza divina. En el pensamiento gnóstico, el Autoconocimiento aporta la verdad del origen y destino espirituales, una respuesta intuitiva a las dos preguntas fundamentales de la humanidad: ¿De dónde viene el ser humano y adónde va?

La ciencia pretende descubrir el origen de la naturaleza humana y erradicar todos los viejos mitos religiosos relativos a la creación y el destino. Sin embargo, el resultado final del científico es siempre decir: "Pero entonces, ¿quién creó eso? ¿De dónde surgió la idea de "Dios"? ¿Y cómo empezó la vida?". Quizá estas preguntas sigan siendo siempre los enigmas irresolubles de la existencia. Y esto fascinaba a los gnósticos, que eran devotos especuladores sobre este mismo tema.

Para los gnósticos místicos, Dios es aquel "en el que se vive, se mueve y se tiene el ser". La psique humana contiene la sustancia de una esencia eterna imperecedera de Dios, lo que significa que el Yo ideal y Dios están intrincadamente unidos. En el pensamiento gnóstico, no es necesario hacer distinción entre el Yo arquetípico y una imagen de Dios en la psique. La autorrealización puede ser, en efecto, la encarnación de Dios aquí en la Tierra.

En este sentido, todo lo que es "religión" es una parte natural del ser humano, no algo que sólo se proyecta en el mundo exterior de los rituales religiosos, el clero y las instituciones. La junguiana Marie-Louis Von Franz lo explica de forma sencilla: "La religión se convierte en la experiencia numinosa personal del ser humano individual". Así que la gnosis, con sus revelaciones simbólicas de la sabiduría innata, puede llevar allí.

En el gnosticismo, así como en la psicología junguiana, el verdadero Ser es el plano del humano ideal, tanto la fuente última como la culminación divina de esta vida humana mágica. Pero en realidad no hay forma de comprender el Ser esencial mediante la lógica analítica o los hechos literales; se debe utilizar la imaginación creativa para acercarse siquiera al misterio de la esencia. Se puede imaginar metafóricamente el Ser como la semilla del alma espiritual en la psique humana, o incluso más poéticamente como "la Promesa" en medio del ser. Para los antiguos maestros gnósticos, que pensaban tanto mística como poéticamente, los que recibían "la Promesa" eran los que recordaban que eran divinos. El primer texto gnóstico conocido, el Códice Bruciano, dice que cuando se despierta, el ser humano es:

"...marcado con el Sello de Dios, se le da el nuevo misterio de las cualidades del alma de Gloria, Gozo, Júbilo, Alegría, Paz, Esperanza, Fe, Amor y Verdad Imperecedera, para que sea dios y sepa que viene de Dios".

Esta es una hermosa narración en verdad, pero ¿cómo en el mundo se está "marcado con el Sello de Dios"? Tal vez significa que se ha completado gran parte del trabajo del ego y que el ser se elevará a la estatura del Yo mayor. Como se describe en la tradición esotérica: "El espíritu ha montado sobre los hombros de la materia". En la Tradición Misteriosa Occidental, se dice que el ser humano es el "nuevo grupo de servidores del mundo", aquí para ayudar a la humanidad a crecer hacia la maduración plena. Y sólo se puede hacer si se es. Aprender a ser el auténtico Ser es la espiritualidad viva de los gnósticos. Es un proceso real de despertar, no de adoctrinamiento en un conjunto rígido de creencias religiosas. Una espiritualidad viva relaja en el mero hecho de ser.

Los gnósticos valentinianos de Alejandría proclamaban que los cristianos convencionales tienen fe, pero los gnósticos tienen conocimiento. Y aunque el padre de la Iglesia Ireneo fue el portador de la antorcha de las batallas contra las herejías, estudió intensamente a los gnósticos "heréticos" y supo que esto era cierto:

"Afirman que el hombre Interior y Espiritual es redimido por medio del conocimiento, y que ellos, habiendo adquirido el conocimiento de todas las cosas, no necesitan nada más, pues ésta es la verdadera redención, de ahí que repudien la salvación por la fe."

La importancia crucial de obtener el verdadero autoconocimiento es el corazón mismo del gnosticismo. Los gnósticos sentían que si no se recordaba quiénes eran, se había perdido el sentido de la encarnación. Y esto se expresa profundamente en el Evangelio de Tomás:

"Cuando te conozcas a ti mismo, entonces serás conocido, y sabrás que eres hijo del Padre viviente. Pero si no te conoces a ti mismo, vivirás en vano y serás esa vanidad... Quien conoce el Todo, pero no se conoce a sí mismo, carece de todo".

La angustia que proviene de la ignorancia de la verdadera naturaleza es como una niebla que nubla la visión, de modo que la realidad no puede verse a dondequiera que se mire. En la vida física, la ignorancia se convierte en confusión y en tomar caminos equivocados. En la vida emocional, es ansiedad preocupante, autocompasión y aferrarse a la pena o a la desilusión. Y en la vida mental, es morar en una existencia incómoda con nociones ilusorias sobre la plenitud. Pero el Evangelio gnóstico de la Verdad da la esperanza de que se puede aprender a ver con claridad, diciendo que cuando se tiene conocimiento, la ignorancia desaparece y el ser humano se siente realizado.

Rudolph Steiner, fundador de la Antroposofía y de las Escuelas Waldorf, fue considerado un hereje gnóstico por muchos en el mundo convencional. Basó su obra en la premisa de que, para que la humanidad evolucione, debe adquirir conocimiento de la vida espiritual y vivir conscientemente como almas despiertas. Steiner creía que sólo "una Humanidad rezagada" se preocupa meramente de los asuntos físicos. En una conferencia que pronunció en Suiza en 1923, lleva al núcleo mismo del gnosticismo cuando dice:

"Los hombres deben despertar esas facultades interiores del alma que una vez dieron origen al saber mitológico de los tiempos antiguos. Porque sólo elevándose a la esfera del conocimiento imaginativo pueden permanecer con plena conciencia en la corriente de la evolución humana que fluye hacia adelante."

El autoconocimiento es un proceso sagrado, amoroso y sanador que viene directamente de la Fuente. La clave es aprender a volverse hacia dentro, para poder escuchar la voz del Yo mayor y su respuesta amorosa, sabia y creativa a las circunstancias de la vida. Por desgracia, la mayoría pasa el tiempo centrado en la vida exterior. Pero cuando se confía y se sigue la sabiduría inherente y la imaginación creativa, se encuentra el tesoro enterrado en la propia psique. Y se cree que la humanidad está siendo llamada actualmente a vivir en esta forma de ser más elevada y auténtica. Se ha entrado en la Era de Acuario, que según los astrólogos esotéricos es la Era de la

Autorrealización. En el lenguaje de los místicos, los "Señores de la Evolución" están haciendo avanzar al ser humano.

Pero como los gnósticos, si se entra en este Camino hacia el Autoconocimiento y uno se centra interiormente en la sanación emocional y la trascendencia, la gente a veces malinterpreta, o incluso menosprecia. La autoexploración puede ser juzgada como "mirarse el ombligo" o "vivir en el país de la fantasía". Incluso puede considerarse "anticristiano" pensar en uno mismo. Y esto es un grave malentendido. ¿Cómo se va a superar el egoísmo inconsciente si nunca se observa a uno mismo?

En otra ocasión, una mujer buscó a un conferencista después de que hubiera dado una charla sobre transformación personal para decirle que tenía que entender que la palabra "transformación" es mala, que así lo dice la Biblia. Pues bien, dio la casualidad de que el conferencista llevaba consigo las notas de su nuevo libro, donde cita Romanos 12:2 al principio de un capítulo: "No os conforméis a este mundo, sino transformaos por medio de la renovación de vuestra mente...". Cuando le mostró este pasaje bíblico, la mujer se marchó enfadada.

Algunas personas necesitan este tipo de dogma rígido para consolarse o remediar sus propias inseguridades. El camino gnóstico es más heroico; no depende de reglas memorizadas de ningún tipo y requiere que se asuma plena responsabilidad por las creencias y las elecciones que se hacen en la vida.

Los gnósticos siempre han vivido adelantados a su tiempo en este mundo "como ciudadanos de otro Reino", como custodios de un estado del ser que este mundo, por regla general, aún no honra: la sabiduría de la propia y verdadera naturaleza. Viven en el límite creciente de la conciencia humana, no por su afiliación a ningún grupo espiritual en particular, sino porque sus almas lo ordenaron incluso antes de que nacieran. En el silencio de sus corazones meditan sobre este Auto-recuerdo y se esfuerzan por vivir día a día como el individuo centrado y único que fueron creados para ser.

Los cristianos gnósticos creían que Jesús vino a recordar que, como seres espirituales, la vida aquí en la Tierra es como la escuela a la que se asiste para aprender a dominar la condición humana. Pero he aquí el funesto desafío al que todos han tenido que enfrentarse: Para aprender a ser humanos, han tenido que "desnudar" su naturaleza inherentemente divina y volverse plenamente humanos; han tenido que serlo para conocerlo. Aun así, nunca debieron perderse en las "cosas de este mundo" y olvidar su herencia espiritual. Pero como el ego humano atropella tan fácilmente al alma mientras se vive en este mundo materialista, el hecho indeleble de la verdadera identidad ha quedado enterrado y, para muchos, incluso olvidado. El poeta gnóstico Robert Browning lo recuerda en su elocuente poema Paracelso:

"Hay un centro íntimo en todos nosotros donde la verdad habita en plenitud; y alrededor y alrededor, pared sobre pared, la carne grosera la acorrala".

Con dedicada perseverancia, el ser humano se ha dejado "acorralar" por la persona del ego impulsada por el poder y buscadora de placer que la mayoría cree ser en realidad, sin pensar apenas en que esta vida terrenal es un Reino sagrado de almas espirituales. Y para desgracia de la humanidad, cuanto más se confía en ser sólo un ego humano que vive en el superficial "mundo de las apariencias", más se condena a la miseria y la alienación. La sagrada sabiduría esotérica y el conocimiento del verdadero Ser mantienen firme al ser mientras atraviesa las pruebas de vivir en este azaroso mundo. Como recuerda el Dr. Carl Jung: "Siempre son las revelaciones de lo sobrehumano las que sacan al ser humano de sus angustiosas circunstancias vitales." Y en el Evangelio Gnóstico de Felipe se dice:

"Si conocéis la verdad, la verdad os hará libres. La ignorancia es esclavitud. El conocimiento es libertad. Si conocemos la verdad, encontraremos en nosotros los frutos de la verdad. Si nos unimos a ella, nos traerá la plenitud".

En el gnosticismo, aprender a ser plenamente humano es la base necesaria para ser espiritual. Se tiene que crecer en la naturaleza espiritual con la madurez del verdadero y más elevado Yo. De lo contrario, el ego distorsionará la "espiritualidad" para sus propios fines egoístas. Por lo tanto, mientras que el cristianismo ortodoxo se centra en que el ser humano sea más espiritual, los gnósticos hacen todo lo contrario: se centran en que sea más humano. Saben que el ser ya es espiritual; es humano el aprender a serlo, Para ellos, llevar el alma espiritual vaporosa a una forma física plenamente encarnada es la tarea sagrada. Como dice María Magdalena en su evangelio, "Jesús nos llama a ser plenamente humanos".

Esto es lo que sin duda quiso decir Jesús cuando dijo: "Sed, pues, vosotros perfectos, como vuestro Padre que está en los cielos es perfecto." No hablaba de ser impecables, sino de ser completos como el Ser que Dios hizo ser a cada uno. Anthropos es la palabra griega que mejor describe el arquetipo humano plenamente desarrollado. Curiosamente, como señaló el teólogo Jean Yves Leloup, en español no existe una palabra para designarlo. Así que simplemente se debe poner en mayúsculas la palabra "yo".

Los primeros cristianos gnósticos creían que el ser humano vino a la Tierra para ser Dios en forma humana, para que Dios pudiera experimentar el "juego de la creación" sensual a través de cada uno. Carl Jung fue un maestro de este drama divino entre Dios y el hombre. Tenía la certeza de que una nueva imagen de Dios busca constelarse en la psique humana. En Respuesta a Job, considerado su libro más gnóstico, Jung insistió en que tanto lo terrenal como lo celestial están evolucionando: No sólo la Divinidad permite al ser humano evolucionar, sino que Dios también puede estar evolucionando a través de la humanidad. Sin duda, un pensamiento convincente: Quizá se esté trayendo el Reino de Dios a la Tierra.

La Iniciación gnóstica hacia la Iluminación

Según las enseñanzas del Maestro Tibetano Djwhal Khul, la Iniciación se define como una expansión de la conciencia que abre la mente y el corazón a reconocimientos exclusivos de aquello que ya existe. Cada Iniciación emprendida representa una iluminación, comparable al amanecer del sol, que conduce hacia una conciencia completamente nueva. Esta fuerza activa interior impulsa la propia evolución y mantiene a la humanidad avanzando en la búsqueda constante de alcanzar su potencial más elevado. La Iniciación es el proceso que despierta la comprensión de que somos almas espirituales encarnadas en forma humana, un proceso de elección consciente para evolucionar que trasciende el intelecto. Los iniciados viven más desde la intuición, que finalmente conduce a la iluminación, la omnisciencia mística del alma. Estas son las tres capas de la vida mental en evolución.

La mayoría de las personas no se sienten atraídas por esta forma acelerada de crecimiento, centrándose en los detalles cotidianos de la satisfacción en el mundo ordinario. Incluso aquellos con inclinaciones religiosas a menudo prefieren simplemente recurrir a "la vía de la creencia" basada en el testimonio de un líder específico. Sin embargo, desde la perspectiva gnóstica, los pactos y los credos nunca pueden reemplazar la experiencia viva. Memorizar dogmas, según esta perspectiva, podría considerarse una forma de autohipnosis y una manera de evadir los desafiantes retos del crecimiento espiritual y la iluminación.

El gnosticismo enseña que los seres humanos son organismos autoevolutivos, y que nadie, ni siquiera Dios, los hace crecer. La iniciación es un proceso autoelegido que penetra cada vez más profundamente en el corazón de los Misterios y en la mente de Dios. Es la propia energía la que se invierte en esta sagrada empresa de vida consciente, requiriendo un deseo genuino para recorrer este Camino. En los círculos metafísicos, existe un dicho comúnmente citado: "Para recorrer el Camino, uno debe convertirse en el Camino".

Asimismo, en el Evangelio de Juan 14:6, cuando Tomás preguntó a Jesús cómo podían conocer el camino, Jesús respondió: "Yo soy el camino, la verdad y la vida; nadie viene al Padre sino por mí." En un sentido esotérico, el camino representa el proceso iniciático; la verdad es la identidad como Ser divino/humano; y la vida implica vivir la historia más grande.

Cabe destacar que rara vez se tiene una conciencia plena de estar experimentando una Iniciación; sus efectos suelen ser simbólicos o intangibles, transformando la psique de maneras que pueden pasar desapercibidas en el momento. Generalmente, se toma conciencia de haber atravesado una Iniciación al reflexionar sobre la vida reciente y percibir que algo significativo ha cambiado internamente. Se pierde por completo el interés en alguna preocupación que antes ocupaba la mente, convirtiéndose literalmente en alguien diferente, más centrado y menos reactivo.

Los Iniciados han trascendido la vida ordinaria en el mundo y, al mismo tiempo, están plenamente presentes aquí como seres humanos normales. Son los trabajadores invisibles dedicados y experimentados que sirven bajo la dirección del Logos Planetario en todas las áreas de la vida humana. Algunos asumen funciones de liderazgo en diversos países, a menudo en altos cargos, pero no siempre es así; muchos son simplemente individuos comunes con un alto nivel de funcionamiento que llevan una vida cotidiana normal. Están "en el mundo pero no son de él", viven en constante recuerdo de su naturaleza divina sin comportarse de ninguna manera que los haga parecer especiales.

Como constructores del mundo venidero, los Iniciados son los que "van primero" para crear la nueva civilización conocida como el Quinto Reino en la Naturaleza. Su voluntad personal y su voluntad espiritual se han unificado, pudiendo reflexionar simultáneamente sobre la forma de ser humana y la espiritual. Se está hablando de un proceso que subyace a la forma habitual de pensar sobre uno mismo, pero al exponerlo con palabras, muchos reconocerán exactamente a qué se refiere.

En la actualidad, no solo numerosos individuos están atravesando un momento de metamorfosis esencial, sino que la humanidad misma está experimentando una Iniciación, una ampliación de la mente colectiva. En tiempos antiguos, este proceso sagrado y eterno tenía lugar en los entornos protegidos de los conventos o escuelas de misterio, donde los altos Iniciados y sacerdotisas cuidaban a los aspirantes, protegiéndolos de extraños que podrían descartar o dañar a estos nuevos y vulnerables seres en formación. Los neófitos son frágiles y requieren un contexto y una validación que les brinden apoyo, como pequeños árboles que se tambalean en medio de una tormenta cuando se someten a un proceso iniciático. En este mundo moderno, se enfrentan estas pruebas iniciáticas en la vida cotidiana con muy poca orientación y, a menudo, sumidos en la confusión y la intriga.

Las iniciaciones ocurren gradualmente a medida que se recorre el "Camino de Retorno" hacia la Fuente. Después de involucrarse plenamente en la condición humana para conocerla, se comienza a evolucionar hacia arriba y hacia afuera de ella. Paso a paso, este proceso psicoespiritual sagrado se compone de operaciones mentales y psíquicas que inspiran con motivaciones, sentimientos y aspiraciones elevadas. Ser un Iniciado significa que uno ya no está centrado meramente en las formas habituales de estar en la vida; es una transformación completa de la conciencia, un estado que debe ser ganado y es muy poco común. En la filosofía esotérica, este es el camino de la evolución superior conocido como el Camino del Servicio a la Tierra. Uno está aquí no solo para tener una vida personal, sino para estudiar la vida y ayudar a la humanidad a realizar más plenamente su potencial innato.

Ahora bien, es fácil pronunciar estas palabras, pero este proceso de convertirse en Iniciado es verdaderamente una prueba. Está lleno de tareas a las que se debe someter para equilibrar el ser físico, emocional y mental y abrir el corazón, para poder vivir como el Ser humano/divino que realmente se es. Al convertirse en Iniciado, muchos de los juicios y opiniones limitadas simplemente dejarán de existir, y se establecerá una relación con los compañeros de viaje con un fuerte sentido de camaradería y compasión.

Cada vez que se toma una Iniciación, se ha pisado un peldaño más alto de la escalera evolutiva y se experimenta la vida en un plano más amplio de aceptación y comprensión. Este proceso psíquico libera cualquier bloqueo que se tenga y que esté inhibiendo la transformación.

El viaje iniciático podría considerarse como una síntesis continua de revelación. Es un proceso vivo que ocurre realmente en la conciencia, llevando constantemente hacia la realización de que se es un alma inmortal que actualmente vive en el tiempo y el espacio. Carl Jung llamó a este proceso la solificatio, la operación alquímica que consiste en separar la materia prima en cuerpo y alma, para luego reunirlo todo y convertirse en el Yo objetivo más amplio, más allá del ego.

Este proceso continúa hasta que todas las cuestiones personales se resuelven y la vida humana actual se acepta con un tranquilo sentido de propósito sagrado. Cada Iniciación a la que se somete da forma a la manera de estar en el mundo, acercando a la meta de la verdadera autorrealización. A medida que el proceso se desarrolla, se adentra cada vez más en el auténtico Ser que se ha nacido para ser.

En las enseñanzas de la Tradición Misteriosa Occidental, las etapas de la Iniciación se adquieren a través de la experimentación, la experiencia y la expresión: Como seres espirituales encarnados, se experimenta aprendiendo formas de ser humanos. Luego, a través de la experiencia, se practica lo aprendido hasta que se conoce; después, se convierte en expresión de ello en el mundo de la forma, "demostrando lo divino". Así es como, como seres espirituales, se aprende a ser humanos: desde los papeles que se desempeñan hasta las cualidades que hacen a uno eficaz y heroicamente valiente con control emocional.

Al tomar una Iniciación, siempre se experimentarán períodos de búsqueda, momentos de dolor y desilusión, y momentos de revelación que hacen avanzar la conciencia en el aprendizaje del desapego, el desapasionamiento y la discriminación. Estas son las limpiezas físicas, emocionales y mentales que impiden quedar atrapados en comportamientos inconscientes, apegos emocionales o ilusiones que hacen olvidar quién se es realmente.

Cuando se llega a la Iniciación del Tercer Grado, se produce una invasión de un silencio vacío de conciencia, incluso durante los momentos activos de la vida cotidiana. Carl Jung lo describe como el resultado final del proceso de individuación. Imaginemos cómo sería este mundo si esta conciencia pudiera invadir a las masas de la humanidad. Pero, lamentablemente, muy pocos están realizando realmente este trabajo más profundo de llegar conscientemente a la totalidad. Tomemos un momento ahora mismo para reflexionar sobre dónde nos encontramos en este despliegue de nuestra verdadera naturaleza.

Es un hecho establecido en las Tradiciones de Misterio que cuando se elige evolucionar conscientemente, se entra en un camino acelerado de retorno a la Fuente. Y avanzar rápidamente mientras se permanece consciente nunca es fácil. Como advirtió el Maestro Djwhal Khul, la vida del aspirante esforzado está plagada de cambios rápidos, continuas construcciones y rupturas, amistades hechas y perdidas, y frecuentes choques con el propio entorno: "Los ideales son trascendidos, solo para ser encontrados como estaciones en el camino hacia visiones más elevadas; los sueños son soñados, solo para ser realizados y descartados; los amigos son hechos, para ser amados y dejados atrás".

Las Antiguas Tradiciones Misteriosas enseñan que cuando se comienza a cuestionar el sentido de la vida y el propósito espiritual, se evoluciona de ser "hombres y mujeres de buena voluntad" a convertirse en aspirantes, y luego en discípulos en el Camino. Y después de años de entrenamiento, se convierten en Iniciados de diversos grados, basados en tres etapas de Iniciación Hermética:

1. Los Misterios Menores se enseñan a los aspirantes que aún no han tomado la primera Iniciación. Estas personas aprenden sobre el mundo natural, se les enseña la relación correcta con la naturaleza, con los demás, y sobre el karma, la historia y la evolución de la humanidad. Se les imparten lecciones de moralidad, responsabilidad y nobleza, y se les enseña cómo controlar su naturaleza del ego, convirtiéndose en hombres y mujeres de buena voluntad. Jesús enseñó estos Misterios Menores a las masas como "la Regla de Oro".

2. En la Segunda Iniciación de la Orden Hermética, se limpia el cuerpo emocional. Los Misterios Mayores se imparten a aquellos que han superado esta forma más habitual de estar en

la vida. Los discípulos en el Camino deben aprender a desprenderse de los apegos a las fijaciones dogmáticas y a las debilidades psicológicas. Tienen que enfrentarse a sus miedos más profundos y morir al dominio del ego, para poder renacer a su naturaleza espiritual. Este es un proceso mucho más arduo y se logra mejor con mentores experimentados, o como miembros de una Escuela de Misterios esotérica. El proceso iniciático no es abstracto ni teórico; es un laborioso viaje experiencial en el que realmente se experimentan estas pruebas de muerte/renacimiento.

En algunos entrenamientos esotéricos, se enseña a los discípulos formas de alcanzar estados no ordinarios de conciencia, para que puedan encontrarse cara a cara con lo Divino. En la antigüedad, los neófitos de la Escuela de Misterios de Eleusis eran conducidos a través de cuevas oscuras para que pudieran experimentar la llama eterna que ardía en su interior. O danzaban por las calles en desfiles que representaban dramáticamente secuencias de muerte y renacimiento.

Los iniciados de la Escuela Pitagórica de Misterios se sometían durante días a un drama ritual de muerte del ego, paso de la oscuridad a la luz y renacimiento como un ser realizado. Como se ha mencionado, los Misterios Pitagóricos se convirtieron en la raíz de la sabiduría gnóstica. Curiosamente, Pitágoras siempre enseñaba detrás de una pantalla porque no quería que sus alumnos le adoraran; quería que se centraran en su propia sabiduría interior y en su autovaloración.

El culto iniciático de Deméter y Perséfone enseñaba a sus discípulos el conocimiento de los dioses. En estos Misterios, los iniciados más avanzados aprendían que la muerte no es más que la superación de un estado del ser, para reaparecer en un estado superior. Y se dieron cuenta de que su alma inmortal progresa sin cesar hacia reinos superiores, que solo son "transeúntes" aquí en la Tierra. Los Iniciados siempre están aprendiendo a vivir como personalidades centradas en el alma.

Hoy en día, rara vez se oye hablar de Templos sagrados donde sacerdotes y sacerdotisas guían este proceso sagrado; se experimenta este despertar mientras se vive aquí mismo, en el mundo ordinario, y normalmente sin ningún tipo de guía. Existen, sin embargo, algunas Escuelas de Misterios modernas y muchos libros y talleres dedicados a enseñar el conocimiento más profundo de la vida y la evolución de la humanidad. Y los buscadores encuentran maestros que facilitan su iluminación. La Orden Rosacruz, la Escuela Arcana de Teosofía, los grupos de Alice Bailey y los estudiantes del Cuarto Camino de Gurdjieff son algunos ejemplos que mantienen encendida la llama iniciática.

Los Misterios Occidentales están alineados con la filosofía yóguica hindú de los siete niveles de conciencia que se experimentan mientras se está aquí en estos cuerpos humanos. Estos siete niveles coinciden con los siete chakras con los que muchos pueden estar familiarizados: los planos de conciencia físico, emocional, mental, sincero, creativo y altruista, que finalmente unifican en el séptimo nivel con la voluntad de Dios. La meditación, el ritual, las ceremonias y la pompa se utilizan en conexión con el estudio analítico serio mientras se experimentan estos Misterios Mayores.

En ocasiones, los chamanes utilizan sustancias naturales, como las setas psicodélicas o el peyote, para profundizar en este proceso. Y en el mundo moderno, el LSD, el MDMA u otras sustancias que expanden la mente se emplean a veces en viajes acompañados por guías experimentados. Pero se trata de un proceso precario que debe tomarse muy en serio y con el que nunca se debe "jugar" ni hacer un mal uso. Experimentar estas

Iniciaciones transforma a los participantes, en cuerpo, mente y alma.

3. La Maestría es el tercer y más alto nivel del proceso iniciático Hermético. El Iniciado del Tercer Grado se ha individuado, viviendo ahora como un Ser centrado con un equilibrio consistente de mente, cuerpo y corazón. Estos seres avanzados han dominado este plano físico como un virtuoso domina su instrumento. Todas las cuestiones de dualidad han sido resueltas. Y habiendo completado su proceso de maduración humana, algunos dejarán este planeta para experimentar una dimensión superior de la Realidad. Otros permanecerán aquí al servicio de sus compañeros de búsqueda.

Muchos de los primeros cristianos gnósticos eran Iniciados de diversos grados. Eran seguidores de lo que ellos sabían que era el verdadero mensaje del Cristo interior, no las meras enseñanzas prosaicas que la Iglesia ha transmitido a las masas. Los gnósticos sabían que este camino de evolución superior era lo que Jesús enseñaba realmente a "los que tenían oídos para oír." Comprendieron que se trataba de un proceso interior sagrado, no de algo que se obtiene memorizando dogmas y credos.

La asamblea de la ekklesia siguió este camino de evolución superior, centrándose en hacer surgir la divinidad de la humanidad en cada individuo para que la conciencia del Reino de los Cielos pueda manifestarse aquí en la Tierra. Para ser los precursores de esta misión sagrada, sabían que se debe avanzar por el camino que se labra a través de los impulsos del alma. Las etapas de la Iniciación elevan paso a paso fuera de esta portentosa condición humana en la que se ha estado inmerso durante tanto tiempo como única forma de conocerse a sí mismo. Esta transformación de la conciencia se produce cuando se pasa del Cuarto al Quinto Reino en la Naturaleza. Como recuerda el Maestro tibetano Dhwal Khul:

"La iniciación se refiere a la conciencia y no es más que una palabra que se utiliza para expresar la transición que el hombre puede hacer de la conciencia del cuarto reino o reino humano al quinto reino o reino espiritual, el reino de Dios. Cristo vino a revelar el camino hacia ese reino".

La identidad cambia realmente de "soy un ser humano aprendiendo a ser espiritual" a "soy un ser espiritual aprendiendo a ser humano". Los iniciados están en ese lugar de la conciencia que los Antiguos llamaban "el Giro de la Rueda". De nuevo, en palabras del Maestro Tibetano:

"Habiendo abandonado la Sala de la Ignorancia, el Iniciado entra ahora en la Sala de la Sabiduría, la aprehensión intuitiva de cómo evoluciona la vida humana y cómo adaptar la vida personal a la vida del espíritu. Esta es la etapa final de la evolución actual".

Se enseña a los Iniciados a desarrollar sensibilidad a los nuevos impulsos que están inundando el mundo a medida que la humanidad realiza este cambio del Cuarto al Quinto Reino en la Naturaleza. Manteniendo un fuerte sentido de propósito y una decidida integridad espiritual, toman así la iniciativa para convertirse en este ser humano más evolucionado. Y a menudo, sin siquiera darse cuenta, están modelando este camino más exaltado para los demás, por el simple hecho de estar conscientemente despiertos y dispuestos a permanecer en el Camino, sin importar a dónde conduzca.

El Iniciado no es como un místico puro que medita en la dicha buscando la unión con Dios. Neófitos e Iniciados ascienden laboriosamente, paso a paso, el arduo camino hacia la iluminación en una práctica diaria, continua y fundamentada, de las leyes de los planos físico, emocional, mental y supra-mental de la conciencia, hasta dominarlos. Esta es la diferencia entre el camino occidental y el oriental hacia la iluminación. Y, como bien puede imaginarse: aprender a ser este Ser perfectamente despierto llevará sin duda muchas vidas.

Los cristianos gnósticos reconocieron que Jesús vino a modelar este viaje a través de las Iniciaciones que permiten dominar la condición humana. En la Tradición Mistérica Occidental, las cinco Iniciaciones a las que se sometió fueron el Nacimiento, el Bautismo, la Transfiguración, la Crucifixión y la Resurrección/Ascensión. Estas iniciaciones son, de hecho, su historia mítica. Cuando se es un Iniciado en formación, la historia personal sigue la pista de estas cinco Iniciaciones. El grado que se alcance determinará el nivel de comprensión de esta forma más oculta de conocer esta vida humana y de dominar con éxito las pruebas en cada nivel.

Jesucristo fue el primero en ser un miembro aclamado de la familia de Dios en forma humana. Y todos están destinados a serlo. Todos eventualmente se darán cuenta de que están viviendo en el Reino de Dios con el Padre Celestial, aquí y ahora mismo, El Reino de Dios es un estado de conciencia, no un terreno. El proceso iniciático es cómo el alma evoluciona a través del Tiempo. Y cada Iniciación lleva más cerca de la comprensión de la propia parte en el Plan de Dios que se desarrolla en la Tierra. Darse cuenta de esto da a las vidas un sentido empoderado de significado sagrado.

El alma humana

Los gnósticos creían que el Reino de los Cielos, conocido como el Pleroma, es un estado de conciencia más integrado en la certeza de la verdadera identidad. Como se expresa bellamente en el Evangelio de Felipe, al reconocer la verdad, se saborean sus frutos en uno mismo y se comparte su plenitud. Este es el despertar que todos buscan, pero lamentablemente, la religión cristiana no ayuda mucho en este aspecto, ya que no enseña a pensar por uno mismo y sus autoridades se empeñan en mantener a las personas en una fe no examinada, socavando el conocimiento del Ser y su divinidad.

La religión cristiana se basa en la vergüenza, enseñando que todos nacen en pecado, lo que ha provocado autodesprecio y sufrimiento emocional a lo largo de la historia. El verdadero autoconocimiento no es sólo una filosofía de vida útil, sino una necesidad psicológica y la clave del bienestar. El ser humano es una criatura evolutiva, guiada por su alma para estar en este mundo, pero no ser de él. Cuando se casa lo divino con lo humano, el individuo se convierte en el Yo arquetípico, y cuando toda la humanidad lo haga, se completará el Cuarto Reino en la Naturaleza.

En el pensamiento gnóstico, el verdadero hogar del Ser es un estado de conciencia donde las almas viven juntas como su Ser arquetípico. "El Reino de Dios está dentro y fuera de ti", y se vive en este "Reino de las almas seleccionadas" cuando se entra plenamente en uno mismo. Esto se expuso claramente en la primera Biblia griega koiné, pero fue mal traducido por los canonistas romanos que tenían su propia agenda.

Para aquellos comprometidos en este viaje hacia el "Conócete a ti mismo" a la manera gnóstica, las pruebas terrenales son lecciones que el alma espiritual está aprendiendo sobre cómo funcionar en el mundo humano. Ha sido necesario encarnar plenamente la naturaleza humana para ser portadores del alma espiritual con propósito, y las pruebas son una ayuda para la iluminación. En el Evangelio de Tomás, Jesús alabó a sus fieles seguidores por su disposición a realizar este arduo trabajo.

Para vivir como quien se nació para ser, se deben atravesar varias capas de depósitos psíquicos antes de que brille el Yo único. Carl Jung describió el verdadero Yo como un "fuego central" que asciende por todas las capas de la psique, tocándolas con su naturaleza sublime. Al educar a los estudiantes de Teosofía, el Maestro Tibetano Djwhal Khul les dijo que la conciencia esotérica entrena para funcionar en "el mundo del significado", para no estar tan preocupados con el mundo de las apariencias, sino con el mundo del alma.

Ver el significado de los acontecimientos que ocurren en la vida es la vivencia total que conecta lo personal con lo transpersonal. Una vez que esto sucede, normalmente se puede dejar ir. Carl Jung dijo: "Conocer el Yo es un shock terrible". El Yo es la conciencia misma, un estado de regresión infinita. El Ser no tiene principio ni fin; es maravillosamente infinito y eterno. Cada uno es una continuidad de conciencia.

Sentimientos de placer tranquilo vienen en momentos de pura Autoconciencia, cuando uno se siente más "en casa". Se verá la vida humana con el tranquilo recuerdo de que se es un alma inmortal, incapaz de ser realmente dañada por nada. El autoconocimiento es el eje que conecta la personalidad del ego con el alma y fundamenta al individuo en la vida auténtica. Cada uno es una expresión única del Ser humano/divino, y si no se "hace el propio ser", simplemente no se hace.

Desde sus comienzos, el gnosticismo ha considerado el Ser divino como aprisionado en las pasiones de los placeres del ego en este mundo sensual. Los gnósticos sabían que para experimentar la totalidad, se debe aprender a vivir en el tiempo y en la intemporalidad simultáneamente y ver la vida humana a través de los ojos del alma espiritual. Trabajaron constantemente para ayudar a la humanidad a escapar de las trampas de una vida materialista superficial. Para quienes buscan seguir el camino gnóstico hacia el Autoconocimiento, la gnosis ilumina las zonas de sombra mientras se cruza "la orilla y el banco del Tiempo."

La Tradición Mistérica Occidental

La evolución del Yo espiritual en forma física se desarrolla a través de tres principios esotéricos fundamentales: Individuación, Iniciación e Identificación, que adquieren significados específicos en este contexto místico.

La individuación es un proceso sagrado que ocurre tanto a nivel cósmico como en la vida humana cotidiana. Desde una perspectiva cósmica, la filosofía esotérica sostiene que la Humanidad llegó a la Tierra como un alma indiferenciada, sin seres humanos individuales hasta que el alma se manifestó físicamente como entidades únicas y reconocibles. Este acontecimiento evolutivo marcó la transformación de las almas espirituales en seres humanos. Según la historia esotérica, hace aproximadamente 27.000 años, los Señores de la Llama infundieron la "chispa de la mente" en los cerebros animales/humanos, permitiendo la evolución hacia seres iluminados. Habiendo integrado la naturaleza animal y aprendido a sobrevivir en el planeta, la humanidad ha progresado hacia personalidades imbuidas por el alma, conscientes de su doble naturaleza humana y divina.

En el ámbito de la vida humana, la individuación implica realizar el trabajo interior necesario para trascender el condicionamiento paterno y desarrollar un pensamiento independiente, siendo fieles a la propia esencia. Este proceso aleja al ser humano de la conciencia de masas, pudiendo generar una sensación de distanciamiento respecto a familiares o amigos cercanos. El individuo se convierte en el ser único que estaba destinado a ser, libre de contaminación externa.

Durante un tiempo, puede experimentarse una lucha interna entre el ego y el alma, requiriendo práctica para distinguir entre los impulsos abrasadores del ego y los inspiradores del Yo superior. Durante mucho tiempo, la humanidad ha estado dominada por el intelecto y el ego centrado en la vida cotidiana. Sin embargo, en la evolución actual, la intuición guía hacia el interior, hacia el reino de la conciencia y una visión más holística del ser.

Cuando el alma espiritual se convierte en el instrumento de expresión en el mundo físico, la intuición reemplaza al intelecto como guía. Se comprende que el tiempo y el espacio son "juguetes" utilizados a voluntad, mientras se descansa en la certeza de que la esencia espiritual infinita y eterna permanece intacta. El alma representa la verdadera identidad del ser y se deleita en la experiencia humana con un asombro infantil.

La psique humana es el alma encarnada, mediando entre la vida humana y espiritual. Su tarea consiste en asumir la condición humana, guiando diariamente hacia la conciencia de ser un Ser individuado único. El proceso de despertar requiere aprender a alinear la personalidad humana con el alma, persistiendo hasta que se comprenda la lección en cuestión.

La individuación es una ley psíquica ineludible de la naturaleza humana que conduce a la Autorrealización. Para individuarse de manera saludable, se acepta el manto del destino como "Demostradores de lo Divino", cada uno a su manera única.

La Iniciación es el proceso que marca el despliegue de las etapas de la Autorrealización, un despertar gradual hacia el pleno florecimiento de la verdadera naturaleza. Implica sintetizar constantemente el conocimiento de la experiencia humana con la sabiduría divina inherente. A través de las etapas de la Iniciación, se "envejece" en sabiduría y madurez, lo cual se logra a través de un arduo esfuerzo de voluntad experiencial que requiere años de exploración comprometida.

Actualmente, la humanidad está entrando en una nueva Era en su evolución: la Era de Acuario, el tiempo del despertar a la plena capacidad humana/divina. Aquellos que trabajan en sí mismos son los "grupos semilla" que se convierten en avanzadillas para los Señores de la Evolución, los guías planetarios que crean los nuevos ritmos de expresión para el mundo.

La Identificación, en este contexto, significa des-identificarse con la personalidad del ego y re-identificarse como el Ser humano/divino, el alma encarnada. La personalidad del ego es simplemente la cáscara que se lleva para manejar la vida en la condición humana. Cuando realmente se tiene un momento de realización de esto, se produce un profundo sentimiento de gratitud y asombro.

Los evangelios gnósticos recuerdan que las identidades terrestre y celeste son una y la misma. Jesús quería que las personas se volvieran hacia su interior y se dieran cuenta, como él, de que "Yo y el Padre somos uno". No estaba siendo blasfemo al afirmar que era igual a Dios; simplemente estaba recordando a todos quiénes son en realidad.

En la actualidad, se está produciendo una transformación de la conciencia. Muchos buscadores ya no están obsesionados con la mera búsqueda de la gratificación del ego en el mundo materialista. Aunque estas almas que despiertan son un pequeño segmento de la población, esto acabará creando un salto cuántico en la conciencia de toda la humanidad.

Para realizar todo el potencial, siempre se deben seguir adelante para encontrar las verdades más elevadas y poder ver a través de los ojos del alma espiritual eterna. Si la religión no inspira y purifica la personalidad del ego, ha fracasado en su propósito. Como afirma el Dr. Jung, un momento de verdadera religión puede servir como curación terapéutica para una mente atribulada.

El Auto-recuerdo es como la iluminación, ya que ilumina el camino para conocerse a sí mismo en una dimensión de conciencia totalmente nueva. A medida que se despierte y se comprenda que se es este Ser mayor, se comenzará a vivir el Misterio de la Vida con un sentido y un propósito sagrados. Para los gnósticos, la propia existencia es una donación de los dioses de un mundo superior, quienes deseaban que se recordara que los seres humanos también son dioses en forma humana.

El Alma a través del Tiempo

En la cosmovisión gnóstica, la humanidad está intrínsecamente conectada con la gran corriente de la evolución, desde su génesis hasta su desenlace. Los gnósticos creían que aprender a vivir en este mundo como seres espirituales y alcanzar la máxima expresión humana requeriría más de una vida. Aunque la Doctrina de la Reencarnación no se enfatiza explícitamente en la Tradición Gnóstica, está implícita en sus enseñanzas. A principios del siglo III, el filósofo neoplatónico griego Orígenes, con una perspectiva gnóstica, lo expresó claramente: "Toda alma existe desde el principio; por lo tanto, ha atravesado algunos mundos y atravesará otros antes de alcanzar esa consumación final. Llega a este mundo fortalecida o debilitada por las derrotas de su vida anterior".

Los gnósticos, al igual que la filosofía hindú, entendían que el karma es el resultado subconsciente de las acciones de una persona en la vida. Son todas las formas en las que se tiñe el ser existencial, tanto con cosas de belleza y luz como con cosas de ignorancia y oscuridad. El karma se crea tanto a nivel individual como colectivo. Los gnósticos creían que, para alcanzar la plenitud, el alma oscilaría entre opuestos compensatorios de una vida a otra: en una vida se sería asceta, en la siguiente, libertino; en una vida, campesino pobre y luchador, en la siguiente, líder rico e influyente. Consideraban que el alma eterna anhela experimentar todas las formas de vivir en este mundo temporal.

Con la esperanza de limpiar su pasado, incluso de vidas anteriores, los gnósticos se dedicaban a la autorreflexión y a asumir plena responsabilidad por sus pensamientos, sentimientos y acciones. Afirmaban poseer un conocimiento superior al del cristianismo ortodoxo, creyendo que el propósito de la existencia humana es perfeccionar la condición humana y completar el

Cuarto Reino de la Naturaleza. Esta afirmación les valió, a menudo, la condena como herejes arrogantes.

Al contemplar las dificultades humanas desde esta perspectiva más amplia, es posible transformar la actitud y el comportamiento, disipando todo el karma con la conciencia del Ser más sabio. Y esto puede lograrse instantáneamente. La toma de conciencia es el medio para romper la cadena kármica, un proceso que, evidentemente, requerirá más de una vida.

La esencia espiritual recuerda, de una vida a otra, lo que se ha ganado o perdido, aunque el ego no lo haga. Los gnósticos se referían a la reencarnación como el "karma progresivo" en acción. Esta progresión es el guión del alma que subyace a la historia biográfica de cada vida. Las personas difieren significativamente en este aspecto, pues nacen con distintos grados de madurez espiritual. Algunas parecen ser "almas viejas", mientras que otras pueden parecer inocentes recién llegadas en su travesía por la vida.

Al despertar y entrar conscientemente en esta vida mayor como almas que evolucionan a través del tiempo, se trasciende el patrón kármico. Ya no se es protagonista en los dramas fútiles del ego; en su lugar, se vive momento a momento como el Ser esencial único, mucho más en el presente. En otras palabras, uno se convierte en testigo u observador objetivo mientras vive su vida, en lugar de estar atrapado en los impulsos de una personalidad impulsada por el ego, que crea patrones kármicos inconscientemente. Incluso se puede sentir gratitud hacia el ego por su servicio al alma al reflejar aquello que se necesita superar para ser puros reflejos del Espíritu. El ego arrastra al individuo hacia su destino inexorable como ser espiritual que aprende a ser humano. Es importante recordar que incluso el ego, tan humano, tiene un propósito sagrado.

En la era precristiana, la reencarnación era ampliamente aceptada como un hecho. Se enseñaba en las escrituras del antiguo Egipto, y tanto Pitágoras como Platón hicieron referencia a haber vivido vidas pasadas. La familiaridad con la reencarnación era común en el mundo cristiano hasta mediados del siglo VI. Luego, en el año 553, durante el Segundo Concilio Romano de Nicea, se suprimieron todas las referencias a vidas pasadas tanto en el Antiguo como en el Nuevo Testamento (excepto algunas que se pasaron por alto), y la creencia en la Doctrina del Renacimiento conllevaba la pena de excomunión de la Iglesia. Hoy en día, la Iglesia enseña que la salvación definitiva o la condenación eterna se alcanzan en una sola vida. Por lo tanto, es mejor "salvarse" ahora mismo y, por supuesto, a través de su profesión religiosa. Millones de personas en el mundo viven según esta falsa realidad.

Todos experimentan ocasionalmente ese familiar déjà vu, la sensación de haber vivido algún momento antes. Los gnósticos reflexionaban profundamente sobre este contexto más amplio, creyendo que los seres humanos tienen una historia mucho más larga de lo que la mayoría es consciente. Sostenían que la mónada humana, que es la individualidad original, ha evolucionado durante millones de años a través de los diversos reinos de la naturaleza, germinando en el ser humano los atributos de cada reino a medida que evoluciona.

El Reino Mineral ha otorgado la fuerza radiante y la precisión geométrica que crea la estructura humana. El Reino Vegetal genera magnetismo, germinando en el ser humano la capacidad de atraer la vida y vivir en armonía con las circunstancias circundantes. Las plantas anhelan la luz del sol, infundiendo en la conciencia humana el anhelo de la luz del alma. La conciencia divina es indiferenciada tanto en el reino mineral como en el vegetal. En el Reino Animal, la conciencia divina se convierte en individualidad naciente. En este reino se desarrollan los apetitos instintivos necesarios para sobrevivir como criaturas de la Tierra. Y como todos los animales hacen de forma tan natural, el ser humano ha aprendido a hacer de la Tierra su hogar.

La especie humana es el Cuarto Reino de la Naturaleza, donde se aprenden todas las formas de ser humano. La realidad arquetípica es el Quinto Reino de la Naturaleza que ahora se está abriendo. La humanidad está ascendiendo un peldaño en la escala evolutiva para manifestarse en toda su estatura. Los diamantes, rubíes, orquídeas, pavos reales y tigres de la jungla, o ese cómodo gato persa que descansa en la cama, son ejemplos de la perfección arquetípica.

Los gnósticos han estado dispuestos a ser plenamente humanos, sabiendo que esta es la tarea sagrada en esta etapa de la evolución del alma. Muchas sectas de la Tradición Gnóstica se centran en vivir una vida física práctica y fundamentada, siendo muy cuidadosas con su dieta y salud física, a menudo vegetarianas, pues saben que el Reino Vegetal posee el prana más fuerte. Sin embargo, a través de la gnosis, nunca pierden su sentido de ser tanto una personalidad humana como un Hijo divino de Dios.

La naturaleza física ha progresado a través de la evolución de la especie humana. Pero esto no explica el origen de la conciencia, ese misterioso "fluir" energético que otorga la cualidad de ser consciente. Como lo expresa el Dr. Robert Lanza en su libro informativo "Más allá del Biocentrismo": "Toda la ciencia se basa en la información que pasa por la conciencia, pero la ciencia no tiene ni idea de lo que es la conciencia".

Hoy en día, la humanidad está viviendo este asombroso Misterio de la Vida. Desde el vasto sistema solar hasta los minúsculos microbios y quarks, la vida parece no tener principio ni fin. Los gnósticos comprendieron, con cierto grado de resignación, que la duración eterna del alma debía soportar un periodo limitado en el tiempo finito y la realidad condicionada, para que el Espíritu pudiera tomar forma física. Sabían que no se podría completar el Cuarto Reino de la Naturaleza hasta alcanzar la cúspide del desarrollo físico tanto en conciencia como en estatura como el Ser arquetípico. El gnosticismo es este proceso real de la evolución misma. Es una filosofía experiencial autoevolutiva que mejora la vida y permite a sus seguidores llegar con gracia a la plenitud del ser. Así pues, perfeccionar el Reino Humano es el desafío al entrar en esta Era actual; es la tarea evolutiva inminente. Pero, lamentablemente, es evidente que aún queda un largo camino por recorrer.

El Ser indeleble, plenamente encarnado, es este nuevo habitante inminente en la Nueva Tierra, la fusión de lo humano con lo divino. Desde un punto de vista esotérico, cuando se logra hacer consciente este cambio de identidad, las motivaciones y los deseos comienzan a surgir naturalmente más de las cualidades de Verdad, Bondad y Belleza del alma. En la Tradición Mistérica Occidental, la Verdad es lo que es, la Bondad es la compasión sincera, y la Belleza es el Amor divino hecho visible, viendo la esencia sagrada en todo lo creado. Estas cualidades del alma son los tres Rayos dominantes de la Creación que inundan el mundo de luz: la Voluntad de Dios, el Amor/Sabiduría de Dios y la Inteligencia Activa de Dios en la forma. Manifestar estas tres cualidades es la ascensión en conciencia de la que se habla en los círculos metafísicos y esotéricos.

El año 2012 fue determinado por el antiguo calendario maya como el fin del mundo, aunque hallazgos recientes pintados en las paredes de un complejo maya en Guatemala indican que se referían al fin de una Era. Así pues, es el fin del mundo tal y como se ha conocido: el mundo de la dominación del ego y la codependencia devocional, en el que la identidad se buscaba principalmente a partir de influencias externas y complaciendo a los demás. Actualmente, la humanidad se encuentra en un interludio, procesando los muchos problemas de resistencia que la persiguieron durante la Era de Piscis, en la que a menudo se cansaba o se desanimaba en sus maneras de descuidarse a sí misma.

Ahora se está en una Era en la que la vida "del tamaño del alma" va a despertar, y los propios ideales tomarán forma. La humanidad está entrando en su Yo claro e incontaminado, que ya no está determinado por condicionamientos pasados o necesidades egoicas heridas. Es un buen momento para reflexionar sobre esto y ver dónde se encuentra uno a este respecto. ¿Qué se puede estar reteniendo todavía que necesite ser sanado o liberado? Puede ser algún apego emocional o ilusión mental que se está permitiendo que embote la forma vital de ser. Pero hay que señalar rápidamente que esta limpieza no se trata sólo de individuos; es de naturaleza más universal. Esta "gran división" está ocurriendo ahora mismo en todo el mundo.

Sin embargo, es verdaderamente difícil creer que se está avanzando en una dirección positiva cuando se observan todos los egos incesantes que buscan lo suyo y que actualmente asedian la existencia humana. Pero hay que recordar que la sombra es siempre más oscura justo antes del amanecer. Para desgracia de la humanidad, mucha negatividad, juicios severos y turbulencias siempre precederán a un cambio de paradigma. Y algunos líderes pueden estar evidenciando el ego en su forma más fuerte y obvia en este momento. Pero esto tiene un propósito: Para limpiar "lo viejo", todo debe ser visto y tratado antes de que se pueda comenzar el ascenso. Actualmente, se están experimentando los dragados de esta polarización negativa, atrapados en compulsiones egoístas y confusión en todas las vidas atormentadas por la tierra.

A nivel personal, estos "tiempos finales" pueden sentirse como abatimiento, ansiedad frenética o, a veces, incluso como una sensación de estar irremediablemente atrapado en una vida sin sentido, en una peligrosa depresión suicida. El alma espiritual no puede brillar con claridad a través de una psique herida. Por lo tanto, todos necesitan pasar tiempo sanando su pasado y "muriendo a lo viejo" para que las psiques puedan ser canales claros para la Fuerza de Dios que ahora está entrando.

Es un buen momento para salir de quien se ha sido mientras se experimentaba todo esto, y simplemente ser el observador. Como si se estuviera en la cima de una montaña mirando hacia el valle del pasado, se debe aceptar, honrar y perdonar todo con un gesto amoroso de la mano. Se debe comprobar si se puede dejar de juzgar. Visto desde los ojos del alma, todo ha tenido un significado sagrado.

El tiempo de ver la vida a través del espejo retrovisor está terminando. Ahora se debe centrar en eliminar cualquier desequilibrio emocional que bloquee la expresión de los futuros objetivos y preciados ideales. Cambiando a ser el verdadero Ser es como se sana. A partir de ahora, cada vez que uno se encuentre empezando a revolcarse en agravios del pasado o en una baja autoestima, sólo tiene que decirse a sí mismo: "¡Para!". Y esta sola palabra reorientará instantáneamente al momento presente, recordando que ya se es el Yo superior. Que así sea.

Unificar las naturalezas humana y espiritual nunca es fácil para el ego, como tampoco lo es para el alma espiritual. Según el filósofo gnóstico griego Corpócrates, el alma se sacrifica para venir aquí y experimentar el ser humano. Decía que el alma encarnada debe experimentar todas las condiciones y exigencias de la vida antes de poder elevarse y regresar a su propio reino divino; debe llegar a ser plenamente humana. Y, por desgracia, esto significa experimentar tanto su sombra como su luz. Este es también el sentido de las escrituras bíblicas que dicen: "No te separarás de ella hasta que hayas pagado hasta el último ácaro".

El cristianismo moderno ha perdido esta enseñanza sagrada de llegar a ser plenamente humano. Quizá se deba a que a la mayoría de las personas empeñadas en "ser espirituales" les resulta difícil entrar de lleno en la peligrosa incertidumbre de esta vida humana temporal con fe de todo corazón. Y sobre todo porque ser humano es considerado pecaminoso por algunos fundamentalistas del mundo cristiano.

Ahora bien, es muy cierto que para las almas espirituales adentrarse en las profundidades de la psique humana puede ser un viaje intensamente inquietante, y a menudo bastante desconcertante. Las difusas aperturas psíquicas que invaden la conciencia durante un despertar espiritual pueden sentirse fácilmente o malinterpretarse como un episodio psicótico: Una emergencia espiritual puede convertirse en una emergencia, especialmente si no se reconoce como lo que es. Las personas con la profundidad de la comprensión gnóstica son compañeros reconfortantes para quienes experimentan una crisis espiritual.

Es fácil olvidar que se está de paso por este mundo humano en el viaje evolutivo a través del Tiempo. El ser humano se pierde en las seductoras tentaciones del glamour y la ilusión mundanos, por lo que a menudo necesita algún tipo de curación para enderezarse. Como señaló el filósofo gnóstico William Kingsland: "¿No son las cáscaras de la vida de lo que la gran mayoría se alimenta hoy en día en la febril carrera de la excitación o en la lucha por los medios para obtenerlas?". Los gnósticos se esforzaron por no formar parte de esa "gran mayoría que se alimenta de las cáscaras de la vida". Recordar que todo en la vida humana pasa, tanto lo bueno como lo malo, ayuda a no quedarse atrapado en ello. Por eso, como sabiamente se aconseja en El Evangelio de Tomás: "Sed transeúntes". Sin embargo, paradójicamente, hay que encarnar plenamente la naturaleza humana, para convertirse en seres humanos realizados.

Es momento de centrarse en construir el puente entre la experiencia terrenal y las raíces celestiales. Se debe saber que el Yo arquetípico ha sido invocado. Está pulsando en la conciencia ahora mismo, trayendo sus cualidades a la mente y al corazón. Reflexionando sobre esto, se verá que algo en lo profundo del ser está cambiando; ya no se ve la vida de la misma manera familiar que antes. Se está tomando conciencia de uno mismo como un cocreador con la Fuerza de Dios. Y esto es muy empoderador. Para muchos viajeros espirituales de hoy, la espiritualidad está siendo redefinida: No es un proceso de hacer; es un estado interior de ser. La Era de Acuario está realmente sobre la humanidad.

La humanidad ha entrado conscientemente en el continuo de la eternidad, y un resurgimiento de las percepciones y la sabiduría de los antiguos Maestros Gnósticos está haciendo su presencia una vez más. Cuando se puede recordar que se viene de la dimensión espiritual de la Realidad, se experimenta realmente al Dios interior mientras se viaja por la vida. Como dicen los Maestros Gnósticos, el ser humano es, después de todo, "Chispas de lo Divino".

Para los gnósticos, la forma en que cualquier ser humano responde naturalmente a una llamada de la Divinidad es un misterio incomprensible. Esta es la razón por la que sus enseñanzas son a menudo mucho más míticas y poéticas que enseñadas como un dogma resuelto de una sola mente. Se ha descubierto que la Tradición Gnóstica y sus relatos míticos realzan significativamente el recuerdo de la herencia sagrada y devuelven al Cristianismo su alineación con la Sabiduría de los Tiempos. Sus historias míticas son los acordes místicos de la memoria que resuenan a través del Tiempo..

El descubrimiento de Nag Hammadi

En diciembre de 1945, dos campesinos árabes, Mohammad y Khalifah Ali, descubrieron una vasija de barro cerca de los acantilados de Jabal al-Tarif, en Nag Hammadi, Egipto. La jarra contenía manuscritos del siglo IV, incluyendo trece códices encuadernados en piel de gacela con 52 tratados diferentes. Este hallazgo cambió el curso de la historia religiosa mundial al desenterrar las escrituras gnósticas, los primeros registros conocidos de las enseñanzas de Jesús.

Las encuadernaciones sugieren que los monjes de San Pacomio preservaron estos escritos en el siglo IV. En el año 367, cuando el arzobispo Atanasio empezó a expurgar los escritos "heréticos", los monjes ocultaron los manuscritos. Sin conocer su valor, Mohammad los vendió a comerciantes de antigüedades. Tras diversas circunstancias, los códices acabaron en el Museo Copto de El Cairo. En 1952, el Instituto Junguiano de Zúrich adquirió el Códice I por 8.000 dólares.

En 1970, se inició la traducción de los 52 códices escritos en dialectos coptos egipcios. Tras debates sobre su impacto en el cristianismo ortodoxo, se hicieron públicos en 1977. Conocidos como la Biblioteca de Nag Hammadi o los evangelios gnósticos, se conservan en el Museo Copto de El Cairo.

El Evangelio de Tomás, la joya de los evangelios gnósticos, proporciona 114 dichos reales de Jesús que dan vida a esta sabiduría. Estos dichos suenan como enigmáticos koans de un maestro zen. El espíritu del gnosticismo envuelve el núcleo de la gnosis, el conocimiento directo de la realidad espiritual a partir de la propia comprensión despierta.

El cristianismo original no se basaba en un dogma fijo, como confirman Mateo, Marcos, Lucas y Juan. Estos evangelios narran el recuerdo personal del Cristo que cada discípulo experimentó. Aunque Mateo, Marcos y Lucas son llamados "sinópticos", no cuentan exactamente la misma historia. Y Juan es comparativamente diferente, siendo más transparente desde una perspectiva gnóstica.

Las primeras sectas gnósticas cristianas compartían el mensaje de Jesús sobre el Cristo interior y su ruptura con la ortodoxia por esta forma subjetiva de conocer a Dios. Jesús sabía que se habían dado cuenta de que eran hijos divinos y podían manifestar el Reino de Dios por su forma de ser.

Los evangelios gnósticos ofrecen una visión de Jesús y sus enseñanzas secretas que despiertan el deleite de sus inspiradas conversaciones con sus primeros seguidores. Las interpretaciones literales e históricas del cristianismo tienden a apagar su espíritu, mientras que una comprensión mística y metafísica del Cristo residente aviva. Esta es la magia de la gnosis que Jesús enseñó realmente.

Para los gnósticos, convertir la historia viviente del Cristo residente en una religión dogmática era intelectualismo en su máxima expresión. Lo que importaba era la manera única de cada persona de conocer a Dios o al Espíritu en su corazón. Pero esta forma personal de "ser cristiano" podía erradicar la necesidad de cualquier doctrina religiosa externa, por lo que los gnósticos eran una amenaza para los Padres de la Iglesia, que ordenaban que la única forma de ser cristiano era a través de su autoridad extrínseca. Se propusieron destruir las enseñanzas gnósticas con un celo casi delirante.

Aunque los gnósticos eran buscadores espirituales de primer orden y reivindicaban las escrituras cristianas originales, fueron despreciados por las autoridades de la Iglesia primitiva y etiquetados como peligrosos herejes anticristianos. Los detractores pervirtieron el gnosticismo, haciendo aparecer a sus seguidores como crueles y malvados. Los gnósticos fueron exiliados y a veces brutalmente asesinados.

A finales del siglo IV, durante el reinado del emperador Teodosio, todas las enseñanzas gnósticas fueron condenadas y la mayoría de sus escritos destruidos. Todo lo relacionado con el gnosticismo fue declarado un crimen contra el Estado. Pero la Tradición Gnóstica floreció hasta el siglo VII, aunque tuvo que pasar a la clandestinidad para preservar la vida de sus seguidores.

En el siglo XII, el Papa Inocencio III trató de aniquilar "la herejía gnóstica". En 1209, llamó a frailes dominicos para reconvertir a los cátaros europeos y a todos los de tendencia gnóstica. Una horrible época de atrocidades se convirtió en parte de la historia Gnóstica con la Cruzada Albigense, conocida como la Inquisición, que duró más de 20 años.

Pero la visión gnóstica del mundo nunca fue erradicada por completo. A lo largo de la Edad Media, su sabiduría resurgió en las obras de Goethe y Jakob Bohme, en el catarismo, el hermetismo, la cábala judía, la teosofía y la antroposofía. La alquimia y la astrología esotérica también se basan en el pensamiento gnóstico. En el siglo XIII, surgió un movimiento de renacimiento gnóstico, especialmente popular en el sur de Francia y en el Imperio bizantino.

A pesar de la condena, la filosofía central del gnosticismo brilla como una espiritualidad universal perspicaz. La verdadera gnosis da la profundidad intuitiva y la compasión para dominar la vida como seres humanos sabios y solidarios. Trata de la esencia de las cosas y es la aprehensión intuitiva de la verdad y la percepción innata que distingue entre lo falso y lo verdadero, entre lo real y lo irreal.

Los gnósticos creen que toda religión verdadera enseña sabiduría y debe ser honrada, y que donde hay discordia o juicio, las mentes de los hombres han insertado adulteración. "Todas las religiones son perlas preciosas en el cordón de oro de la divinidad". Esta amplitud de miras chocó con la ortodoxia dogmática romana. Se sospecha que esta forma mística más profunda de conocer el cristianismo pudo haber sido deliberadamente negada por los fanáticos religiosos de la Iglesia romana, empeñados en mantener a la gente ignorante de su propia divinidad y con miedo a la condenación eterna. Esto hizo que los cristianos dependieran de los rangos de autoridad de la Iglesia para alcanzar la salvación. Sin embargo, en los evangelios gnósticos se oye que Jesús pretendía que se adquiriera el conocimiento de sus enseñanzas secretas por uno mismo y a su manera, mediante el estudio, la reflexión intuitiva y la revelación. En el pensamiento gnóstico, salvación significa perfección última.

Los gnósticos nunca lucharon contra el establishment porque sabían que las enseñanzas secretas del Cristo interior no podían debatirse intelectualmente. Y algunas sectas gnósticas estaban obligadas por juramentos de secreto sobre la construcción del Reino de los Cielos en la Tierra. Raramente discutían o debatían sobre aspectos de su tipo de Cristianismo. Sabían que si no se conocía la naturaleza o el propósito de la vida humana desde la propia percepción intuitiva, todo sonaría como una fantasía justiciera.

Los eruditos siguen estudiando las escrituras y los textos gnósticos, y en algún momento se sabrá más sobre sus hallazgos. Aunque enterrados durante siglos, estos registros históricos siempre han existido detrás del dogma católico romano que ha prevalecido desde que los romanos fueron facultados en el año 325 d.C. para dominar la religión cristiana. Es hora de cortar con esta censura y ampliar el conocimiento con lo que estos místicos cristianos sabían sobre las enseñanzas originales de Jesús. Ellos eran los guardianes de sus dichos reales.

La forma convencional de conocer una religión puede quedar obsoleta. Incluso la forma habitual de conocer a Dios. Los dogmas pueden convertirse en preceptos irrelevantes sobre la vida y el Ser en evolución. Sin un nuevo interés y comprensión de la historia de Jesús, ésta está perdiendo su asidero en la psique humana. Carl Jung dijo que los símbolos cristianos ya no expresan lo que brota de la mente inconsciente; el desarrollo cristiano se ha convertido en fanatismo doctrinario sólo apto para alimentar al hombre masa de hoy.

Estas son palabras fuertes, pero es obvio que la batería espiritual se ha agotado. La presentación de la verdad divina dada por la Iglesia no ha seguido el ritmo del florecimiento intelectual del espíritu humano. Para muchos buscadores espirituales del mundo moderno, la Iglesia parece estancada en una moral inmutable destinada a desvanecerse en la irrelevancia. El cristianismo heredado que todos deben seguir con fe ciega ha sido arrasado por la lluvia ácida de la realidad actual.

Aunque tratado como una herejía a lo largo de la historia cristiana, el cristianismo gnóstico es una etapa vital de la evolución en la sabiduría perenne de las Antiguas Tradiciones Misteriosas. Estos Misterios velan el secreto del origen y el destino del hombre, representando el largo camino que todos deben recorrer para "llegar a ser completos." Los Misterios proporcionan la enseñanza que la humanidad necesita para progresar de la oscuridad a la luz, de lo irreal a lo real y de la muerte a la inmortalidad.

Los Misterios son la verdadera fuente de la revelación. Hacen realidad la verdadera naturaleza de la religión, el propósito de la ciencia y el objetivo de la educación, que proporcionan vías hacia el camino, la verdad y la vida. Son la gnosis en su forma más pura. Los cristianos gnósticos eran estudiantes de estas enseñanzas de sabiduría atemporal y muchos eran Iniciados en las Escuelas de Misterios esotéricas. La gnosis es el conocimiento experimental de lo Divino, que todas las escrituras gnósticas validan como quizás la forma más pura de cristianismo existente. Estas son las enseñanzas perdidas del Cristo interior.

Esta profundización en la gnosis no puede considerarse una nueva religión, porque gnosis es un verbo, no un sustantivo. Pero puede ofrecer una nueva actitud hacia la propia vida religiosa y un recordatorio para confiar en la sabiduría inherente. Los evangelios gnósticos surgen una vez más para reavivar el fuego del espíritu en el mundo moderno, tan necesitado de este conocimiento místico vital de Cristo residente.

Parte 2 – Misterios Gnósticos

Para los Iniciados

Los gnósticos comprenden que los misterios de la existencia sólo pueden ser percibidos a través de la intuición. Estos enigmas nos conectan con la vida en su totalidad y con los reinos superiores. Algunas personas nacen recordando que existe un significado más profundo en la vida y se sienten atraídas hacia los Misterios.

Sin embargo, la mayoría vive sin reflexionar sobre esta forma más profunda de conocimiento; rara vez las masas se convierten en "Buscadores de la Sabiduría". Quizás a esto se referían los gnósticos al afirmar que existen dos tipos de personas: "los que saben" y "los que no saben". No era arrogancia, sino una constatación. "Los que saben" eran aquellos a quienes Jesús se dirigía cuando decía: "para aquellos con oídos para oír". Enseñaba utilizando el método alegórico, consciente de que algunos podían comprender sus enseñanzas místicas y otros no. Como se afirma en el Evangelio de Marcos:

"Las cosas se ocultan sólo para ser reveladas y se hacen secretas sólo para ser sacadas a la luz. Si alguien tiene oídos para oír, que oiga".

Los Misterios de Cristo eran ecos de antiguas enseñanzas gnósticas que sólo comprenderían aquellos capaces de pensar a través de la gnosis, de captar los significados más profundos de los relatos y parábolas. Jesús dijo a sus discípulos que se les darían los secretos del Reino de los Cielos, mientras que a las masas les hablaría en parábolas:

"A vosotros se os da a conocer los Misterios del Reino de los Cielos, pero a los demás se les da en parábolas; para que viendo no vean y oyendo no entiendan".

Aquellos que podían oír la teología esotérica de Jesús eran los cristianos gnósticos. Esta forma más profunda de pensar genera toda vida religiosa experiencial profunda. Pero el pensamiento gnóstico siempre se ha opuesto a cualquier "fe evangelizadora" de religiones empeñadas en hacer de su camino la única vía de salvación. Los verdaderos gnósticos nunca fueron intolerantes; simplemente se mantuvieron al margen.

Entendían que esta vida es como una escuela, que estamos aquí para estudiar y aprender. Debido a esta profunda comprensión, eran de mente abierta y no juzgaban. Cuando observaban a alguien actuar de forma negativa, en lugar de criticar, decían: "Ahí voy yo, si no fuera por la gracia de Dios". Comprendían que, para vivir en la verdad, no se podía evitar ningún aspecto del ser humano.

Aunque este sendero gnóstico posee una autenticidad tanto religiosa como psicológica, no hay ningún dogma que lo defina; sólo puede conocerse intuitivamente a través del propio corazón. Los cristianos gnósticos experimentaron una aceleración de la "chispa divina" en su interior. Creían que el alma es una célula de luz en cada cuerpo de Dios. Este es el "Cristo en vosotros, esperanza de gloria" al que se refería San Pablo. Jesús se daba cuenta de que habían recordado que la naturaleza humana es divina y habían aprendido a distinguir entre la vida eterna y la temporal. A través de la gnosis, comprendieron lo que quiso decir cuando afirmó:

"Porque os digo que si vuestra justicia no fuere mayor que la de los escribas y fariseos, no entraréis en el reino de los cielos."

Al estudiar el original griego del Nuevo Testamento, se valida que Jesús enseñaba un proceso místico que llamó ekklesia, que nos guía en cómo vivir como almas espirituales despiertas. Nunca trató de crear una institución religiosa externa; llamaba a honrar la vida interior y vivir en un estado superior de conciencia. Se refirió a quienes lo habían alcanzado como la asamblea de la ekklesia, "un cuerpo civil de almas selectas convocadas por una razón particular". Tenían "oídos para oír" su verdadero propósito. No estaban aquí para crear la Iglesia, sino para construir el Reino de los Cielos en la Tierra. Jesús ordenaba a sus seguidores despiertos transformar este mundo con su forma de ser. El camino de la ekklesia nunca fue una doctrina externa; es un estado despierto de conciencia.

La palabra "ekklesia" aparecía 115 veces en las escrituras bíblicas originales. Pero en traducciones posteriores se superpuso con preceptos de hombres que pretendían fundar la Iglesia cristiana. Fue sustituida por "kuriakos", que significa "una estructura llamada 'iglesia'". En los textos originales, kuriakos sólo se menciona dos veces.

Lamentablemente, hoy "ecclesia" se ha vuelto sinónimo de "iglesia", incluso en el diccionario. Y esto es un grave error. Desplazó el modo de ser cristiano desde la forma mística interior de conocer a Dios en el corazón a la forma exterior de seguir a una autoridad religiosa externa. Esta sustitución viola el verdadero mensaje de Jesús y cambió el curso del cristianismo.

Muchos de los primeros gnósticos cristianos fueron prolíficos escritores, produciendo innumerables textos de sabiduría sagrada que fomentaron el conocimiento de las enseñanzas originales de Jesús. Pero muy pocos sobrevivieron, debido a la implacable supresión y destrucción de la literatura gnóstica por parte de los cazadores de herejías de la Iglesia primitiva. Todos los escritos "gnósticos" fueron condenados y se prohibió la palabra gnosis. Resulta asombroso que una palabra que significa "conocimiento inmediato de la verdad espiritual" fue despojada de nuestro mundo por la Iglesia cristiana.

Aprender sobre el camino de la ekklesia brinda una comprensión más profunda de quién era realmente Jesús y su verdadero mensaje. Este trabajo interior de realizar la unidad con Dios fue la enseñanza enfatizada en las escrituras cristianas originales antes de que el cristianismo fuera puesto en una forma nueva por el emperador Constantino. Fue él, no Jesús, quien creó el cristianismo ortodoxo. En el Concilio de Nicea en el 325, se apoderó de la religión y la incorporó al gobierno, para usarla para su beneficio político.

La asamblea de la ekklesia no tenía emperador ni jurisdicción sino a Cristo. Sabían que Jesús nunca trató de establecer una religión institucionalizada; llamaba a las personas divinas a vivir en su estado trascendente. El Reino de los Cielos se trae a la Tierra al darse cuenta de que la propia naturaleza es divina, y al vivir como esa naturaleza eterna. Jesús no pedía que se fuera cristiano; pedía recordar que se es Cristo.

Los primeros cristianos gnósticos eran seguidores que él consideraba los "dignos" o "elegidos". Podían "oír" su mensaje metafísico. La gnosis es una forma trascendente de conocimiento que trae los significados más profundos al corazón. Muchos de estos gnósticos se formaron en las Antiguas Tradiciones Misteriosas. Una enseñanza fundamental es que el intelecto sólo puede tratar con el "mundo de las apariencias" literal y debe ser trascendido para percibir la verdadera Realidad.

Jesús no habría considerado a las masas como "los dignos" o "elegidos". La mayoría simplemente se adapta a vivir según las normas de la sociedad. No buscan la trascendencia; siguen la letra de la ley con poco interés en el espíritu que la sostiene. Si llegaban a ser seguidores, su interés residiría en adorar a la persona de Jesús y los milagros que realizaba. Él era consciente de que la mayoría nunca se identificaría con él ni comprendería los misterios del Cristo interior.

Algunos eruditos suponen que los cuatro evangelios seleccionados para la Biblia se centraban en la historia literal de Jesús, en un lenguaje sencillo para las masas. Los evangelios gnósticos son más complejos y proponen significados místicos más profundos que no serían fácilmente captados por personas con poca perspicacia espiritual.

Los primeros gnósticos cristianos se desvincularon del cristianismo literal ortodoxo, por considerarlo demasiado simplista. Y rompieron muchas reglas de la Iglesia. Nunca pensaron que Jesús incitara a adorarle; creían que quería que se dieran cuenta de que la propia naturaleza es divina. Lo veían como el hermano mayor que fue el primero en recordarlo. Como se dice en El Evangelio de Felipe, cuando se conoce al Cristo por la gnosis, "ya no se es cristiano, sino Cristo". "El Christos" no era un Ser, sino una epifanía de Luz, el potencial divino en cada ser humano. Para ellos, el Christos es el alma.

Aunque siempre ha estado presente, el alma está siendo reconocida ahora por el ego. Se está recibiendo inspiración y revelaciones sobre el Ser emergente a través del contacto con la esencia espiritual. Hoy es fácil encontrar libros y sitios web con "alma" en el título. Pero como el cerebro aprende a través de experiencias en el mundo exterior, la vida interior del alma es un misterio para el ego, y no siempre se confía en ella. Así que lleva tiempo sentirse en casa en la conciencia del alma.

El Yo esencial está diseñado para volver a tejer los hilos que unen el pensamiento humano con el alma y el espíritu. La involución del espíritu en la materia es el viaje de evolución autoconsciente. Pero a veces se vuelve inconsciente y el ego anula al alma.

Cuando se es convocado como "los que tienen oídos para oír", se está relacionando alma con alma. El alma es la conciencia, la verdadera identidad. Esta entidad sagrada es la propia nota individual - "lo que hace que una rosa sea una rosa". Es la esencia del ser. Cuando San Pablo decía: "el Cristo en vosotros, la esperanza de gloria", se refería al alma. Y Sócrates la llamó "Sabiduría".

El alma se expresa a través de la naturaleza mental y emocional, permitiendo ser abierto de mente y "salir del corazón". Esa misteriosa interacción entre espíritu y materia impulsa a todas las criaturas a avanzar por el camino de la evolución hasta alcanzar una gloriosa consumación. El alma es el poder que preserva la identidad a través del Tiempo y más allá. La vida cobra vida en la conciencia del alma a través de la gnosis. Y éste era el objetivo de los gnósticos.

La gnosis despierta al origen celestial a través del lenguaje metafórico, las visiones interiores, las percepciones profundas, las revelaciones y las experiencias místicas. Por eso los gnósticos preferían enseñar con alegorías. El teólogo Orígenes, a menudo acusado de ser gnóstico, lo ejemplifica: Llamó a la Tierra "el segundo pequeño mundo", recordando que la humanidad no está aprisionada en el mundo de las formas, sino que "pisa el fondo del cielo".

Las enseñanzas místicas de la gnosis sólo interesan a quienes busquen comprender los misterios de la vida espiritual interior y del alma en evolución. Ellos son los que tienen "oídos para oír" el verdadero mensaje del Cristo. Pero para desgracia de la humanidad, como recuerda el erudito William Kingsland:

"Las castas sacerdotales redujeron todo a su nivel de tierra plana. Y les interesaba mantener a todo el mundo en ese nivel".

Sin embargo, los credos y doctrinas de la religión cristiana no son más que impresiones e inferencias derivadas de las ideas que algunas autoridades eclesiásticas tienen de las Escrituras; nunca podrán ocupar el lugar de la Palabra viva de Dios. Hasta hoy, el conocimiento de las Antiguas Tradiciones Misteriosas y los Misterios del Cristo Interior están notablemente ausentes en la filosofía religiosa convencional. Y esto es comprensible, porque las Antiguas Tradiciones Misteriosas contradicen el núcleo central de las enseñanzas ortodoxas, dando a todos el poder de encontrar a Dios desde dentro. Se puede ver por qué las enseñanzas gnósticas tenían que ser repudiadas y erradicadas.

Los maestros gnósticos habían adquirido parte de la sabiduría más antigua de la humanidad, el conocimiento de que el Cristo no es un Ser exterior, sino una conciencia que vive en las profundidades de la propia naturaleza. Los gnósticos cristianos crearon un renacimiento en este antiguo camino interior. Consideraban que el conocimiento de la herencia divina era el verdadero cristianismo que capacita para ser dueños del propio destino. Despierta el asombro de lo que sería el cristianismo si permaneciera firme en su dote gnóstica. Cabe recordar que la mayoría de los primeros cristianos que estudiaron con Jesús cara a cara eran gnósticos.

Pero no debe sorprender si se ha oído poco o nada sobre los gnósticos en la educación cristiana. A lo largo de la historia, han tenido que mantenerse ferozmente secretos e independientes. Sus formas no conformistas son una amenaza para el establecimiento de la Iglesia desde que se formaron los credos ortodoxos y las estructuras clericales. Por esta razón, los escritos gnósticos que han sobrevivido se han mantenido en secreto en su mayoría, muchos de los cuales el público nunca verá. Además, sus evangelios fueron omitidos de la Biblia. Por lo tanto, no es de extrañar que los feligreses contemporáneos sepan poco acerca de los cristianos gnósticos y su forma de conocer a Jesús y la conciencia del Cristo.

Los cristianos gnósticos y místicos

El concepto de cristianismo gnóstico está firmemente establecido en la Biblioteca de Nag Hammadi, la traducción definitiva de los evangelios gnósticos. Esta corriente mística surgió de las enseñanzas originales de Jesús registradas por sus primeros seguidores. En estas escrituras, la trascendencia personal es el tema central, en lugar de la adoración a un Salvador externo. Era una forma interior y transformadora de conocer a Dios que se extendió por el cristianismo primitivo, y muchas de estas creencias divergían significativamente de las que se estaban popularizando en la época.

Aunque la mayoría de los que estudiaron directamente con Jesús eran gnósticos, a finales del siglo II, sus seguidores eran considerados herejes y traidores del verdadero cristianismo, siendo excluidos de la Iglesia. Estos cristianos gnósticos eran portadores de las enseñanzas secretas de Jesús, descritas en la Biblia como "los misterios" que provenían directamente del Salvador. Habían adquirido una profunda comprensión de estos misterios y, a través de la gnosis, compusieron numerosos documentos que comentaban poéticamente sobre la maravillosa naturaleza del Espíritu.

Al igual que Jesús, estos primeros cristianos creían en la dualidad de la oscuridad y la luz, y en que sólo expresando la luz del alma se podían superar los condicionamientos humanos y adquirir un sentido de lo divino. Toda su expresión era profundamente religiosa, preocupada por la salvación y la naturaleza trascendente de Dios. Creían que la principal tarea de Jesús en la Tierra era revelar este conocimiento esotérico para ayudar al alma a escapar del amargo caos de este mundo humano, y que aparentemente transmitió esta sabiduría a algunos de sus primeros seguidores. El erudito Morton Smith descubrió una carta escrita en el año 200 d.C. por el obispo Clemente de

Alejandría, de mentalidad mística, en la que describía un Evangelio secreto de Marcos que enseñaba el camino místico gnóstico, leído sólo a los iniciados en las Antiguas Tradiciones Misteriosas. Este evangelio poco conocido fue preservado por la Iglesia de San Marcos de Alejandría y contiene los misterios del Cristo interior.

Los evangelios y las escrituras gnósticas enfatizan que Jesús estaba evidenciando este proceso interior de nuestro despertar. Y, como se afirma en la Biblia hebrea original, Jesús vino a recordar a "los que tenían oídos para oír" que estamos aquí para construir el Reino de los Cielos en la Tierra al darnos cuenta de que ya estamos infundidos con la conciencia del Cristo. En los evangelios gnósticos se aprende que Tomás, María Magdalena, Felipe, Pedro, Pablo y Judas poseían esta comprensión mística más profunda del mensaje de Jesús. Eran cristianos gnósticos. Y no sólo sus escritos fueron omitidos de la Biblia, a excepción de algunos de Pablo, sino que los investigadores revelan que incluso las cartas y epístolas de Pablo fueron fuertemente editadas y en algunos lugares, completamente reescritas.

El cristianismo gnóstico comenzó como una escuela de pensamiento dentro de la Iglesia, aunque la comprensión que los gnósticos tenían de Cristo y de las Escrituras difería fundamentalmente de la ortodoxia. El Evangelio de Judas es uno de los textos gnósticos antiguos más fascinantes, descubierto y traducido recientemente. Es la fuente primaria más antigua que revela que Jesús pidió a Judas que le traicionara para cumplir su destino espiritual. Este evangelio relativamente desconocido afirma que los gnósticos consideraban a Judas un discípulo muy avanzado. Cita a Jesús diciendo: "Pero tú los superarás a todos. Porque sacrificarás al hombre que me viste".

En otro oscuro texto considerado gnóstico, llamado El vuelo de la serpiente emplumada de Armando Cosani, se encuentra el propio relato de Judas sobre su cercanía con Jesús y cómo se le encomendó la tarea más despreciable para que Jesús cumpliera su misión en la Tierra. Los gnósticos veían a Judas como un discípulo aventajado y de confianza, y no de la forma negativa en que la historia cristiana lo ha percibido. En el pensamiento gnóstico, todos los acontecimientos y personajes de la vida de Jesús tenían un significado simbólico que correspondía a las diversas etapas y pruebas de la Iniciación en los Misterios. Judas desempeñó un papel que todos los aspirantes espirituales deben afrontar en algún momento de su despertar: el misterio de la traición.

Este cristianismo más esotérico, conocido tempranamente como "cristianismo místico", prevaleció durante 300 años después de la época de Jesús. Para estos místicos cristianos, Cristo no es una entidad física a la que adorar, sino una sagrada Presencia interior de Luz, el núcleo mismo de la naturaleza humana. Lamentablemente, salvo raras excepciones, este cristianismo trascendental que se centra en la propia esencia divina quedó sepultado bajo el sólido dogma de la Iglesia Ortodoxa y se ha perdido para la mayoría de los que se llaman a sí mismos "cristianos" durante 1600 años.

Desde su origen, la fe cristiana ortodoxa parte de una actitud extravertida, que considera a todos los seres humanos pecadores natos sin remedio, sin ninguna relación con la calidad de las experiencias interiores individuales de nadie. Su legitimidad está garantizada por la mera recitación de los credos y la doctrina de la Iglesia, que nunca cambian. Para ser cristiano, se debe adorar a Jesús como Salvador, pertenecer a la Iglesia, memorizar estos credos y vivir según ellos "en la fe". Estos postulados fueron formulados bajo la dirección del tiránico emperador Constantino en el primer Concilio de Nicea en el año 325 d.C. y han definido la religión cristiana desde entonces.

Rara vez se menciona a los cristianos modernos que Jesús era un gnóstico que enseñaba estos misterios del Cristo interior. Esta sabiduría más profunda del cristianismo primitivo se perdió cuando las escrituras cristianas originales fueron reescritas, editadas y modificadas por la Iglesia de Roma para atraer a las masas. Y nunca se sabrá si esto se hizo para que la Iglesia romana pudiera mantener su poder sobre toda la religión cristiana, o si estas autoridades eclesiásticas simplemente deseaban que el mensaje de Jesús estuviera más fácilmente disponible. Pero es bastante razonable suponer que la forma gnóstica interior de vivir la fe cristiana se convertiría sin duda en un serio elemento disuasorio para las firmes persuasiones de la Ortodoxia de que se debe pertenecer a la Iglesia para ser salvos.

Sea como fuere, el gnosticismo, en general, es un sistema de pensamiento y un proceso de vida que trasciende cualquier religión; se encuentra filosofía e influencia gnóstica en todas las religiones, o incluso en algunas personas que no son religiosas en absoluto. Se sabe, sin embargo, que los cristianos gnósticos eran un grupo distintivo de personas con una visión positiva de la naturaleza humana que se separaron del judaísmo ortodoxo y del comienzo de la dispensación cristiana que se estaba formando durante la vida de Jesús. Eran cristianos que veían las creencias de la Iglesia no como una popularización del cristianismo, sino en cierto modo como una adulteración del mismo.

Estos cristianos gnósticos veían una gran diferencia entre creer y conocer. Habían sido transformados por las enseñanzas de Cristo. Y cuando alguien tiene realmente una experiencia espiritual, ya no hay necesidad de creencias religiosas. La creencia siempre contará con el cuestionamiento y la incertidumbre, mientras que el conocimiento es convicción; procede de la revelación personal. En 1959, en una entrevista televisiva en Face to Face, se le preguntó a Carl Jung: "Dr. Jung,

¿cree usted en Dios?". Y él respondió enfáticamente: "¡No! ¡No creo en Dios; conozco a Dios!".

Con toda seguridad, a estas alturas todos se dan cuenta de que los gnósticos son personas que "calan hondo". Se han propuesto vivir el misterioso proceso de muerte y renacimiento, muriendo conscientemente a lo viejo mientras asimilan lo nuevo, buscando llegar a la plenitud del ser. Y veían a Jesús como el arquetipo humano que lo modelaba para ellos. Cuando Jesús dijo: "Sígueme" y "haz como yo", los cristianos gnósticos no pensaban que les estuviera pidiendo que le adorasen; les estaba llamando a llegar a ser plenamente el Ser humano/divino que están hechos para ser, como él había hecho. Al hacerlo, espiritualizan el Reino Humano. Esto es vivir el misterio del Cristo interior, que -para los que siguen el camino cristiano- es el propósito sagrado de estar aquí en la Tierra.

La mayoría de la gente piensa que Jesús ordenó amarse los unos a los otros y ser buenos chicos y chicas. Pero sus enseñanzas son mucho más profundas. Para los cristianos gnósticos, Cristo despierta a la paradoja de ser humanos: saber que están cristificados cuando se hacen plenamente humanos: Realizan su divinidad mientras caminan por la Tierra en estos cuerpos humanos temporales. Esta comprensión profunda y misteriosa de la naturaleza humana rara vez se enfatiza en el cristianismo convencional. En cambio, se enseña que ser humano es una forma degradada de ser que uno debe "superar" para ser espiritual. Y se debe centrar en adorar a un Ser santo lejano en lugar de volverse hacia el interior para descubrir la propia divinidad.

Algunos de los primeros cristianos gnósticos creían que Jesús nunca tomó un cuerpo físico, sino que asumió temporalmente una apariencia humana meramente fantasmal. Enseñaban que Jesús simplemente había pasado a través de la

Virgen María sin ser modelado por su sustancia. Algunos gnósticos incluso dirían que Jesús vino aquí como un hombre adulto, listo para servir inmediatamente a su misión en la Tierra - que ni siquiera vivió una vida física. Es una idea fascinante y francamente creíble, ya que apenas se sabe nada de su infancia y nada de su vida entre los 12 y los 30 años. Aunque la ortodoxia cristiana ha trabajado arduamente para hacer de Jesús vivo una persona real, para los cristianos gnósticos su encarnación física sigue siendo un misterio desconcertante - y francamente ni siquiera es tan importante para ellos. Les interesa más lo que Jesús simboliza como el arquetipo del Hijo de Dios que sabía que era a la vez humano y divino.

El cristianismo popular con el que muchos fueron educados asume automáticamente que los humanos están manchados desde su principio - que el Diablo infectó a los primeros padres con el "pecado original" y corrompió la creación. Por tanto, todos nacen en pecado. Para los cristianos gnósticos, la palabra "pecado" significaba algo muy distinto de lo que pensaban los cristianos ortodoxos. En el cristianismo convencional, el pecado tiene la connotación de significar que se hacen actos malos deliberadamente porque está en la naturaleza humana hacerlo. Y lamentablemente, innumerables niños han crecido creyendo esto. Pero los primeros cristianos gnósticos definían el pecado de forma más apropiada; sabían que la palabra "pecado" viene de la palabra griega harmartia, que en arquería significa "errar el tiro". Pecar, creían ellos, significaba simplemente errar y equivocarse. Para los gnósticos, es la ignorancia, no el pecado, lo que causa el sufrimiento humano. Como se afirma en el Evangelio de Felipe:

"La ignorancia es esclava. El conocimiento es libertad. Si se conoce la verdad, se encontrará en sí mismos los frutos de la verdad. Si se une a ella, nos traerá la plenitud".

Los evangelios gnósticos afirman que Jesús dijo a sus seguidores que no hay pecado, y ciertamente no existe el "pecado original" que hace a todos los seres humanos responsables de todo el sufrimiento que ha ocurrido en el mundo. En el pensamiento gnóstico, esto es una terrible falsedad que incluso fue escrita en la Biblia -- no por Dios, sino por los castigadores canonistas romanos.

Jesús había enseñado a estos primeros cristianos que el núcleo de la naturaleza humana es divina, y que la única manera en que caen en el mal es durante tiempos de olvido de sí mismos. Para los gnósticos, ya son espirituales; están aprendiendo a ser humanos. Y Dios sabe que todos caen en estados de olvido de sí mismos y se comportan de forma errónea y a veces incluso dañina. Pero tal vez sea el hombre, y no Dios, quien se juzga tan duramente como pecadores. En el Evangelio gnóstico de María Magdalena, Jesús subraya esto cuando Pedro le preguntó: "¿Cuál es el pecado del mundo?". Y Jesús respondió:

"La materia no tiene pecado. El pecado no tiene existencia real. Sois vosotros mismos los que creáis el pecado cuando actuáis dentro del hábito de una naturaleza corrupta".

Los cristianos gnósticos creían en la bondad y la sabiduría del espíritu humano y repudiaban la idea del pecado original. Creían que este concepto era un malentendido superficial, y quizás incluso manipulador, de las enseñanzas del Cristo. Y las escrituras gnósticas son notas tomadas directamente de las enseñanzas originales de Jesús por aquellos que estudiaron con él cara a cara. En el pensamiento gnóstico, por supuesto que se cometen errores como seres espirituales que aprenden a ser humanos. Y se debe asumir la responsabilidad y corregirlos. Pero aquí está la pregunta: ¿Qué clase de Dios crearía deliberadamente todo un reino de bebés inocentes nacidos como pecadores? ¿O, al crear a la humanidad, Dios simplemente cometió un horrible error y todos acabaron hechos unos malvados? No parece creíble.

Para los cristianos gnósticos, tampoco existía la condenación eterna. Creían que las autoridades eclesiásticas utilizaban esta idea como una táctica de miedo para obligar a las masas a unirse a la Iglesia. Aunque ciertamente todos han cometido algunos errores graves en la vida, los gnósticos sabían que no se puede ser condenados para siempre, porque según la Ley universal de la Vida, una causa finita nunca puede tener un efecto infinito.

El hecho de que Eva comiera la manzana, deseando experimentar los placeres sensuales del ser humano, ¿la hace estar equivocada? ¿Quién lo hizo malo? En el pensamiento gnóstico, tal vez en lugar de desobedecer a Dios, Eva y la Serpiente estaban haciendo la voluntad de Dios. La Serpiente, como es sabido, es un símbolo universal de sabiduría. Y Eva era, después de todo, una manifestación de Sophia, la Divina Femenina que servía como esposa de Dios. Y creían que la Divina Femenina trajo la vida terrestre. No es tan descabellado creer que Dios pudiera haber querido experimentar las delicias de su creación y enviado a su contraparte femenina aquí para abrir el camino. Supuestamente Dios, siendo "El Todo", vive en un estado perfectamente tranquilo de pacífica omnipresencia. Así que tal vez Dios se aburrió y quiso aventurarse en el juego fantasioso de la creación.

Los gnósticos consideraban a la Serpiente arquetípica como la base instintiva de la sabiduría terrestre, dotada del don de la espiritualidad sobrenatural. En la alquimia, que comenzó en la filosofía de la Tradición Gnóstica, la serpiente es el Mercurius pneumático, un Dios de la Revelación que habitaba en el caos original antes de que el mundo tomara forma. Pero, como es sabido, la Serpiente también puede ser considerada oscura o maligna porque, al ser de sangre fría e instintiva, puede pasar por encima de cualquier consideración moral, e incluso matar sin remordimientos. Así que no tenían ningún problema en creer que la vida terrestre contiene tanto la luz como la oscuridad, pero creían que todo es de Dios.

Para los cristianos gnósticos, la "caída" de Eva no ocurrió porque fuera lasciva o seducida por una Serpiente malvada; cayó porque llevaba la pesada carga de la dualidad a la Tierra. El Árbol del Conocimiento que lleva la manzana, con Mercurius oculto en las raíces, representa las fases del proceso de transformación; sus frutos son su consumación. El Árbol de la Vida de la Cábala judía representa esta sabiduría mítica. Así que para los gnósticos, la historia de Eva es en realidad el mito universal de cómo los humanos alcanzan el Autoconocimiento.

Los cristianos gnósticos siempre se centraron en la doctrina de Jesús sobre el autoconocimiento y la iluminación, no en avergonzarse como pecadores natos. No creían que Dios castiga cuando se peca. Enseñaban que, al estar hechos a imagen de Dios, se está obligado por ley a ser felices cuando se está en armonía con la verdadera naturaleza. Y cuando no se está, se sufrirá simplemente debido al propio olvido de sí mismos. Los gnósticos creían que el plan de Dios era que sus hijos espirituales "cayeran" en una creación encarnada físicamente y aprendieran a vivir la vida terrenal. La "Caída", para ellos, era la evolución mental natural de cómo el Espíritu se transmuta en el mundo físico. Así es como uno se convierte en su Yo-Dios en forma física.

Reflexionando por un momento sobre estas dos formas de interpretar el mito cristiano de "La Caída": la forma convencional en la que Eva no hace caso a Dios y lleva al pecado, y la forma gnóstica en la que Eva y la Serpiente hacen la voluntad de Dios. Para muchos, la vía gnóstica tiene mucho más sentido si se cree que el Creador es un Dios benevolente. Estos son los tipos de reflexiones que los cristianos gnósticos exploraron y que la mayoría de los cristianos devotos rara vez, o nunca, siquiera piensan - y muy probablemente considerarían blasfemia.

En el cristianismo gnóstico, la Humanidad es un experimento sagrado de cómo traer a Dios a la forma humana. La involución del Espíritu en la materia es lo que crea el proceso de evolución Autoconsciente. Y es la naturaleza humana buscar siempre ese vínculo sagrado entre la defectuosa personalidad encarnada y la impecable alma trascendente -- ese lugar tranquilo en el interior más allá de todas las luchas humanas. Cuando se veían atrapados en algún aprieto humano, los gnósticos se recordaban a sí mismos: "Ve más arriba y contempla tu historia más grande: ¿Qué está pasando aquí realmente?". Se centraban en vivir como su verdadero Ser incontaminado, una sencilla práctica espiritual diaria que todos pueden elegir emplear.

Los cristianos gnósticos sentían mucha pena por todo el sufrimiento doloroso y la negatividad que se experimenta aquí en la Tierra. Pero aunque la Iglesia Ortodoxa culpa a los humanos de los pecados del mundo, los gnósticos no lo hacían. Creían que esta vida en la Tierra estaba viciada desde el principio, plagada de ignorancia, conflictos, enfermedades y desastres naturales. Y no creían que Jesús sufriera y muriera en la Cruz "para salvarnos del pecado". No les gustaba el castigo de un Dios castigador por los errores que se cometen en la vida. Creían que la historia de Jesús modela la naturaleza temporal de los cuerpos humanos y la naturaleza eterna del Cristo interior, y que se debe aprender a vivir en el amor y la sabiduría como ambos lados de la naturaleza humana.

El cristianismo gnóstico es más compasivo y humano que el cristianismo convencional que llena de culpa y vergüenza por ser "pecadores". Cuando se aprende a pensar a través de la gnosis, se ve que la naturaleza humana hecha por Dios es naturalmente buena, y que todo en este mundo, incluso su lado oscuro, tiene un propósito sagrado. A diferencia de la ortodoxia, los cristianos gnósticos creían que no se necesitaba sentir vergüenza o culpa por moverse a veces hacia el lado equivocado de la vida, ya que esta danza a través de la dualidad en los reinos del ser es cómo se aprende a ser amorosos y sabios. Francamente, es incluso más grande que eso: Como seres espirituales, así se aprende a ser humanos.

En el camino cristiano gnóstico, ningún testimonio de segunda mano, ni ningún dogma tradicional, puede sustituir jamás a la forma interior de conocer a Dios. Ni siquiera ser un fiel cumplidor de las prácticas religiosas o confesarse humildemente con un sacerdote servirá de nada. Así que, por supuesto, estas creencias tuvieron que ser condenadas por la Iglesia como totalmente indignas -- y ciertamente "no cristianas". A pesar de su profunda sabiduría, se puede ver por qué estos cristianos gnósticos se convirtieron en una peligrosa amenaza para el cristianismo ortodoxo y tuvieron que ser menospreciados. A finales del siglo II ya habían sido expulsados de la Iglesia como peligrosos herejes anticristianos.

Quizás muchos fueron esos cristianos gnósticos en un pasado muy lejano. Quizá por eso siempre se han sentido inadaptados en el mundo religioso dominante. Los cristianos gnósticos viven de una verdad mucho más amplia y compleja que la fe simple de las multitudes. Y estos primeros cristianos vivían con la sólida convicción de que comprendían verdaderamente las enseñanzas de Jesús. La verdadera gnosis es un "saber" místico de corazón que trasciende las historias literales y el dogma memorizado del cristianismo ordinario. La gnosis es el tipo de conocimiento que, cuando se "piensa", transforma.

Los cristianos gnósticos originales nunca vivieron pasivamente en la fe ciega. Eran almas valientes que iban en contra de la norma. Y al ser tan diferentes del resto de sus compañeros cristianos, estaban dispuestos a ser marginados e incomprendidos, incluso etiquetados de heréticos. Vivieron sus vidas con gracia como una "caída libre hacia la incertidumbre", confiando en la santidad de esta vida humana, incluso en su lado oscuro o desconocido. En muchos sentidos, tenían más fe en la vida y en Dios que los cristianos corrientes. Los que se conocen como gnósticos pueden estar muy agradecidos a sus antepasados por su fe y valentía inquebrantables.

La gnosis no puede endurecerse en una simple teología definida, ni en ningún tipo de dogma rígido sobre el bien y el mal; la gnosis sólo puede vivir en los corazones intuitivos. Para los gnósticos, no hay reglas rígidas sobre ninguno de los grandes temas de la vida; cada acontecimiento de la vida debe juzgarse por sus propios méritos. Vivían momento a momento en el apasionante misterio de la existencia.

Los cristianos gnósticos eran personas de fe que se apoyaban en una obediencia dedicada a la voluntad de Dios. Luchaban por practicar constantemente la bondad, no con miedo, sino con amor. Estos primeros seguidores de Jesús creían que se les habían dado los misterios secretos del Cristo interior, "bendecidos con todas las bendiciones espirituales en los lugares celestiales" a través de la revelación y la gracia de Dios, como tan elocuentemente se describe en la Epístola de Pablo a los Efesios.

Los cristianos gnósticos traen un indicio de lo que el cristianismo pretendía ser originalmente: el trabajo interior de alcanzar la conciencia de Cristo. El apóstol Pablo lo sabía cuando dijo: "edificamos el cuerpo de Cristo en nosotros hasta que alcancemos la plena medida de la estatura de Cristo." San Pablo era, en efecto, gnóstico, aunque pocos historiadores de la religión lo hayan señalado. Y algunos de sus escritos, ahora se sabe, fueron incluso adulterados para ocultar este hecho.

En la época en que vivió Jesús, los cristianos gnósticos no se comportaban como fanáticos proselitistas. No estaban interesados en desafiar a la religión organizada, sino en renunciar a una religiosidad incompleta y estrecha de miras. Buscaban una mayor, más inclusiva. Y no daban mucha importancia a conocer a Jesús o a Dios desde una perspectiva literal y materialista. "Las cosas no son siempre lo que parecen", creían. En cambio, este pequeño grupo de cristianos heterodoxos prefería ver su espiritualidad a través de la lente del mito, la metáfora y la alegoría, buscando siempre el significado sagrado de sus experiencias vitales. Creían que estas visiones intrapsíquicas y relatos míticos les proporcionaban una síntesis de la comprensión de toda la naturaleza de la vida, de las personas y de las situaciones, y no sólo trozos de aquí y de allá.

En el pensamiento gnóstico, no se necesita ninguna autoridad externa para el trabajo sagrado de convertirse en crístico. La vía gnóstica puede transformar y dar una comprensión profunda y con propósito de lo que realmente es la vida, si se está dispuesto a recorrer conscientemente este precario viaje con los ojos bien abiertos. Según el teólogo helenista Clemente de Alejandría,

"El gnóstico es aquel que ha llegado a comprender quiénes éramos y en quiénes nos estamos convirtiendo, dónde estábamos y hacia dónde nos precipitamos; de qué estamos siendo liberados; qué es el nacimiento y qué es el renacimiento".

Los cristianos gnósticos ayudan a recordar que este cuerpo material que se viste no es más que una envoltura para contener la naturaleza espiritual etérea en este mundo de forma. En el cristianismo gnóstico, Jesús "baña en el océano de aguas vivificantes, ya no atrapados en el océano de la generación en el que se bañan los cuerpos físico y psíquico". El "océano de la generación" es lo mismo que el samsara budista, o el maya hindú donde se tiende a vivir en un perpetuo estado limitado de olvido del Ser. Jesús había proclamado a Tomás que quienes "se embriagaran con el manantial burbujeante que yo he medido" recordarían quiénes son y serían iguales a él. Creyó que Tomás había alcanzado ese estado de conciencia y le dijo que ya no era su maestro, recordándole que ambos procedían de la misma fuente. Los cristianos gnósticos creían que Jesús nunca tuvo la intención de afirmar que estaba por encima de los demás.

Para los cristianos gnósticos, el Cristo sirve de puente entre el Jesús histórico y la naturaleza psíquica del hombre. De este modo, este insuperable Mensajero cósmico de la Luz se convierte en "el Cristo interior", una conciencia que todos pueden realmente experimentar. Cuando se recuerda que se es almas inmortales viviendo en cuerpos mortales, se sirve al Espíritu llevando esta gnosis a la Humanidad simplemente por el estado de ser. Al fin y al cabo, estos son a los que Jesús llamó para traer el Reino de los Cielos a la Tierra.

Por ser tan positiva y abierta, atrae mucho la forma gnóstica de ser cristiano, fuerte y segura de sí misma. Ve a todos como hijos divinos y creativos de Dios, no como pecadores indefensos nacidos en una especie de monstruoso error cósmico. El cristianismo gnóstico es una mezcla de la sabiduría de algunas de las personas más iluminadas que han vivido en este planeta: los antiguos maestros gnósticos, los filósofos pitagóricos y neoplatónicos, los Rishis védicos, y otros innumerables y diversos filósofos y teólogos esotéricos, su sabiduría sintetizada y entendida a la manera de cada uno. Los gnósticos sabían que nadie podía decirle a otra persona cómo "ser espiritual", que sólo se puede aceptar por fe lo que otros dicen hasta que se encuentre y siga la propia verdad.

Sin embargo, a pesar de su habitual forma de ser sin prejuicios y solidaria, el cristianismo gnóstico ha seguido siendo básicamente inaceptable y sospechoso para los cristianos de a pie y clasificado como herético por la Iglesia Ortodoxa Romana. Así que, mirando hacia atrás, se puede ver que la historia no ha sido amable con la Tradición Gnóstica; incluso hoy en día, todavía lleva el juicio de ser un culto herético peligroso.

Así que centrémonos ahora en un estudio más profundo de estas enseñanzas de sabiduría atemporal y aprendamos más sobre quién era realmente Jesús para el mundo.

Purificación Alquímica

La alquimia, entendida como una ciencia práctica de transmutación conocida por los místicos a lo largo de la historia, implica diversos compromisos del trabajo interior que transforman el ego humano en el Ser superior. Los alquimistas medievales se referían a este proceso como "convertir el plomo en oro". A través de los tiempos, los alquimistas han sido los principales exploradores de la conciencia, llevando a cabo una investigación experimental que conduce a una mejora significativa de las condiciones de vida.

La alquimia posee un significado vivo que une la materia con el Espíritu. Mediante la gnosis, los alquimistas trabajan en todos los niveles de conciencia con la sabiduría de un corazón abierto. A pesar de su gran sabiduría, son reconocidos por su humildad, siempre preguntando a los demás: "Comparte lo que sabes". Renombrados personajes como Paracelso, Sir Isaac Newton, Meister Eckhart, Emanuel Swedenborg y Goethe fueron alquimistas. Incluso Carl Jung dominaba el arte de "convertir el plomo en oro", y muchos psicólogos junguianos son considerados gnósticos y alquimistas del más alto nivel.

El lenguaje alquímico describe siete etapas psicológicas de este proceso experiencial transformador:

1. Calcinación: Un proceso interior que rompe los bloqueos del crecimiento personal y la ardua tarea de integrar la autenticidad del ser.

2. Disolución: Afloran tensiones internas al disolver el orgullo y la duda sobre uno mismo, sacudiendo la falsa personalidad del ego y sus patrones evasivos. Esta dolorosa etapa suele desencadenarse por una crisis personal.

3. Separación: Se distinguen los diversos sentimientos para liberar al corazón de su lado negativo y abrazar las contrapartes positivas, como el perdón en lugar del resentimiento o la autoestima en lugar de la baja autoestima.

4. Conjunción: Se integran todos los aspectos del carácter del auténtico Ser, aceptando los pares de opuestos como uno solo. Los pensamientos inconscientes emergen a la luz de la conciencia.

5. Fermentación: Como la transformación de las uvas en vino, la muerte del ego da paso a un nuevo nacimiento y se experimentan destellos del Yo refinado. Se emerge de la "noche oscura del alma" contemplando el mundo bajo una luz completamente nueva.

6. Destilación: Se integran las realizaciones espirituales que permiten vivir con paz interior. Se aprende a morir y renacer en el momento presente, como Jung expresó: "Muero a diario".

7. Coagulación: Se libera la mente para permitir que el alma conecte con el Espíritu, obteniendo percepciones iluminadoras, sabiduría centrada en el alma y una guía cristalina del Ser esencial humano/divino.

Este sendero alquímico constituye el verdadero trabajo de convertirse en una personalidad imbuida por el alma, retornando a la Fuente original. Al comprender la inmortalidad del alma, resulta más sencillo relajarse en la verdad superior del ser, independientemente de las circunstancias de la existencia cotidiana. No hay nada que hacer, solo alguien que ser. Se comprende la eternidad y se disipa todo temor, incluso a la muerte.

Este cristianismo auténtico quedó sepultado en el siglo XII cuando los canonistas romanos insistieron en la necesidad de la

Iglesia para la salvación. Sustituyeron la palabra extrínseca "kuriakos" por la intrínseca "ekklesia" en todas las enseñanzas sobre cómo alcanzar la salvación.

Las enseñanzas gnósticas secretas de Jesús guían hacia el interior, preparando un hogar puro para que la conciencia crística more dentro del ser humano. Para ello, resulta necesario realizar el trabajo interno de purificación. En el gnosticismo, este proceso se conoce por su nombre griego, "catharmos", y emplea diversas formas experienciales para limpiar los desequilibrios emocionales y el parloteo egóico, permitiendo sentarse en silencio y escuchar los mensajes de un Orden Superior. A través de la meditación y las técnicas de entonación, los primeros cristianos gnósticos reportaron experiencias extracorpóreas y conexiones con "Santos Poderes" que les brindaban instrucciones específicas, obteniendo así la gnosis.

Estos métodos gnósticos no están diseñados para las masas. Desde los albores de los tiempos, la mayoría de las personas han preferido simplemente memorizar dogmas y credos en lugar de emprender la ardua tarea de la autoexploración. Muchos aceptan sin cuestionamientos la exigencia eclesiástica de poder y autoridad religiosa, limitándose a confesar a un sacerdote cualquier aspecto de fe equivocado y buscar el perdón, sin pensar por sí mismos. Estos son los misterios exteriores para los cristianos que necesitan creer en algo o alguien que los guíe o los salve. Sin embargo, las enseñanzas de Jesús señalaban lo opuesto: dirigía a sus seguidores hacia sí mismos para purificar su psique y descubrir sus propios recursos ocultos, afirmando que quienes reconocen su naturaleza divina no necesitan autoridad externa, pues "han visto la Luz".

Lamentablemente, el cristianismo convencional no enseña este proceso terapéutico natural del "catharmos", sinónimo de la doctrina gnóstica del autoconocimiento. La ortodoxia cristiana no valida ningún tipo de trabajo terapéutico interior. Los sentimientos de vergüenza y culpa simplemente se asumen como parte del adoctrinamiento cristiano. El dogma cristiano insiste en que "se nace en pecado", y los Padres de la Iglesia y los canonistas bíblicos, todos varones, ¡culparon a las mujeres por ello! Según ellos, debido a Eva, la naturaleza esencial humana está hecha de pecado. Cada vez que se comete un error, se puede pedir perdón a Dios o hacer sacrificios de buenas obras, y se puede ser perdonado, según afirman estas supuestas autoridades religiosas. Pero nunca se podrá sanar.

Los gnósticos se mostraban ciertamente desinteresados en esta forma de cristianismo. Para ellos, la salvación no tiene nada que ver con ser "salvado del pecado" por ninguna autoridad extrínseca. La traducción gnóstica de la palabra redención es "recuperar el autoconocimiento perdido", que es como se es "salvado". En el pensamiento gnóstico, se trata de un proceso interior que eleva al ser humano de "la tumba de la vida mundana", permitiendo convertir "el plomo" del ego adulterado en "el oro" del Ser primordial. La salvación reside en abrazar las cualidades divinas inherentes y purificar alquímicamente todo lo que obstaculiza la realización de Dios.

Los gnósticos creen firmemente en la responsabilidad individual y en el trabajo interior. Para ellos, la salvación significa liberarse de la propia ignorancia y de las heridas psíquicas. Consideran que volverse hacia el interior para acceder a la belleza del Ser esencial es lo que cura todas las disfunciones humanas y los estilos de vida contraproducentes. En esta rica realización subjetiva es donde comienzan a agitarse todas las nuevas creaciones.

Los gnósticos no ven los signos de angustia emocional como patológicos, ni consideran a los seres humanos como "pecadores" que necesitan ser salvados. Para ellos, los síntomas de malestar son los dolores naturales del nacimiento de una conciencia nueva y más elevada. Cometer errores, o darse cuenta de que otros los cometen, no tiene por qué avergonzar, culpar o juzgar. Como seres espirituales que aprenden a ser humanos, es natural cometer errores; así se aprende y se crece. Para mantenerse firmes en la verdadera naturaleza, es necesario ser brutalmente honestos con uno mismo y estar dispuestos a emprender el implacable proceso de autoexamen para mantenerse limpios de todo lo que mantiene inconscientes o inauténticos.

Los gnósticos sostienen que, como Hijo divino del Creador, el verdadero Yo siempre está llamando hacia adelante, impulsando hacia la expresión del ideal. En el lenguaje metafórico del ocultismo, el Templo de Salomón se construye en el manantial de la vida personal para albergar la conciencia crística. En este Templo sagrado místico, la persona se volverá vibrante de Espíritu.

En las Tradiciones Misteriosas, este proceso de purificación se conoce como "el Camino Probatorio", que prepara a la persona para la Iniciación. Dependiendo de su grado de pureza, el buscador ascenderá por la escalera de las etapas iniciáticas. A través de las pruebas iniciáticas, los discípulos deben someterse al insoportable trabajo y la lucha de morir a su naturaleza egoísta inferior, etapa tras etapa, hasta llegar a la conciencia del Yo superior, tal como fue modelado por el Cristo.

Para un no iniciado en los Misterios, la muerte mística y el renacimiento de Cristo sigue siendo solo una historia dramatizada del Jesús histórico, bien conocida por los cristianos convencionales - verdades espirituales expresadas bajo un velo. Estas representaciones externas acercan a sus participantes a los Misterios y levantan una esquina del velo. Pero para los Iniciados, el velo se levanta por completo y las secuencias de muerte/renacimiento se viven conscientemente. En la Tradición Mistérica Occidental, esto es lo que significa estar "en el Camino".

Los gnósticos comprendían que era necesario asumirlo todo, incluso las tendencias de la sombra humana, para conocerlo. De lo contrario, nunca se podría transformar. El bien y el mal, la felicidad y la tristeza, el éxito y el fracaso eran vistos como dos caras de la misma moneda. Sabían que la dualidad del bien y del mal solo existe en la mente humana; uno estará delante, el otro oculto. Sin embargo, ninguno de los dos puede negarse. En este mundo, los seres humanos no son seres trascendentes; son criaturas híbridas hechas tanto de sombra como de luz. Y, lamentablemente, en lugar de aprender a equilibrar los opuestos, tienden a moverse hacia un lado u otro en cualquier situación, viendo algo como "todo bueno" o "todo malo" y permaneciendo en un estado mental dualista.

Cuando un lado se detiene o se niega, la acción del otro se vuelve exagerada o autodestructiva. Por ejemplo, si se persiste en ver algo como "todo bueno" e ignorar su lado oscuro, en algún momento la sombra se cernirá en gran medida y hará añicos la ilusión en algún tipo de crisis funesta. Y a la inversa, la vida tiene una manera de mostrar que siempre hay algo bueno en lo que se percibe como todo malo o equivocado. Los gnósticos entienden que superar conscientemente la dualidad es la clave de la trascendencia: se abandona el juicio. Lo que se etiqueta como "bueno" y "malo" se convierte en una tercera y más elevada cosa, probablemente llamada "Realidad".

Como enseñó Pitágoras en su definición de la mediación armónica, el cosmos se compone de fuerzas opuestas que deben aprenderse a armonizar en la belleza de su totalidad. Este "encaje" de dualidades es el modo en que se pone orden en el caos. Aporta equilibrio a la vida, de modo que los juicios y los prejuicios simplemente se disuelven; lo uno y lo otro se convierten tranquilamente en lo uno y lo otro. El individuo se convierte en dueño de su naturaleza.

Sin embargo, esta transformación no aniquila los rasgos negativos, sino que los reconoce y los une a sus contrapartidas positivas. Y esto eleva el nivel de conciencia: el servilismo se convierte en humildad, la necesidad de dominar a los demás se convierte en liderazgo seguro, la necesidad de controlar se convierte en la aceptación de lo que es. Los celos simplemente recuerdan que se debe ser la cualidad que se envidia en otro. Al examinar las debilidades, se puede tomar conciencia de su luz positiva. Se verá que incluso los errores más ridículos o las necesidades más exageradas tienen el sagrado propósito de mostrar lo-que-no-es para poder vivir más en la verdad. Esta mediación entre opuestos no deja ninguna parte de la naturaleza en la negación; se es dueño tanto de la oscuridad como de la luz y, por lo tanto, se vive en esa tercera y más elevada forma holística.

En la psicología junguiana, este antiguo proceso de purificación del "catharmos" se conoce como trabajo de sombras. El Dr. Carl Jung valoraba profundamente la relevancia psicológica de la "sombra" en el pensamiento gnóstico. Sabía que el objetivo de la psique humana es convertirse en el verdadero Yo único, lo que él llamaba "individuación". Y reconocía que la curación de la sombra disfuncional es la clave del bienestar.

He aquí un recordatorio útil: cada vez que una persona se sorprende a sí misma actuando de alguna manera sombría, por ejemplo, en un ataque de celos o con algún tipo de comportamiento manipulador, se debe tomar nota de qué arquetipo negativo ha entrado y la ha superado. ¿Es Polly la Penosa? ¿Freddy el Arreglador? ¿Nelly la sabelotodo? Hay que fijarse en quién lleva el timón y ponerle un nombre gracioso. No hace falta tomarse tan en serio. A los arquetipos les encanta poseer a las personas; es la única forma de hacerlos realidad. De lo contrario, simplemente permanecen enterrados en la mente inconsciente colectiva como mero potencial no creado.

Como el alma está aprendiendo a ser humana, todos manifiestan de vez en cuando algo del lado equivocado de la vida. Pero no hay que quedarse en el lado oscuro, ni siquiera temerlo; simplemente se lo ilumina con la luz de la conciencia, se lo apropia y se lo disipa o sana. En otras palabras, cuando se ve que se ha hecho algo malo o dañino, se debe tomar un momento para "elevarse por encima de ello" y mirar la situación en toda su verdad. Los gnósticos sabían que la luz y la oscuridad juntas son la realidad de lo que es. Así que se purga o purifica aquello-que-no-es. Luego se actúa en consecuencia. Este es el trabajo del alma. Se puede aprender a hacer esto instantáneamente en el momento presente, y sin angustia emocional.

En realidad, se está depositando un poder entre la dualidad del "bien" y el "mal" que la eleva a su tercera y más elevada esencia. En alquimia, trascender la dualidad se llama "conjunctio", una síntesis que unifica todos los opuestos. No se pueden dejar "semillas crudas" esparcidas por el camino de la trascendencia. Si algo sigue considerándose del todo erróneo o correcto, aún es un trabajo en curso.

En el gnosticismo, el "mal" no es pecado, es ir inconsciente y expresarse de maneras irreflexivas que crean error, y a veces incluso malicia. En el Evangelio de Felipe, Jesús expone esto:

"Mientras la raíz del mal está oculta, es fuerte. Pero si se da a conocer, se disuelve. Si se la ignora, echa raíces en uno y da su fruto en el corazón. Lleva cautivo para que se hagan las cosas que no se quieren hacer y no se hagan las que se quieren hacer. Ejerce su poder porque no se lo ha reconocido".

Nunca se puede trascender algo que no se ha experimentado y llegado a comprender. Y a veces se etiquetará algo como "malo" simplemente porque se ha sido programado para ello, o porque nunca se ha centrado en ello lo suficiente como para conocerlo realmente. Se debe recordar que el "mal" tiene una función sagrada: siempre mostrará el lado equivocado de la vida, lo que no es. Si no se reconoce la sombra en la vida y en uno mismo, solo se está medio despierto. Y se puede prometer esto: cada cuerpo tiene una sombra. Y si alguien dice que no tiene ninguna, es la sombra la que habla.

Pero he aquí una advertencia útil: nunca se debe ser presa de la vergüenza y la culpa. Son estados sombríos del ego que también deben trascenderse. Cada vez que una persona se sorprende sintiendo vergüenza o culpando a alguien, debe ir más arriba. Y desde la conciencia de Observador, debe fijarse en quién está hablando en su cabeza. Verá que es una subpersonalidad parental crítica que vive en la mente subconsciente.

La síntesis del conocimiento experiencial con la sabiduría divina trae la comprensión más profunda de esa antigua perplejidad humana del "bien y el mal". Cuando se llega a comprender alguna parte inconsciente de la experiencia humana, se la conoce. Esto es la gnosis. Y todo el interés o la tensión se disuelven en torno a esa cuestión concreta; ya no tiene poder sobre la persona. Se sigue adelante. Esto puede convertirse en una forma desenfadada y proactiva de trabajar sobre uno mismo que ayuda a liberarse de la vergüenza y la culpa, esos dos rasgos negativos creados por el hombre que detienen persistentemente el crecimiento. Como dijo Jesús, "sed la luz".

Los gnósticos no creían que Jesús tratara nunca de castigar por los pecados. No lo pintaban como iracundo y castigador como tan a menudo se le describe en la Biblia. Pero le apasionaba ayudar a asumir las faltas y a aprender a vivir la vida trascendente de la "ekklesia". Esta palabra que describe sus enseñanzas se menciona 115 veces en el original griego del Nuevo Testamento. Jesús enseñaba un modo de ser interior transformador que, lamentablemente, se ha vuelto del revés en las normas del cristianismo ortodoxo, dirigidas al exterior y cargadas de culpa.

Para que el mal mantenga su poder, debe cautivar las mentes con angustia, afectando violentamente el cuerpo emocional. No sabe qué hacer con la ligereza. Si no se le da poder al mal, se puede desterrarlo simplemente con la falta de interés, y morirá por desgaste. La mejor actitud que se conoce para enfrentarse al mal es reconocerlo, encogerse de hombros y, con un suspiro indiferente, decirse a uno mismo: "Ah, ahí está ese". Se verá qué arquetipo negativo compite por la lealtad. Entonces, allí mismo, se puede cambiarlo a su lado positivo.

Ahora bien, "mal" suena como una palabra horriblemente negativa. Pero en realidad, es simplemente la palabra "vivir" deletreada al revés. En realidad, solo denota la separación de la materia del Espíritu. El bien y el mal no pueden separarse realmente, como ocurre con todos los contrarios, pues juntos crean esa "tercera y más alta totalidad" que trae toda la verdad de lo que es. Los gnósticos recuerdan esta profunda sabiduría en El Evangelio de Felipe:

"La luz y las tinieblas, la vida y la muerte, la derecha y la izquierda son hermanos. Son inseparables. Por eso la bondad no siempre es buena, la violencia no siempre es violenta, la vida no siempre vivifica, la muerte no siempre es mortal".

Ignorar el mal deja las sombras de la vida y el propio lado oscuro sin reconocer y repudiar, y por tanto sin sanar. De hecho, ignorar el mal lo agranda. Actuará con fuerza en la vida hasta que se lo mire directamente a la cara. Entonces, y solo entonces, se podrá decir con serena seguridad: "Apártate de mí, Satanás".

El reconocimiento, entonces, no es solo una palabra sobre darse cuenta de algo; es un poder del alma que mantiene la psique despejada. Hace que el yo mundano se alinee con la naturaleza espiritual más elevada. En el pensamiento gnóstico, si se aprende a elevarse por encima de la atracción y la repulsión, se dejará de ser esclavo de lo mundano. Este es el primer paso en el proceso sagrado de la resurrección. En el Evangelio de Felipe, se lee:

"No temáis a la carne ni os enamoréis de ella. Si la teméis, os dominará. Si la amáis, os paralizará y os devorará. O se es del mundo, o se resucita...".

Rara vez se oye hablar de este proceso purificador del "catharmos" en el cristianismo actual. Ni siquiera en la Biblia se habla mucho de él. Sin embargo, los evangelios gnósticos dicen que Jesús hizo que sus discípulos trabajaran duro para superar el lado sombrío de su naturaleza. Él sabía que, como seres espirituales que aprenden a ser humanos, todos deben pasar, por desgracia, por el lado oscuro del ser humano, para poder conocerlo y redimirlo.

Como es bien sabido, esta existencia terrenal no está hecha solo de alegría y paz. Los caminos espirituales que enseñan a ser "solo positivos" son ilusorios. Buscar demasiada alegría y placer puede llevar a problemas devastadores de adicción o a la desilusión total. Y perseguir la paz en todas las condiciones puede sumir a la persona en la plaga de la inconsciencia tranquila. Los opuestos existen en esta vida, y negar lo negativo hará que su energía se acumule hasta que encuentre alguna forma de expresarse, y a menudo en alguna reacción exagerada vergonzosa o dañina.

Pensar así sobre el viaje del alma a través del Tiempo es una forma fascinante de trabajar con uno mismo. Y cura la negatividad enjuiciadora. Esta vida se trata de la aceptación de lo que se es, la aceptación de los demás, y el recuerdo de vivir la propia historia más grande mientras se está aquí en esta forma física temporal. Tal vez el mayor error que se ha cometido en la forma de pensar durante tanto tiempo es creer que se es un ser humano aprendiendo a ser espiritual, cuando, en realidad, ya se es espiritual; ¡es humano lo que se está aprendiendo a ser! Cada vez que una persona se ve atrapada en algún apuro funesto, puede decir: "Vale, ¿qué estoy aprendiendo aquí?". Y a través de una actitud más consciente y desapegada, lo verá a través de los ojos de su alma. Como dijo una vez el Dr. Jung: "Siempre son las revelaciones de lo sobrehumano las que sacan de las angustiosas circunstancias en la vida".

No hay lugar para el juicio negativo en esta forma consciente de vivir. Solo a través de un proceso de trascendencia se eleva uno por encima de todas las condiciones preocupantes aquí y se vive en celebración de lo Divino. En el gnosticismo, el apego al materialismo es el culpable que debe aprenderse a superar. Afortunadamente, el alma iluminada puede ver más allá de todo esto incluso mientras lo experimenta, y es capaz de actuar con libertad de forma clara y desinteresada. El obispo gnóstico Stephan Hoeller lo recuerda:

"El gnosticismo fomenta el no apego y el inconformismo - estar en el mundo y no ser de él -, la falta de egoísmo y el respeto por la libertad y la dignidad de los demás seres".

Reflexionar sobre lo que se dice aquí ayudará a dejar de ser tan justos y sentenciosos. Dios sabe que todos pueden dejar la vergüenza y la culpa ahora mismo. Este proceso de permanecer conscientes mientras se viaja por la vida es una forma de cristianismo que tiene una autenticidad tanto religiosa como psicológica.

En El diálogo del Salvador, cuando Tomás preguntó a Jesús: "¿Cómo podemos conocer el camino?", Jesús respondió: "El lugar al que se puede llegar, párese allí". En otras palabras, sed el Ser más elevado que ya eres. Como dijo Jesús en El Evangelio de Tomás: "Hay luz dentro de un hombre de luz. E ilumina el mundo entero". Esto es vivir en el Amor.

Las cinco etapas iniciáticas esotéricas

La Primera Iniciación en el Cristianismo Esotérico se conoce como el Nacimiento del Cristo en el corazón. Representa la muerte de una vida impulsada por el ego. Se han logrado los objetivos necesarios para vivir en el mundo material del ego, y el alma toma posesión de su vehículo físico. La búsqueda de la gratificación del ego ya no es capaz de mantener el interés propio. En términos esotéricos, se ha abandonado la Sala del Aprendizaje y se ha entrado en la Sala de la Sabiduría. Se ha iniciado el Camino.

Cuando se toma conciencia de esto, se "muere" a la forma habitual de conocerse a uno mismo; los terapeutas denominan a esto una muerte del ego. Dado que esta es la única identidad que la mayoría ha conocido, es posible sentirse completamente perdido, o incluso devastado por una abrumadora desilusión de que la vida carece de sentido. Los estudiantes llaman a esta etapa "estar colgando del hilo", entre un mundo que ha muerto y otro que aún no ha nacido. Es un momento en el que muchas personas buscan apoyo en la psicoterapia o en un grupo de buscadores espirituales. Sin un contexto u orientación, puede ser un estado de conciencia muy precario. Algunos incluso experimentarán sentimientos suicidas.

Jesús se refirió a esta espera del nuevo nacimiento en el Evangelio de Juan cuando habló con Nicodemo: "El que no nazca de agua y de espíritu no puede ver el Reino de Dios". Estaba recordando que el ser humano es a la vez humano y divino. Estaba encendiendo esa chispa sutil de lo divino que reside en el centro del corazón. Los discípulos que han escuchado "el toque de clarín" hacen posible este nuevo paso para los demás. Las verdades intemporales enunciadas por los Maestros Mundiales resurgen para encontrarse con los nuevos Iniciados de manera contemporánea. Ellos mantienen la puerta abierta para que los aspirantes la atraviesen, mostrando el camino.

Durante la preparación para esta Primera Iniciación en la vida del alma, se notará que ya no se siente mucha conexión con las personas con las que se ha estado asociado. Parecerá que van alegremente realizando actividades en la vida que ya no resultan atractivas. Se descubrirá que ahora se pasa mucho tiempo en silencio, dándose cuenta de que intentar explicar lo que está ocurriendo no será comprendido. De hecho, rara vez se tendrán palabras para explicárselo a uno mismo.

Al tomar la Primera Iniciación, toda la existencia personal se transforma, no necesariamente en el exterior, sino en la mente y en el corazón. Ahora se sentirá una mayor atracción por momentos de estudio y contemplación profunda, anhelando respuestas a preguntas como: ¿Existe realmente Dios? ¿Cuál es el propósito de esta vida humana? ¿Quién es uno realmente? ¿Por qué se está aquí? Se darán cuenta de muchos cambios de actitud hacia la vida y hacia los semejantes. Y si aún no se tiene claro, se comenzará a buscar el propósito de la propia vida.

En un caso particular, una persona perturbada al llegar a esta etapa, fue a su estudio y garabateó en letras negras y fuertes: "¡Dime el propósito de mi vida!". Y experimentó directamente la máxima: "Pedid y se os dará". Pocas noches después tuvo el sueño que cambió su vida; le puso en el Camino al que había venido a servir.

Esta Iniciación es el primer paso para vivir como un ser espiritual en forma humana. Sin embargo, a menudo las personas que se encuentran en esta etapa pierden el interés por asistir a la Iglesia o al Templo, pues ya no les atrae que otra persona les hable de Dios. Los Iniciados de Primer Grado se mantienen más firmes en su propia verdad, habiendo perdido la necesidad de las opiniones o la aprobación de los demás. Como dirían los gnósticos, viven sus vidas con una sensación más permanente de "saber".

Al tomar la Primera Iniciación, se adquiere el poder de la disciplina espiritual y el don de la autenticidad. La revelación en esta etapa del despertar es la comprensión de que uno no es sólo una personalidad humana separada, sino un participante del Alma única de la Humanidad. Se asciende un peldaño en la escala evolutiva en la forma en que uno se conoce a sí mismo. Y se comienza a emitir la propia nota y se puede confiar en uno para servir. Los Iniciados de Primer Grado ya no están aprendiendo a ser humanos; están evolucionando más allá de esa necesidad. Han entrado en "el Camino del Retorno a su Fuente". Y ya no hay vuelta atrás.

La Segunda Iniciación se conoce como el Bautismo. Es como si uno se sumergiera en el tejido acuoso de su cuerpo emocional y lo limpiara y escurriera. El aspecto sentimental de la naturaleza humana es el reflector de todos los deseos, caprichos y necesidades emocionales que se tienen en relación con uno mismo, con los demás y con el mundo. Es el "aparato de respuesta" fluido a la vida, que sube y baja con sentimientos que a veces están en contacto con la Realidad y a veces no. La Segunda Iniciación es el equilibrio de todas las reacciones exageradas y apegos emocionales que se tienen, donde los estados de ánimo y los sentimientos pueden atropellar al Ser tranquilo y centrado. El alma ha tomado ahora posesión de la vida emocional del ego.

En esta etapa del proceso iniciático, uno se somete al examen y limpieza de asuntos sobre los que tiene fuertes sentimientos, liberándose de sentimientos o deseos inapropiados o ilusorios. Y esto es difícil. Muchos maestros afirman que esta es la más difícil de todas las Iniciaciones, porque cuando se siente que algo es verdad, se está absolutamente seguro de que lo es. Y se necesita una voluntad muy dedicada para cuestionar o perseguir el origen de estos fuertes sentimientos de certeza que hacen reaccionar de forma exagerada. Cualquier forma de reacción excesivamente apasionada indicará un desequilibrio o una necesidad insatisfecha que reside en el cuerpo emocional. Desde el Yo superior, todo el glamour y la ilusión se disipan, y todo simplemente se ve con claridad por lo que es: sin juicios, sin angustia, simplemente observando con perspicacia reflexiva, o a veces incluso con una tranquila indiferencia.

Sin embargo, es evidente que sin deseo ni pasión, un ser humano nunca sentiría placer ni estaría motivado para hacer casi nada. La especie humana no tendría corazón. La Ley del Amor que guía la naturaleza emocional, funciona en esta vida terrenal como la Ley de la Atracción, que se hace sentir a través de los anhelos y deseos. Algunas personas dirán que el deseo es una cualidad poco espiritual, que siempre lleva a anhelos que no se necesitan o que incluso pueden causar daño. Pero en realidad, si un deseo conduce a algo que es malo para uno, es una lección que realmente se necesita: simplemente está mostrando algún apego o adicción que se requiere reconocer, poseer y liberar. El deseo lleva al verdadero cuidado y a la clara comprensión que se obtiene a través de duras lecciones con las que se lucha, o de la expresión natural de lo bueno, lo verdadero y lo bello. La naturaleza del deseo es el Amor de Dios derramándose a través de los corazones humanos.

En la Tradición Misteriosa Occidental, los desequilibrios emocionales emanan del plano astral de la Realidad, que está hecho de niebla densa, formas cambiantes y muchas contradicciones y confusiones. Aquí es donde se almacenan el espejismo y la ilusión, presentaciones distorsionadas de lo real. El plano astral contiene la historia emocional de la vida personal y también la de toda la Humanidad. Por lo tanto, es necesario encontrar el hilo que conduzca fuera de este laberinto. A continuación se presenta una invocación útil para ayudar con esto, aprendida de las enseñanzas del Maestro Djwhal Khul:

"Que la Realidad gobierne cada uno de mis pensamientos y que la Verdad sea el corazón de mi vida. Porque así debe ser, especialmente ahora, y ayúdame a hacer mi parte".

Durante las pruebas de la Segunda Iniciación se desarrolla una actitud de "indiferencia divina" hacia las proyecciones de los demás y hacia los propios apegos personales. Esto refleja el "dejar ir y dejar a Dios" que se escucha con frecuencia en el trabajo de Doce Pasos para la recuperación de adicciones, una poderosa práctica espiritual que evita que la psique se vea arrastrada por melodramas emocionales, por lo no esencial o por las "cosas" de los demás. Con una actitud calmada, se aprende a permanecer firme en el propio bienestar espiritual mientras se entrenan las emociones para que sean claras como un espejo, de modo que se pueda reflejar la verdadera Realidad. Este es el trabajo del alma humana encarnada.

Para vivir como el Yo superior, las ideas e ideales deben, obviamente, conducir a formas de sentir positivas y sinceras. Y, ciertamente, no se debe vivir nunca en conciencia de víctima, sintiendo lástima por uno mismo. La culpa y la vergüenza, de hecho, son distracciones creadas por el hombre, basadas en la falta de voluntad para ser sensatos ante los problemáticos pasos en falso que se dan en la vida. Y, en verdad, no hay forma de vivir en este mundo sin errar a veces en la dirección equivocada. Dios nunca avergüenza; sólo las personas lo hacen.

La tarea de la Segunda Iniciación consiste en desarrollar un conjunto completamente nuevo de deseos y sueños, de modo que los anhelos y las satisfacciones espirituales sustituyan a los sentimientos de un ego necesitado, hiriente o impulsado por el poder. El alma está imponiendo un nuevo ritmo en la vida que permite superar los dramas relacionales, el miedo, la preocupación, el desánimo, la conciencia de víctima y el exceso de sensibilidad. Ahora se afrontan y resuelven los sentimientos negativos reprimidos que se puedan estar arrastrando por cuestiones no sanadas, de modo que la naturaleza de sentimientos actúa en lugar de reaccionar.

A veces seguirán surgiendo estas necesidades impulsadas por el ego, pero se podrán ver rápidamente y dejarlas pasar, a veces incluso con un poco de humor por cómo se ha podido quedar tan atrapado en algo así. A través de la gnosis, se ve el panorama más amplio y se sale de este páramo sombrío y se aprende a vivir la vida con mucha más facilidad. Como señala el gnóstico Jean-Yves Leloop:

"La gnosis es una doble lucidez respecto a la condición humana, a la vez un testimonio unitario y una doble conciencia tanto del absurdo como de la gracia".

Guiados por el modo de sentir el alma en la vida, los Iniciados de Segundo Grado disfrutan siendo humanos, pero también sienten una profunda pena al ver el sufrimiento en este mundo, o cada vez que tienen una pérdida genuina en sus propias vidas. Aunque están profundamente en contacto con sus sentimientos, ya no se sienten atraídos por los dramas o agitaciones sin sentido del ego. Sin embargo, en verdad, se honra al ego por su voluntad de ser la vestimenta que el alma usa mientras vive aquí en la piel humana. El ego conoce este mundo materialista y sabe cómo funcionar en él, mientras que el alma es pura e inocente. Pero una vez que se recuerda que se es a la vez humano y divino, los egos se centrarán más en servir al alma.

En la Segunda Iniciación, se alcanzará el poder del Amor Divino y el don de lo inofensivo. Todas las relaciones estarán ahora más en armonía, ya que las emociones se están estabilizando. La revelación en este nivel del despertar es la comprensión de que al verdadero amor y satisfacción se accede desde el interior, no desde las circunstancias externas, o buscando gratificación o aprobación de los demás.

La Tercera Iniciación es el equilibrio del cuerpo mental. Esta es la etapa en la que el Iniciado alcanza la claridad de pensamiento y puede vivir desde la razón pura, mucho más capaz ahora de distinguir con calma lo verdadero de lo falso y lo esencial en la vida de lo no esencial. Los Iniciados del Tercer Grado viven como personalidades centradas en el alma. Aún no están totalmente iluminados, pero saben cómo estar en este mundo humano con integridad, y una serena aceptación de lo que es. Se puede imaginar cuánto trabajo interior psicoespiritual es esencial para alcanzar este nivel de estatura en esta contenciosa vida humana.

Francamente, sólo una pequeña minoría de personas son Iniciados de Tercer Grado. Aunque no lo busquen, se les suele considerar personas con sabiduría. Metafóricamente, han tenido la experiencia de la cueva, la experiencia del arroyo, y ahora esta es la experiencia de la montaña, viviendo en las alturas de la conciencia intuitiva en un estado físico, emocional y mental equilibrado.

Para el gnóstico cristiano, esta Iniciación emula la Transfiguración en el Monte Carmelo a la que se sometió Jesús y que le llevó a su plena estatura como alma despierta. Y el mandato se dirige, no sólo a él, sino a todos: "Sed, pues, perfectos, como vuestro Padre que está en los Cielos es perfecto". "Perfección" no significa un estado impecable en el que nunca más se comete un error. Significa que ya no hay ocultamiento tras el velo de un ego necesitado y sus inauténticas y mezquinas distracciones.

La Tercera Iniciación eleva el cuerpo mental de la Humanidad al nivel de la mente superior, donde se obtiene el control del intelecto y se ve que lo que verdaderamente se anhela yace en toda otra dimensión de la Realidad. Al tomar esta Iniciación, los cuerpos físico, emocional y mental funcionarán como uno solo, en alineación con el alma. Los gnósticos dirían que ahora "uno se mantiene erguido" como el Ser que el Creador hizo que fuera. El alma está vertiendo Luz en la mente y se puede pensar desde el plano de la razón pura. Los pensamientos ya no están contaminados por creencias ilusorias o asuntos no resueltos del pasado. Tal vez esta sea la definición de la iluminación.

Estos altos Iniciados tienen el poder de equilibrar no sólo su karma personal, sino también de ayudar a resolver los problemas kármicos de la Humanidad. La vida del Cristo residente produce esta transformación, de modo que el verdadero Ser se convierte en el centro de cada uno. Ahora ven todo en su esencia divina, a través de los ojos de la Belleza, que es el Amor hecho visible. Esta forma de ser les resulta tan natural que apenas piensan en ella.

Hablando esotéricamente, los Iniciados de Tercer Grado se han convertido en nuevos miembros de la Gran Hermandad Blanca y serán guiados ahora por los Ancianos de la Raza Humana. A menudo, estos Iniciados avanzados experimentarán ser instruidos por un Guía Espiritual interno y reconocerán a otros miembros de la Hermandad en sus vidas a través de su intuición espiritual. Siguiendo a los Ancianos de la Humanidad, ahora son capaces de crear sabiamente formas de pensamiento claras y bien definidas, pulsando con el espíritu de servicio a la humanidad. Los Iniciados de Tercer Grado están empezando a alcanzar el poder de vivir como hombres y mujeres iluminados semejantes a Cristo en su entorno cotidiano normal. Han salido de la conciencia de masas y se han convertido en almas individualizadas, y a menudo con una influencia impresionante en el mundo.

Al tomar esta Iniciación, de acuerdo con las enseñanzas teosóficas, se obtiene el poder de la dirección espiritual y la intencionalidad y el don de saber que toda la verdad yace dentro de uno mismo. La revelación a este nivel es que la vida exterior es un reflejo de las propias proyecciones, por lo que se pueden ver y rectificar cualquier cosa que no esté basada en el Amor y la Verdad. La conciencia Crística, como síntesis de los aspectos superiores e inferiores de la divinidad, es vista ahora como la gloriosa herencia de la Humanidad. Esto es lo que se revela en la Tercera Iniciación, de hecho, una metamorfosis completa de la naturaleza humana tal como se ha conocido.

La Cuarta Iniciación se conoce como "la Crucifixión". En esta etapa de la evolución, los Iniciados hacen "la Gran Renuncia"; sacrifican el derecho que su naturaleza inferior ha tenido sobre ellos. Los Iniciados de Cuarto Grado ya no están controlados por las influencias del mundo materialista del dinero, el poder, las posesiones o la reputación. Establecen constantemente un contacto consciente con el alma.

Una vez despertados a través de la gnosis, se da cuenta de que la vida es una obra de teatro, y que cada uno es el protagonista de su propio drama. Esto otorga una cierta distancia de la vida en el buen sentido. Y pone fin al miedo a la muerte, porque se comprende que es uno mismo quien presencia los personajes que interpreta, incluso mientras muere. Aunque ciertamente no siempre lo consiguieron, los gnósticos trataron de vivir de este modo "resucitado". Como se afirma en El Evangelio de Felipe: "Quien es liberado de este mundo no puede ser hecho esclavo en él". En lenguaje gnóstico, "resurrección" significa que se está en contacto con la dimensión de la eternidad mientras se permanece en esta vida mortal. Aunque se sabe muy bien que se vive en carne humana, se vive como aquel eterno.

En este elevado nivel del ser, el trabajo interior se intensifica enormemente, y la acumulación de conocimiento espiritual es increíblemente rápida. Los Iniciados pueden ahora ponerse en contacto con su propio Maestro de Sabiduría, con el que están vinculados y con el que, tal vez sin saberlo, han trabajado durante mucho tiempo. El Iniciado de Cuarto Grado está trabajando para el esquema de la evolución humana en este planeta. Puede parecer que estos Iniciados viven una vida humana normal, pero su conciencia siempre está orientada hacia una forma de ser más elevada y con más propósito.

Casi se pueden contar con los dedos de una mano los Iniciados de Cuarto Grado que han vivido entre nosotros; son así de raros. Normalmente, se les reconoce por algún tipo de servicio planetario importante que prestan, aunque a menudo trabajan entre bastidores, sin necesidad alguna de reconocimiento. La Madre Teresa y el Dalai Lama podrían ser ejemplos de este nivel de avance, o quizás incluso de uno superior. Realmente no es posible juzgar el grado real alcanzado por nadie. Los Iniciados más elevados entre nosotros a menudo se comportan de manera ordinaria.

Muchos eligen abandonar la vida terrestre cuando superan las pruebas de la Cuarta Iniciación. El pasado ha servido a su propósito, así que es descartado, reteniendo sólo la sabiduría experiencial que proporcionó. El alma espiritual ha aprendido de su experiencia directa cómo ser humano. La personalidad se ha fusionado con el alma, de modo que la conciencia del alma vive ahora en el interior como instinto y se relaciona directamente con el Espíritu en completa unidad. Un Iniciado de Cuarto Grado adquiere el poder del no apego y el don de recorrer el Camino de la Evolución Superior. La revelación es el reconocimiento de que ahora uno se conforma a la mente de Dios.

La Quinta Iniciación es la Iniciación de la Resurrección y de la Ascensión, y está verdaderamente más allá de la comprensión humana. Incluso los maestros apenas hablarán de este nivel. Se dice que la Fuente de esta Iniciación proviene directamente del Sol Espiritual Central; ya no pertenece a las personalidades humanas. Esta es la primera Iniciación Cósmica en la que una persona se ha convertido en uno con Dios y toma un cuerpo físico sólo para servir a un propósito evolutivo para la Humanidad. Al tomar esta Iniciación, el alma elige entre permanecer en su vehículo humano o retirarse. Es el nivel de los Maestros de Sabiduría que vienen a través del plano mental sin necesidad ya de encarnación física.

Según la Tradición Mistérica Occidental, ejemplos de Iniciados de Quinto Grado serían quizás San Francisco de Asís, Platón, Paramahansa Yogananda y Pitágoras. En las enseñanzas de la Teosofía, Jesús, Buda, el Señor Shiva, Hermes Trismegisto, Zaratustra y Rama Krishna eran Iniciados de Sexto Grado. Estas son las Luces del Camino para la humanidad - dioses que han elegido tomar forma humana.

Hay más niveles de Iniciación que sirven a la Vía de la Evolución Superior. Pero no hay forma de conceptualizarlos. Si esta forma de estudio esotérico atrae, sólo se debe recordar lo que tantos Maestros de Sabiduría han hecho esperar: "Pedid y se os dará. Buscad y hallaréis".

La única razón para hablar alguna vez de niveles de Iniciación es que se sepa que existe un camino de avance espiritual trazado por aquellos que han recorrido este camino. Y se puede emprender este viaje iniciático si así se decide. Si se hace, aparecerán naturalmente en la vida guías para este proceso sagrado -- algunos en el mundo exterior y otros que vendrán en el plano mental, penetrando en la mente con inspiración y revelación.

Nunca se habla del nivel de Iniciación de una persona. Si alguien dice alguna vez que tiene un determinado grado de Iniciación, se puede saber que es el ego el que habla. Sólo el estudiante y su Maestro hablarán alguna vez de las etapas de su logro. Y si alguna vez se tienen maestros que afirman ser altos Iniciados o Avatares de otra dimensión, se debe prestar atención. Los verdaderos seres avanzados no reclaman identidades elevadas, aunque algunos puedan haberlas alcanzado. Se consideran humildes servidores de la Humanidad y viven en el mundo ordinario sin necesidad de destacar como maestros iluminados. Es sólo el ego humano el que busca tal aclamación.

Incluso los Maestros de la Sabiduría nunca hablan como si fueran almas más grandes que los demás. Estos se consideran simplemente Mayores que, por haber recorrido más tiempo el Camino, han incurrido en una mayor responsabilidad. Y siempre advierten que nunca se tome nada de lo que dicen como cierto a menos que se encuentre con una eventual corroboración, o lo que en filosofía esotérica se conoce como "la Ley de Correspondencia". La universalidad y relevancia de una enseñanza es lo que le da su autenticidad.

En determinados momentos de la vida de cada individuo, así como en la evolución de la Humanidad, surgen tiempos críticos de crisis que hay que trascender. Seguramente se ha notado en la propia vida. Cada uno de estos "momentos en el Tiempo" trascendentes es una Iniciación que deja a su participante con una mayor comprensión de lo que realmente sucede más allá de la apariencia de las cosas. Cuando uno se somete a una Iniciación, no necesariamente abandona su vocación particular ni realiza grandes cambios en su vida exterior. Sin embargo, cada nuevo nivel conlleva una mayor responsabilidad. Por tanto, se abrirán nuevas oportunidades para ampliar el servicio, y a veces de la forma que menos se espera.

Hoy la Humanidad se encuentra en el umbral de uno de estos momentos históricos críticos; está cambiando a un plano más amplio de Realidad. No es de extrañar que haya tanto desconcierto y caos en el mundo en este momento. Se está experimentando un proceso de destrucción temporal para una renovación futura inmanente: una gran secuencia de muerte/renacimiento. Y el lado "muerte" de un proceso puede ser una experiencia demoledora. La sombra se convierte en lo más oscuro justo antes del amanecer, porque todo el lado oscuro debe darse a conocer para ser tratado. Cuando "muere" alguna de las formas en que se ha estado viviendo la vida, a menudo se percibe como un fracaso por la propia parte y puede ir acompañado de un terrible sentimiento de vergüenza, desesperanza o miedo funesto al futuro. Y, como ya se ha mencionado, cuando no existe un contexto para este proceso, algunas personas se suicidan literalmente en estas devastadoras encrucijadas entre lo viejo y lo nuevo.

Una enfermedad iniciática o una muerte completa del ego suelen preceder a un despertar espiritual. El chamán, por ejemplo, debe desmembrarse ritualmente. Esto es para que se pueda morir al viejo yo y experimentar directamente el poder curativo del Espíritu y un renacimiento en una identidad más elevada. Las almas despiertas están constantemente abiertas a estas secuencias de muerte/renacimiento en sus vidas. Es a lo que se refería San Pablo cuando dijo: "Muero cada día".

Como todos los chamanes, Jesús conoció el dolor y el sufrimiento de la vida humana. No vivió "por encima" del mundo humano; entró de lleno en él y enseñó mucho sobre la muerte y el renacimiento, que, por supuesto, modeló en su crucifixión y ascensión al tercer día. Todo esto es muy simbólico de cómo se desarrolla el proceso de una transformación iniciática. Cuando se está dispuesto a ser intuitivamente perceptivo y buscador activo al servicio del "bien mayor", la guía de los compañeros de búsqueda que están más avanzados en el camino siempre está ahí para guiar.

Por eso vino Jesús cuando vino; la Humanidad estaba tocando fondo. Cristo trajo la mayor revelación que se podía manejar en ese momento. "Buscad y encontraréis". Y hoy hay más por revelar. Como Jesús dijo a sus discípulos, si se cree en él y en el trabajo que ha hecho, se harán cosas mayores, y él ayudará a hacerlo. Hay Iniciaciones superiores y revelaciones futuras que aún no se pueden ni imaginar.

Pero para ser receptivos a las revelaciones venideras sobre cómo debe evolucionar la vida espiritual, se debe vivir valientemente como la verdadera identidad, con una naturaleza inferior equilibrada y un corazón abierto. Se debe ser todo lo que se puede ser. Estas cinco primeras Iniciaciones purifican y permiten vivir como el Humano arquetípico. Ya no hay enfoque en el pasado; hay una apertura a la llamada heráldica del futuro. Este es "el Giro de la Rueda" del que hablaban los gnósticos, el Camino del Retorno a la Fuente.

A medida que se evoluciona a través de las etapas de la Iniciación, se aprende a utilizar las energías del Amor y la Sabiduría divinos que cambian la conciencia de manera trascendental y reveladora. Uno se convierte en un "demostrador de lo Divino". Cada nuevo nivel que se alcanza se transforma en el campo normal de existencia; simplemente parece la forma natural de ser -- porque se ha crecido legítimamente en él. Esto es lo que significa "convertirse en el Camino". Y lo que se será después de completar plenamente este viaje de Iniciación, ¡es el mayor Misterio de todos. "Por rumores", se dice que los seres humanos son seres infinitos e inmortales en un viaje sin fin. Pero en realidad no hay forma de expresarlo con palabras.

Las Leyes de Moisés

Según las enseñanzas gnósticas, Moisés recibió dos leyes en el monte Sinaí: una escrita y otra transmitida oralmente. La ley escrita estaba destinada a las masas, los Diez Mandamientos que rigen la vida cotidiana y que nunca deben cuestionarse. La ley oral era considerada "la palabra viva de Dios", que los gnósticos creían accesible solo a través de la gnosis o la intuición del propio corazón. Esta ley oral fue entregada a aquellos dedicados a un sentido personal del Dios vivo interior. Jesús enseñaba esta ley oral con la sabiduría esotérica de los Antiguos Misterios y sus prácticas derivadas "para aquellos que tenían oídos para oír".

En el Libro de los Hechos del Nuevo Testamento, se afirma que Moisés fue instruido en la sabiduría oculta de los egipcios. Investigaciones recientes han determinado que, efectivamente, era un Iniciado en los Antiguos Misterios Egipcios. Los eruditos gnósticos de la antigüedad sostenían que la sabiduría oculta estaba velada. La mayoría de los gnósticos eran Iniciados de las Antiguas Tradiciones Mistéricas y podían levantar ese velo para iluminar y expandir sus mentes con una nueva luz purificadora. Siendo un Iniciado en los Antiguos Misterios, Moisés era, sin duda, capaz de levantar ese velo.

Las masas eran literalistas; su fe cristiana se fundamentaba en la vida física de Jesús y en los dogmas memorizados de la Iglesia. Los gnósticos eran más subjetivos e imaginaban al Dios, al Cristo y al Ser como uno solo, mientras que los literalistas adoraban a Dios como un Ser Supremo del que estaban separados y del que eran totalmente indignos. En la vida religiosa, existe una diferencia entre tener una espiritualidad contemplativa interior y vivir según los dogmas y credos dictados por la Iglesia. Los gnósticos buscan escuchar el mensaje de un orden superior, reflexionar sobre él e interpretarlo a su manera, lo cual resulta transformador. A las masas les agrada que les indiquen cuál es el mensaje, fijarlo en su mente y seguirlo sin cuestionamientos. Por esta razón, los gnósticos consideraban que las masas generaban mucha confusión en las sagradas enseñanzas de Cristo.

Es simplemente un hecho que algunas personas "profundizan" y se empeñan en conocer los misterios últimos de la vida, dispuestas a cuestionar y trabajar para encontrar la verdad por sí mismas. Sin embargo, la mayoría se limita a vivir su día a día sin mucha necesidad de especular sobre el sentido de la existencia. Esto no es un juicio, sino simplemente la realidad. La reflexión profunda sobre el significado y el propósito de la vida no es una de las prioridades de la gente común.

Debido a su profunda sabiduría y actitud filosófica de convicción, los gnósticos eran a menudo acusados de ser elitistas arrogantes que se creían superiores a los demás. Esta crítica es comprensible, pero falaz. Los gnósticos no se consideraban especiales; creían que todos provenimos del "Reino" y que volveremos a ese estado de conciencia al completar nuestra sagrada misión aquí. Sin embargo, es importante recordar que, para ellos, "el Reino" no era una residencia física, sino un estado del ser. Se diferenciaban de las masas que tenían poco interés en este tipo de reflexión perspicaz y que creían que "el Reino" era un lugar geográfico literal al que se accedía después de la muerte. Una vez más, se observa aquí la diferencia entre el místico y el pensador materialista.

Los cristianos a menudo muestran un desinterés total por el hecho de que Jesús era judío y enseñaba la ley mosaica. Al estudiar la vida de Jesús, se evidencia que nunca fue cristiano, sino un judío halájico. Como recuerda la autora Amy-Jill Levine, Jesús era un judío de piel oscura, no el europeo de pelo rubio y ojos azules que tan a menudo se describe. El Jesús histórico del siglo I vestía como un judío, rezaba como un judío y enseñaba a todos sus seguidores a vivir según los mandamientos dados a Moisés. Resulta irónico el comentario humorístico del Dr. Levine: "Incluso en la mayoría de las representaciones artísticas, Jesús es rubio, de ojos azules, guapo y musculoso, mientras que los judíos son morenos y necesitan una rinoplastia y Pilates".

En la iglesia rara vez se menciona que Jesús era judío. Los cristianos modernos tienden a recordar a los judíos como aquellos que se apartaron de Jesús, no como la mayoría de sus primeros seguidores. A menudo se olvida que María Magdalena, Pablo, Mateo, Simón Pedro y Juan eran judíos, al igual que casi todos los primeros seguidores de Jesús. En El judío incomprendido, del Dr. Levine, se evidencia el asombroso grado de analfabetismo religioso tanto para los cristianos como para los judíos.

La Ley Mosaica no escrita era la filosofía judeo-cristiana original basada en las Tradiciones Orales de las Antiguas Religiones Mistéricas. Estas son las verdades intuitivas que trascienden los poderes del argumento intelectual y la razón. Habiendo fundamentado su espiritualidad en el conocimiento directo de lo que Jesús enseñó, los gnósticos eran incapaces de aceptar la rigidez externamente orientada de la ortodoxia judía o cristiana. Aunque honraban los Diez Mandamientos y las Bienaventuranzas escritas, buscando siempre vivir una vida moral, también eran capaces de comprender la más mística y trascendente Ley Mosaica oral como "la Palabra viva de Dios". Es importante recordar que no se dedicaban a adorar al Cristo, sino a vivir en la conciencia del Cristo.

Sin embargo, como la mayoría de los cristianos modernos saben, la fe cristiana convencional se basa únicamente en la Ley mosaica escrita por los canonistas romanos. Todo lo perteneciente a la Ley oral de Moisés fue perseguido por los cazadores de herejías, envuelto y descartado. Incluso algunos ministros cristianos nunca mencionan nada sobre la Palabra de Dios viva, interior y del corazón que los cristianos gnósticos comprendían y practicaban tan bien. Y muchos todavía creen que los gnósticos eran herejes anticristianos, como aún se define en el Diccionario Internacional Webster.

Es un hecho que lo que se considera "ortodoxo" o "herético" siempre estará determinado por decisiones muy humanas y basadas en prioridades sesgadas o a veces incluso insostenibles de grupos o religiones particulares durante ciertos períodos de la historia. Estas etiquetas tienden a ir y venir a medida que la vida avanza por la línea temporal de los barómetros filosóficos y religiosos. Cualquier tipo de dogma subraya la validez asegurada de un prejuicio. Es necesario admitir que la religión cristiana se ha enredado en un nudo gordiano de creencias sostenidas ardientemente desde su concepción más temprana y elaboradas desde entonces. Como afirma el historiador de la religión Helmut Koester:

"Un disparate aún mayor es pensar que los libros del Nuevo Testamento son las únicas tradiciones auténticas sobre Jesús. Solo el prejuicio dogmático puede afirmar que los escritos canónicos tienen una pretensión exclusiva de origen apostólico y, por tanto, de prioridad histórica".

Desgraciadamente, este "prejuicio dogmático" es exactamente lo que fundó la fe cristiana canónica y menospreció las escrituras gnósticas y otras religiones "no cristianas", tratando incluso de erradicarlas por completo. Los primeros Padres de la Iglesia quemaron todo lo referente al gnosticismo e hicieron públicas solo sus propias tergiversaciones de las creencias gnósticas, de modo que incluso algunos de los grandes pensadores de la época, como Justino Mártir y Tertuliano, afirmaron que el gnosticismo era una herejía. Todas las enseñanzas gnósticas fueron denunciadas por edictos de la

Iglesia Ortodoxa. Sin embargo, irónicamente, algunas de las ideas más centrales del cristianismo proceden directamente del gnosticismo, del que la Iglesia se atribuye el mérito al tiempo que destierra la filosofía gnóstica de toda autenticidad religiosa. Cabe preguntarse si esto fue un engaño intencionado de la Iglesia Católica Romana o si estos Padres de la Iglesia creían honestamente que estaban librando al mundo de una falsa doctrina religiosa. Nunca se sabrá con certeza.

Para el año 100, el catolicismo romano había usurpado toda la religión cristiana. En el Primer Concilio de Nicea en el año 325, las autoridades de la Iglesia fueron aún más lejos y clasificaron el orden de obispos, sacerdotes y diáconos como los únicos guardianes de "la única Fe verdadera". El catolicismo romano se organizó como una institución religiosa mundial con considerable influencia política. La palabra genérica "católico", que significa "extendido y universalmente aceptado", se convirtió en la Iglesia. Los romanos habían decretado que Dios se ponía a disposición de la Humanidad únicamente a través de la Iglesia de Roma. A partir de ese momento, todos tenían que honrar los credos y mandamientos de su autoridad para afirmar ser cristiano.

A mediados del siglo II, no solo el gnosticismo sino todas las demás formas de cristianismo fueron declaradas heréticas. Este engaño alcanzó su cenit durante la Edad Media, con la Iglesia Católica Romana reclamando con éxito la posesión de toda la fe cristiana. Esta conformidad doctrinal sigue definiendo a la Iglesia católica en todos los países hasta la actualidad, aunque la mayoría de los católicos modernos son más abiertos de mente que sus infranqueables predecesores.

Sin embargo, investigaciones recientes revelan que el cristianismo original se fundamenta en el gnosticismo y en las antiguas tradiciones místericas, y no en los rígidos padres de la

Iglesia creadores de credos. Estos primeros cristianos no eran simplemente inteligentes, sino sabios; tenían una percepción esotérica de quién era Jesús y una profunda comprensión intuitiva de su mensaje. Sabían que el cristianismo no es más que una síntesis de las antiguas religiones mistéricas y reconocían a Jesús como un Guardián intemporal de esta Sabiduría Eterna que descendió a la Tierra para traer la Verdad universal a la humanidad.

El hecho es que el gnosticismo nunca fue una herejía, ni siquiera una desviación del verdadero cristianismo; fue precisamente todo lo contrario. Como expresa bellamente el Reverendo F. Lamplugh:

"Para algunos hoy, y para muchos más mañana, la pregunta candente es, o será, no cómo surgió dentro de la Iglesia una herejía peculiarmente tonta y licenciosa, sino cómo surgió la Iglesia del gran movimiento gnóstico".

El cristianismo ortodoxo en su rígida invención dogmática de autoridad fue la parodia de las enseñanzas de Jesús, no los cristianos gnósticos. Ahora se sabe que este gnosticismo "herético" no es otra cosa que las mismas palabras y obras de las enseñanzas secretas de Jesús que compartió con "los que tenían oídos para oír". Y para gran desgracia, este camino interior de la ekklesia fue relegado a propósito al olvido, sin que muchos cristianos supieran siquiera de su existencia.

Los gnósticos fueron de hecho los guardianes de estos sagrados Misterios Cristianos, y definitivamente algunos de los herederos de las Antiguas Tradiciones Misteriosas. Como el gnosticismo atrajo a los cristianos más eruditos y bien educados, se convirtió en una enorme amenaza para la Iglesia. Pero estos buscadores de la vida espiritual interior nunca fueron proselitistas, ya que creían que todo el mundo tenía derecho a ver a Dios y su espiritualidad a su manera. Por lo tanto, el cristianismo gnóstico nunca creció en volumen, como lo hizo la Iglesia romana con su firme procesión de dominio sobre las masas. Como tan conmovedoramente afirma Elaine Pagels: "Son los vencedores los que escriben la historia... a su manera".

Los cristianos gnósticos llegaron a ser conocidos puramente a través de la Ley de Atracción y rara vez se oía hablar de ellos, excepto a través del boca a boca. Fueron una voz solitaria en un mar de descontento durante la vida de Jesús y toda la era apostólica. Lejos de ser una religión de segunda mano, el cristianismo gnóstico es un movimiento independiente arraigado en su propia ideología y prácticas experienciales concebidas a partir de las enseñanzas reales de Jesús. En palabras de Carl Jung, "los gnósticos no son tanto herejes como teólogos", por lo que esta primera forma de cristianismo debe entenderse y honrarse en sus propios términos, no como una "rama" herética de la ortodoxia.

La palabra hereje significa "el que se desvía de la verdadera fe". Y es cierto que los cristianos gnósticos pudieron haberse desviado de la fe cristiana fundamentalista, pero nunca del verdadero conocimiento cristiano. El cristianismo primitivo fue un movimiento radical que pretendía sacar al cristianismo del sesgo abnegado que le había impuesto la autoridad romana. En la Introducción a La Biblioteca de Nag Hammadi, James M. Robinson afirma que Jesús fue un reformador inspirado:

"Proclamó que el mundo tal como se había conocido estaba llegando a su fin y se mostró inflexible contra las autoridades desalmadas de su época, diciendo a las personas que se apartaran de la autoridad exterior y descubrieran y honraran su propia verdad interior".

Jesús propugnaba un nuevo tipo de vida religiosa que ejercía una influencia magnética radiante sobre quienes se sentían atraídos por sus enseñanzas. Era una inversión completa de cómo la mayoría veía la religión cristiana en ese momento, y por lo tanto bastante peligroso para cualquiera que lo siguiera. Para acceder a la relación con Dios, subrayó Jesús, solo era necesario ir al interior y reclamar la propia divinidad. Su mensaje inspiró a innumerables buscadores espirituales. Así que, por supuesto, había que eliminar a este rebelde radical. Como cuenta la historia, incluso sus seguidores corrían el peligro constante de ser exiliados, torturados o directamente asesinados.

Aunque muchas de las creencias gnósticas coinciden con las de la Santa El gnosticismo presenta notables diferencias con las interpretaciones bíblicas convencionales. Incluso su visión de Eva y Judas Iscariote difería significativamente. Para los gnósticos, Judas no era un traidor destructivo de Jesús, sino un catalizador esencial para inducir la transformación que Jesús vino a ejemplificar. Cumplió "el sagrado Misterio de la Traición", una herida del alma que obliga a una mayor conciencia y percepciones fundamentales. Creían que Judas y María Magdalena eran los dos apóstoles que realmente comprendieron el propósito de la encarnación de Jesús.

Los cristianos gnósticos no veían la muerte, resurrección y renacimiento de Jesús como una historia exclusivamente suya o del cristianismo, sino como un mito universal experimentado en todas las culturas a lo largo del tiempo, un proceso que todo ser humano debe soportar para alcanzar plenamente su verdadera naturaleza.

Asumían haber ido más allá de las enseñanzas originales de los apóstoles y trascendido la autoridad de la Iglesia de Roma. Algunos incluso creían haber recibido una herencia apostólica esotérica del mensaje de Jesús, de la que pensaban que incluso algunos sacerdotes y obispos eran ignorantes. Pensaban que la mayoría de los 12 discípulos no "entendían" realmente su enseñanza. Los gnósticos ya no necesitaban enseñanzas sobre

Jesús y su misión; vivían en un estado de "saber". Esto era considerado herético y arrogante en el mundo cristiano convencional.

Sin embargo, honraban especialmente a los apóstoles Pedro, Tomás, Santiago y María Magdalena. Sabían que María había recibido visiones, revelaciones y experiencias interiores de Cristo. Jesús la honró por sentirse cómoda en su presencia y le dijo que era bienaventurada porque su presencia no la perturbaba. Creían que ella conocía a Jesús a través de la gnosis, de una manera más profunda que sus discípulos varones. En su evangelio se lee:

"Señor, cuando alguien te ve en una visión, ¿es a través del alma que somos capaces de verte, o es a través de nuestro espíritu? Y el Señor respondió: 'María, no es ni lo uno ni lo otro, sino que es el nous, entre el espíritu y el alma, el que ve la visión... Allí donde está el nous está el tesoro'".

El nous es el esfuerzo mental intuitivo que proporciona "el sentido que tiene la sabiduría", que solo puede conocerse a través de las revelaciones interiores de cada persona. Las palabras "nous" y "gnosis" tienen significados similares, refiriéndose a un estado mental entendido como imaginación creadora. Esta forma de conocer es la magia de la "realización" que transforma la psique hacia nuevas formas de ser, haciendo a las personas no solo inteligentes, sino sabias.

Un pequeño grupo de los primeros gnósticos tenía una enseñanza completa sobre el Nous, afirmando que Cristo es su personificación, la mente divina que emana de los eones espirituales más elevados. Creían que el Nous entró en el cuerpo de Jesús en su bautismo y que nunca puede morir. Pensaban que Simón, el Cireneo, ofreció su vida para ser sacrificado en lugar de Jesús, y el Nous le dio el poder de parecerse a él. Para los cristianos ortodoxos, estos gnósticos eran heréticos, blasfemos y peligrosos enemigos de la Iglesia.

Pero la mayoría de los cristianos gnósticos sí creían en el sacrificio de Jesús, pensando que cada ser humano se convierte en una parte de él al comerlo en la comunión, alcanzando así la inmortalidad. Para ellos, "Nous" es otro nombre de "Cristo". Se centraban más en el significado simbólico de renacimiento y transformación interior de su muerte y resurrección que en su existencia física. Creían que los discípulos se encontraron con Jesús en espíritu tras su muerte, no en cuerpo, como ocurre a muchos al perder a un ser querido. Algunos gnósticos radicales llamaron a su resurrección física "la locura de los tontos", pero esto sería considerado peligrosamente herético.

El Divino Femenino fue más enfatizado por los primeros cristianos gnósticos que en el Cristianismo Ortodoxo. Muchos grupos gnósticos enseñaban que el Espíritu Santo de la Trinidad era femenino, como la palabra hebrea ruah. Para algunos, el Espíritu era Sophia, la novia de Dios, o el alma del mundo. Para otros, era la Virgen Madre, dando crédito a que Jesús "nació del Espíritu". Sin embargo, no creían que María fuera virgen en sentido físico, sino que se refería a una unión mística de lo humano y lo divino. "Concepción inmaculada" significaba "limpia", no "sobrenatural", refiriéndose a que María había limpiado su cuerpo para dar a luz un alma grande.

El gnosticismo enseñaba que la liberación humana se produciría a través del propio despertar y transformación personal de cada individuo, no adorando a un Salvador o por algún acontecimiento histórico. No creían que Jesús vino "a salvarnos del pecado" ni en el pecado original. Todo esto parecería impíamente irreverente a la Iglesia Ortodoxa.

Los gnósticos creían que el Cristo y el Ser interior eran uno, mientras que los judíos y cristianos convencionales veían al

Cristo como un "otro" sagrado al que adoraban pero al que nunca podrían asemejarse. Resulta contradictorio que la Biblia diga que todos son hijos de Dios, y sin embargo se considere arrogancia espiritual afirmar que se hereda alguna característica divina del Padre celestial.

Pero el pensamiento más herético es que para los gnósticos, Jesús y María Magdalena tenían que casarse, porque la naturaleza de Dios es andrógina, con principios masculinos y femeninos unidos en cada persona. Aunque la Ortodoxia no tiene constancia de su matrimonio, varios libros afirman que un antiguo documento siríaco lo describe junto a sus hijos, como Holy Blood, Holy Grail de Michael Baigent, et al, The Woman with the Alabaster Jar de Margaret Starbird y El Código Da Vinci de Dan Brown.

Los cristianos gnósticos sabían que para que este nuevo dios fuera aceptable en aquellos tiempos, Jesús tenía que ser comparable en poder y majestad a los otros dioses del mito, pasando por un inframundo, muriendo y emergiendo rejuvenecido en primavera. Aquí es donde la idea de "resurrección" adquirió su significado en el cristianismo, para colocarlo a la par con estos otros dioses de muerte/renacimiento. El mito cristiano no es excepcional, existiendo también en la fe Baha'i, la antigua Persia, los misterios dionisíacos, órficos, eleusinos, de Isis, Mitra, Atis y otras culturas.

En el pensamiento gnóstico, Jesús es mítico y real: un Hijo de Dios que encarna la conciencia crística universal en carne humana. En el Apocalipsis gnóstico de Pedro, Jesús se ríe mientras se observa crucificado, señalando a "los ciegos" que no sabían lo que veían, muchos de ellos cristianos. Le dijo a Pedro:

"Yo soy Jesús vivo, y ese que ves con clavos clavados en los pies y en las manos es su parte carnal, el sustituto avergonzado, el que nació a su semejanza. Pero mírale a él y a mí".

Un desarrollo intrigante: El Primer Apocalipsis de Santiago, encontrado este año por estudiosos de la Universidad de Texas enterrado dentro de los evangelios gnósticos en griego, debió ser parte del Nuevo Testamento griego original que el obispo Atanasio de Alejandría excluyó de la Biblia. En esta escritura, Jesús le dijo a Santiago: "Nunca he sufrido en modo alguno, ni he sido angustiado".

Los gnósticos eran algunos de aquellos "que fueron elegidos de una sustancia inmortal", como Jesús había dicho de Pedro. Habiendo estado "encerrados en una tumba de tinieblas y obstruidos por la piedra de la oscuridad", fueron despertados de entre los muertos al recordar su herencia divina, como había hecho Jesús.

Hacían hincapié en el significado espiritual profundamente personal de la historia de la resurrección de Jesús, aplicándolo a todos, no al morir, sino al vivir. Pensaban más en mitos, metáforas y alegorías que literalmente, dando poca importancia a su vida humana ordinaria, al contrario que el cristianismo convencional. Quizá la muerte y resurrección literales del Jesús físico, defendidas enfáticamente por la Iglesia ortodoxa, tuvieran no solo una connotación religiosa, sino también una motivación política: Legitimaba la supremacía de Jesús sobre los dioses paganos y hasta hoy, la autoridad de la Iglesia a través de una línea ininterrumpida de sucesión apostólica de obispos y sacerdotes.

El gnosticismo respeta enormemente tanto la historia histórica como la mítica de Jesús, sabiendo que pasar por secuencias de muerte/renacimiento es la única forma de transformarse y evolucionar hacia el Ser dado por Dios. Se muere al ego y se despierta al Yo superior a través de tareas iniciáticas psicoespirituales internas. Que Jesús estuviera dispuesto a representar este proceso arquetípico fue considerado como un sacrificio reverente de Amor divino. Y aunque no todos los gnósticos son cristianos, este respeto por Jesús ha sido siempre un tema constante en la Tradición Gnóstica.

A través de la gnosis, o el nous, la idea de la resurrección se ve diferente a como se enseña en el cristianismo convencional: Aunque Jesús la modeló físicamente, la inviolable Ley del Renacimiento no tiene que ver con la carne y la sangre. Como San Pablo afirmó en una carta a los Corintios: "La carne y la sangre no pueden heredar el Reino de Dios". Pablo comprendió que la resurrección no se refiere a la vida física, ni a la de Jesús, sabiendo que Él se refería al Reino de Dios no como una extensión de tierra celestial, sino como un estado transformado del ser.

A mediados del siglo III, toda esta gnosis genuina se había perdido, declarada herética y pisoteada hasta la muerte por los decididos literalistas. Las cartas de Pablo habían sido modificadas y pervertidas para encajar con la forma externa del cristianismo. Así que esta enseñanza sobre la vida espiritual interior se hundió en el olvido. Los escritos de Pablo, tan bastardeados, no han pasado a través de la historia cristiana como gnosis, aunque varios investigadores creen hoy que tal vez fue de hecho el padre del cristianismo gnóstico.

Los gnósticos siempre han enseñado que la resurrección es un proceso interno que no ocurre después de la muerte; debe experimentarse mientras se vive en esta vida mortal, otra desviación radical de las creencias cristianas aceptadas. Como dice en el Evangelio de Felipe, Logion 21:

"Se equivocan los que dicen que el Señor primero murió y luego resucitó; porque primero resucitó y luego murió. Si alguien no ha resucitado primero, solo puede morir. Si ya ha resucitado, está vivo, como Dios está vivo".

El Señor resucitó antes de morir. Y esto sí que es un pensamiento herético. Aun así, los gnósticos no discrepaban de todo lo enseñado por el cristianismo ortodoxo sobre la resurrección. Como todos los cristianos, entendían que, aunque el cuerpo físico muera, la esencia nunca será aniquilada. El cuerpo espiritual eterno ya está entretejido en la vida humana, despertando de un estado de conciencia inferior a otro superior. Esta creencia llega a lo más profundo del anhelo de superar la muerte, acallando el mayor temor. Se puede saber que ya se vive en el cuerpo espiritual eterno perfeccionado cuando se deja este plano físico, despojando a la muerte de su poder.

El Tratado Gnóstico sobre la Resurrección da la fe de saber que no hay muerte, que Jesús, siendo el Hijo arquetípico de Dios, la venció. Y revela lo que realmente significa la resurrección:

"Lo imperecedero desciende sobre lo perecedero, la luz desciende sobre las tinieblas, tragándoselas... Somos atraídos al cielo por Él, sin que nada nos detenga. Ésta es la resurrección espiritual... ¡No es una ilusión, sino la verdad!".

La resurrección es una transición hacia una gloriosa novedad que sucede en la conciencia. Esto es lo que Jesús trajo y que tiene el poder de liberar: Al despertar a la conciencia crística, como Él, se resucita antes de morir. Se deja a un lado el mundo y se transforma en un ser inmortal. Para los gnósticos, así es como se es "salvado".

Sabían que son meros transeúntes en este mundo, que vienen del Pleroma y volverán allí tras completar esta vida física. Este es el anhelado estado del ser, donde se conserva la identidad personal familiar y se vive en la plenitud del ser como el Ser arquetípico eterno. Tras esta transición física, los gnósticos creían que se cubrirían con un nuevo tipo de carne, un vestido de luz. Y al interpretar el Evangelio de Juan a través de la gnosis, se podría decir que el cristianismo ortodoxo también cree esto, o tal vez Juan era realmente un gnóstico:

"Y nadie subió al cielo, sino que bajó del cielo, el Hijo del Hombre... para que todo el que crea en él no perezca, sino que tenga vida eterna".

Sin embargo, el gnosticismo interpretaría Juan 3:16 de forma diferente al pensamiento cristiano convencional. Para los cristianos normales, "quien crea en él no perecerá" significa que las personas que adoran a Jesús como su Salvador no perecerán. Los gnósticos dirían que esto significa que cualquiera que recuerde su propia divinidad, como hizo Jesús, no perecerá. De nuevo, la diferencia está entre adorar externamente a un Salvador externo y ser bautizado internamente.

En los tiempos de Constantino, la única manera de alcanzar la salvación era seguir la doctrina aprobada y los credos de la Iglesia Católica Romana. Todo lo demás era considerado anticristiano y condenado como herético. Esto llegó a ser tan extremo que cualquiera acusado de herejía era condenado a muerte, hasta que Constantino tuvo la visión que lo ablandó hacia los "Christianos".

Consecuentemente, hasta que la Biblioteca de Nag Hammadi fue descubierta, excepto por unas pocas piezas raras de escritos coptos encontrados en los 1700s y 1800s, todas las otras formas de Cristianismo habían sido destruidas. Es interesante observar que, incluso en tiempos recientes, la Biblioteca de Nag Hammadi, que contiene los evangelios y escritos de los gnósticos, fue suprimida durante más de 30 años después de su descubrimiento en 1945 debido a disputas teológicas, bloqueos políticos, litigios y celos provincianos por "ser el único cristianismo". Esto da una fuerte idea de lo que los gnósticos siempre han tenido que luchar para poder siquiera existir.

El verdadero Cristianismo tiene sus raíces en las Antiguas Tradiciones Misteriosas y sus Ritos de Iniciación, que tuvieron que permanecer en secreto ya que la Iglesia Católica castigaba o exiliaba a aquellos que seguían cualquier camino religioso no creado por ella. Pero, aunque a menudo secreto y raramente tenido en estima, ¿era realmente herético el cristianismo gnóstico? En absoluto. Se originó en las auténticas enseñanzas de Jesús, y se mantuvo firme como tal, a pesar del desprecio y la denigración que constantemente le infligía el poder exorbitante de la Iglesia Ortodoxa.

El Demiurgo

Los gnósticos basaron sus creencias espirituales en la concepción de un Dios dual: un Dios trascendente, considerado como el Dios Supremo, y una deidad inferior conocida como el Demiurgo, responsable de traer a este Dios superior a la existencia física. El Dios trascendente engloba en sí mismo la esencia de todo lo existente, tanto en el plano visible como en el invisible. Según el pensamiento gnóstico, el Demiurgo es el Señor del Materialismo que distorsionó esta creación, corrompiendo a la humanidad con deseos y necesidades materiales superficiales. La naturaleza humana está compuesta en parte por la Luz del Dios trascendente y en parte por este sombrío Señor de la Materia.

En su Mito de la Creación, los gnósticos postularon que esta deidad menor moldeó la materia en una miríada de especies y formas. Cuando la materia se animó con la vida, estas multitudes fueron liberadas y separadas según su tipología particular. Los gnósticos consideran al Demiurgo como el artífice o arquitecto de la materia física. Esta deidad inferior reorganizó el caos primordial preexistente en un estado cósmico de arte viviente y estableció la Ley del Mundo Material. Los ideales divinos se transformaron en forma física.

El Demiurgo no solo creó el universo físico, sino que también lo sostiene. Trajo consigo ángeles tiránicos que manipulan la conciencia humana, seduciendo a las personas para que vivan de manera egoísta y separatista, dando así origen al lado oscuro de la naturaleza humana. El ego es una entidad limitada que ha perdido el contacto con el Ser ontológico y no vive puramente en la luz; crea sus propias ideas sobre lo que es la vida.

A través del aliento de su boca, esta deidad menor dio origen a aquello-que-no-es. Por lo tanto, esta realidad no es ideal; este mundo materialista está plagado de los opuestos de oscuridad y luz, tristeza y alegría. Tenía que ser dual, de lo contrario no podría ser un planeta de creación, ya que todo en la creación siempre tendrá su contrario. Siendo un dios del materialismo, el Demiurgo comprendió la naturaleza y el propósito de la dualidad, así como el sufrimiento y la alegría que naturalmente conlleva. Y los seres humanos han tenido tanto el dolor como el placer de experimentarlo todo. Al igual que el Salvador danzante, los humanos danzan por la vida, a veces deslizándose, a veces girando o pisando fuerte.

El propósito sagrado del Demiurgo es permanecer siempre como el potencial en los seres humanos para elegir aquello-que-es. Esta es simplemente la naturaleza del dualismo, de hecho, la naturaleza misma de la creación. Los seres humanos siempre tienen que elegir para aprender a pensar por sí mismos y buscar lo que es bueno y verdadero por su cuenta, no simplemente de la mano de Dios. Ya no viven solamente en el Paraíso con su Padre Celestial en inocencia, alegría y paz; el sufrimiento ha entrado en escena; viven como expulsados de su verdadero hogar. Como recuerda el teólogo cristiano holandés Gilles Quispel: "El mundo-espíritu en exilio debe atravesar el Infierno de la materia y el Purgatorio de los mortales para llegar de nuevo al Paraíso espiritual".

Los gnósticos creen que el Demiurgo trabaja para mantener a la humanidad ignorante de su verdadero origen. Si no se obtiene la gnosis durante la vida, cuando se produce la muerte, la "chispa divina" que habita en cada ser humano es arrojada una y otra vez a la esclavitud de las generaciones físicas. Esto implica que se seguirá reencarnando hasta que se despierte plenamente a la esencia espiritual.

Según el Dr. Carl Jung, el Demiurgo gnóstico es un espíritu divino que reside en cada psique humana y funciona como el azogue en la alquimia: la conjunctio que permite ordenar el caos disolviendo la tensión de los opuestos. Los puntos de vista filosóficos de los antiguos alquimistas eran claramente gnósticos, girando en torno a la idea del Demiurgo y del Alma Mundial que está impregnada de Espíritu, habiendo estado ambos presentes desde el inicio de la existencia humana. Este mito gnóstico sugiere que esta deidad menor tuvo que separarse de la esencia para crear la forma. Y parece que los seres humanos han tenido que separarse de su Ser esencial para adentrarse completamente en esta vida de forma y experimentarla plenamente. Quizás por eso muchas personas rara vez o nunca reflexionan sobre su esencia espiritual.

Los gnósticos comprendían que el sufrimiento y la angustia son parte natural de esta vida humana. Y sabían que este mundo material, con todas sus penurias, tuvo que ser creado para que los seres humanos crecieran en su naturaleza divina por sí mismos. Si hubieran sido arrojados a un mundo perfecto, nunca habrían tenido que aprender a discernir entre el bien y el mal, o a elevarse por sus propios esfuerzos hacia su naturaleza superior. La Iluminación y la Autorrealización nunca pueden ser otorgadas; deben ser ganadas por el propio esfuerzo.

Se podría decir que separar el Cielo y la Tierra es la última dualidad que todos los seres humanos han sido llamados a unir. Los Maestros gnósticos comprendieron que la materia solo es mala cuando permanece separada del Espíritu. O, los humanos solo están atrapados en la materia hasta que obtienen el Autoconocimiento. Irónicamente, una de las principales críticas al gnosticismo es que es dualista. Pero se trata de una acusación superficial. Todo en la creación es dualista. Solo a través de un proceso de superación del dualismo los seres humanos podrán elevarse a su naturaleza divina y vivir como su verdad completa.

Sin la obra del Demiurgo, este mundo ni siquiera podría existir. Así pues, en el pensamiento gnóstico, esta historia mítica es el origen de la creación. Cuando la materia y el Espíritu se unen, los poderes de "lo bueno" y "lo indivisible" son otorgados a "lo corrupto" por una chispa de luz, y esto despierta la "chispa de lo divino" en cada ser humano, el núcleo de la naturaleza humana. La verdad de lo que es, o la voluntad de Dios para las vidas humanas, se hace evidente y se regresa a la plenitud. Como bien dice este pasaje del Evangelio de María Magdalena: "Por eso el Bien ha entrado en la esencia de toda naturaleza. Actúa junto con los elementos de tu naturaleza para devolverla a su raíz".

Si se reflexiona un momento sobre esta historia de la creación, se puede ver que disolver la tensión de los opuestos es sabiduría espiritual en acción. En la Tradición Mistérica Occidental, "Crear Armonía a través del Conflicto" se conoce como el 4º Rayo de la Creación; esta es la conciencia del corazón. Y este principio rige a la humanidad. Disolver la tensión de los opuestos es verdadero gnosticismo; se ve "el bien", o el propósito espiritual, en ambos lados de cada dualidad.

Como se ha mencionado en repetidas ocasiones, la humanidad es el Cuarto Reino en la Naturaleza. En la numerología sagrada, el número 4 es "el constructor" para la humanidad; crea las 4 esquinas, o los cimientos, de todo lo creado. El número 4 es la totalidad; son las cuatro direcciones, las cuatro fases de la luna y los cuatro elementos de tierra, agua, aire y fuego. El cuadrado fundamenta a los seres humanos en su forma equilibrada, ofreciéndoles apoyo y estabilidad en sus vidas.

Durante la Edad Media, los gnósticos a menudo se disfrazaban de alquimistas. Para ellos, poner orden en el caos es lo mismo que encontrar la piedra filosofal en la alquimia. La

Piedra Filosofal (el lapis) es una forma paradójica de materia que elabora elixires alquímicos con poderes curativos universales que prolongan la vida y provocan una revitalización espiritual. Los alquimistas creen que la Piedra Filosofal "convierte el plomo en oro" mediante un proceso purificador de transmutación de la propia naturaleza sombría en luz. En alquimia, la piedra filosofal es un elixir de vida que desvela el misterio de la eternidad.

Los seres humanos nunca deben temer el conflicto: la tensión de los opuestos es lo que hace posible la energía en este mundo. Crear armonía a través del conflicto activa el fuego alquímico como agencia de transformación. Es la Ley universal de la Creación, el yin/yang de la filosofía china y Shakti/Shiva en el hinduismo. ¿Cómo podrían los seres humanos conocer la luz si no conocieran la oscuridad, o luchar por el "bien" si no conocieran el "mal"? Los Maestros gnósticos de antaño sabían que los seres humanos nunca podrían superar una mundanidad en la que no han permanecido.

Esto responde a la antigua pregunta: ¿Por qué un Santo Padre benevolente crearía un mundo con tanta tristeza y negatividad? Resolviendo la tensión entre el sí y el no, el bien y el mal, es como los seres humanos trascienden a una tercera y más elevada forma de ser; en cada nivel de conciencia chocarán con un dualismo que deben superar e integrar hasta alcanzar la cima de su Ser. El Evangelio de Felipe expone sin ambages este tema: "No temáis a la carne ni os enamoréis de ella"; debe aceptarse reverentemente como lo que es. La aceptación serena de la realidad humana es la clave del bienestar como almas espirituales que actualmente viven en cuerpos humanos.

Es importante señalar, sin embargo, que los gnósticos estaban divididos en su opinión sobre el Demiurgo: El núcleo de la creencia gnóstica afirma que esta deidad menor es divina y está viviendo el sueño del Dios Supremo al construir un mundo de forma. Al parecer, San Pablo se refería a este Demiurgo de inspiración divina cuando hablaba del Dios "que es la imagen del Dios invisible, el primogénito de toda la creación, pues en él fueron creadas todas las cosas". Pero un grupo más pequeño de extremistas que se autodenominaban gnósticos sí pensaban que el Demiurgo era maligno. Para ellos, esta deidad menor era el Diablo, causante del sufrimiento de los humanos, encajonándolos en cuerpos mortales profanados que vivían en un mundo perdido en el egoísmo y la desesperación.

Algunos de estos primeros extremistas gnósticos creían incluso que la Iglesia romana, con todos sus abusos e inimaginable riqueza, vivía en el dominio del Demiurgo. Para ellos, Jehová del Antiguo Testamento era el Señor del mundo físico, y no el Dios trascendente. Era una deidad cruel y voluntariosa, muy alejada de los gustos de un Santo Padre benéfico.

En su historia mítica, este pequeño grupo enseñaba que cuando los dioses produjeron amrita, las aguas de la inmortalidad, este dios inferior robó parte de ella y se hizo inmortal, tomando la forma de un malvado Dragón que se tragó el Sol y la Luna, y creando un mundo de oscuridad. Pero todo esto fue muy malinterpretado por estos extremistas que se autodenominaron "gnósticos" y pervirtieron sus sistemas de pensamiento. En el verdadero gnosticismo, el Dragón es una valiente serpiente sagrada que trae a la humanidad la sabiduría experiencial.

Desgraciadamente, como en cualquier camino espiritual, hubo fanáticos religiosos entre los primeros gnósticos que proclamaron que toda materia era mala. Eran sectas espurias que no tenían ningún conocimiento real del gnosticismo, pero se creían con derecho a enseñarlo. Vivían o bien como ascetas obsesivos en completa abnegación de todos los placeres humanos

-- meramente un eco distante de cualquier forma de verdadera espiritualidad. O se comportaban con desenfreno y libertinaje, sin espiritualidad alguna. Sin embargo, incluso uno de los grupos más civilizados y artísticos de los primeros gnósticos, los cátaros del sur de Europa, eran extremistas que se negaban a sí mismos cualquier actividad sexual, solo comían ciertas verduras y frutas, y vivían en constante meditación, creyendo que esta forma de vida dominaba el poder materialista del Demiurgo.

Vivir en estos extremos acarreaba censuras para el gnosticismo en general, algunas de las cuales se siguen aplicando erróneamente hoy en día. Así, al igual que hicieron los primeros Padres de la Iglesia, estos extremistas dieron mala fama al gnosticismo. Pero estos fanáticos no definen el gnosticismo más de lo que los terroristas radicales musulmanes definen la religión islámica, o los cristianos "más santos que tú" definen el verdadero cristianismo.

Para ser justos, es preciso decir que fue muy fácil malinterpretar este mito gnóstico del Demiurgo que creó un mundo humano imperfecto. Se trata de una enseñanza mística sutil y sumamente profunda que se perdió en explicaciones superficiales y exacerbó la perjudicial convicción ortodoxa de que los gnósticos veían este mundo como malvado y odiaban ser humanos. El significado más profundo y la sabiduría de este mito pueden comprenderse mejor a través de la gnosis reflexiva e intuitiva.

Como se mencionó en la Introducción, el moderno Diccionario Webster aún define el gnosticismo como "un culto herético que cree que la materia es maligna". Algunos de los Padres de la Iglesia Romana incluso afirmaban que este Demiurgo era el Diablo. Pero los verdaderos gnósticos ciertamente no creían que esta deidad menor fuera el Diablo. Como afirma el Dr. Jung, el Demiurgo era un semidiós saturnino que se había "incubado en las aguas caóticas" como un Espíritu divino al principio mismo de la creación, sin el cual la forma de vida nunca podría existir.

Los gnósticos no veían el mundo material como malo; lo veían como materialista. Y desde luego no odiaban ser humanos. Pero se sentían descorazonados al ver cómo los seres humanos pueden llegar a estar tan cautivados por el materialismo porque sí, o incluso a veces pueden ser despiadados y mezquinos. Sin embargo, sabían que los seres humanos tienen el poder de ser cariñosos, sabios y creativos, e incluso iluminados. Y siempre trabajaron duro para honrar y mantener esta forma superior de ser. Como todos saben, las personas a menudo se inspiran y brillan en las sinfonías de un Mozart, o en la pluma de una Emily Dickinson.

La inspiración es el aliento de vida que proviene directamente del Espíritu combinado con la inteligencia humana. Y aunque toda la humanidad posee este toque de lo Divino, no todos se percatan de este lado numinoso de su naturaleza. Es muy cierto que muchas personas creen solo en el mundo físico y son consumidas por apetencias materialistas. Cuando las personas carecen de un sentido de la santidad de la vida, el materialismo puede convertirse en su dios. En términos gnósticos, estas personas están atadas a la tierra y, por lo tanto, viven bajo la influencia de un semidiós mundano.

Los gnósticos cristianos creían que Jesús fue enviado como emisario del Dios trascendente para recordar a la humanidad su herencia sagrada, de modo que pudiera escapar mediante la gnosis de las leyes sin sentido de Jehová y de las trampas vengativas del poder del mal. Sabían que la gnosis puede ser encendida por esa "chispa de lo divino" que habita en cada corazón humano.

En el mito gnóstico de la creación, cuando Sophia, de la que se dice que es "el aliento del poder de Dios", cayó a la Tierra, quedó bajo el dominio de este Dios menor de la Materia. Y lo hizo con el propósito del Dios trascendente de dar a luz un mundo de forma. Este Demiurgo no fue el arquitecto, sino el constructor del mundo físico; lo construyó para el Dios trascendente. Y la Divina Femenina, o el Alma del Mundo, entró en la creación para funcionar como el Espíritu animador que permite a los seres-Dios moverse por el mundo de la forma y experimentarlo realmente. Es como si Dios quisiera una aventura en "el juego de la creación". Incluso podría decirse que este es el propósito sagrado del ser humano.

El gnosticismo subraya y reafirma el tema central de la trascendencia que reside en el núcleo de toda religión. Este mito gnóstico afirma que el Dios supremo es una Unidad primordial que nunca puede dividirse, ni siquiera pensarse en dualidad. Por lo tanto, el Dios Trascendente nunca podría haber pensado en un mundo que es "un otro" que está separado del Todo esencial. Pero los gnósticos creían que, de alguna manera, este mundo dualista también tenía que ser uno con Dios, aunque no sea muy semejante a Dios. En consecuencia, habían adoptado el punto de vista platónico de que este mundo tenía que ser al menos una imagen de Dios, o un sueño en la mente de Dios. Y en este sueño, un Demiurgo formuló un Dios-en-creación como un despliegue del deseo del Dios más elevado de experimentar una realidad física.

Una vez, estando en un estado alterado en una sesión meditativa, un individuo tuvo un momento de realización de Dios. Experimentó ser una Presencia en perfecta quietud pacífica; Todo era Uno. Y entonces, se dio cuenta de que Dios se aburría y soñaba con moverse por la Tierra para experimentar los placeres de este mundo sensual. Tal vez los seres humanos sean realmente esos seres-Dios que viven el sueño de su Creador.

Los gnósticos no creían que Jesús viniera solo a traer la paz a la Tierra; vino a vivir la verdad de ser plenamente humano. Para saber algo de verdad, los seres humanos tienen que salir de toda ilusión y negación que rodee el asunto, con la voluntad de vivir en la realidad tanto de "la oscuridad" como de "la luz". De lo contrario, el lado negativo los atrapará invariablemente. Conocer y trascender conscientemente los opuestos es la única forma de combatir verdaderamente la negatividad, o de triunfar sobre el mal. Así que se puede agradecer al Demiurgo que enseñe a ver en "la oscuridad".

Sin embargo, el Demiurgo ha tenido muy mala prensa con descripciones contundentes que han dejado a los lectores escocidos y estremecidos a lo largo de la historia, especialmente por parte de algunos de los mejores escritores de ficción. El autor gnóstico Harold Bloom hace que sus héroes luchen violentamente contra Saklas el Demiurgo en su novela La huida hacia Lucifer. El Cuarteto de Alejandría de Lawrence Durrell está lleno de gnosticismo, y su sabia heroína Justine exclama: "¿Somos obra de una Deidad inferior, un Demiurgo que se creyó erróneamente Dios? Cielos, qué probable parece". Y del escritor Philip K. Dick, en su novela de ciencia ficción Valis, Fat, amante de los caballos, pregunta a su terapeuta si cree que los seres humanos están hechos a imagen de Dios. Y el terapeuta responde: "Sí, pero a imagen del Dios creador lunático y ciego, no del Dios verdadero". Luego, por supuesto, todos conocen a Darth Vader, que en realidad sirve bien a Luke Skywalker al plantearle sus valientes desafíos. Así que tal vez sea la oscuridad, la luz, no hay diferencia.

Algunos caminos espirituales enseñan que este mundo es solo una ilusión que nunca debió crearse en primer lugar, creyendo que todo fue una especie de error cósmico mal concebido. Algunos cristianos acérrimos se limitan a sacudir la cabeza indignados por ser humanos, convencidos de que deben elevarse por encima de este horrible estado carnal. Si se cree así, obviamente se debe pensar que el Dios que creó este mundo no es un gran Dios.

En contraste con todo esto, los gnósticos dan a esta creación y a la humanidad un propósito sagrado muy especial. Su objetivo siempre ha sido casar lo humano con lo divino, y así formular a Dios de una forma totalmente nueva -- que era, para ellos, el propósito de Dios al "pensar" a los seres humanos en primer lugar. Los gnósticos anhelan que todos alcancen la gnosis mística y recuerden su propósito divino de estar aquí en la Tierra. Si los seres humanos no se adentran de todo corazón en la condición humana y no se realizan plenamente como seres espirituales en forma humana, no están cumpliendo su parte en el plan de Dios para el viaje del alma humana a través del Tiempo.

Escuchando, pues, el Mito Gnóstico del Alma Humana, basado en las enseñanzas originales de la Escuela Naasena de Gnosticismo del siglo III, según la interpretación del teólogo griego Hipólito. Según él, los Naasenos fueron el primer grupo de buscadores espirituales que se autodenominaron gnósticos. Devoto defensor de la cosmovisión gnóstica, este eminente ministro cristiano afirmó una vez que "el principio de la perfección es la gnosis del hombre".

Parte 3 – Mitos Gnósticos y Arquetipos

El Salvador danzante (Un himno gnóstico)

En la antigua tradición gnóstica cristiana, existía un hermoso himno que representaba a Jesús como un Salvador danzante. En este canto, Jesús revelaba a sus discípulos que el verdadero misterio sagrado de su sufrimiento no radicaba en un cuerpo crucificado y quebrantado, sino en la forma en que danzaba a través de la vida. Jesús aceptó voluntariamente las tribulaciones de la existencia mortal durante su encarnación física, pero lo hizo con una gracia cósmica, transformando la conciencia de la humanidad desde la creencia de ser meramente humanos hasta el conocimiento de ser tanto humanos como divinos.

Este himno gnóstico fue preservado por Leucio Charino, un compañero del apóstol Juan, y se considera uno de los escritos apócrifos más significativos que conservaron las primeras tradiciones orales de la cristología jónica. El apóstol Juan era un gnóstico, y a pesar de haber sido condenado como herético por la Iglesia ortodoxa, este himno se conservó en diversas bibliotecas monásticas. Aunque los manuscritos latinos fueron fuertemente editados, los manuscritos griegos que contienen este himno nunca fueron alterados.

Este cántico gnóstico presenta una narración poco conocida de la Última Cena, en la cual abunda el amor entre Jesús y sus doce discípulos. Los gnósticos otorgaban a la Eucaristía un doble significado: primero, era la comunión, tal como se relata en la Biblia; y segundo, después de compartir simbólicamente su cuerpo y su sangre, Jesús reunió a los discípulos y les dijo: "Antes de que me entreguen a ellos, glorifiquemos al Padre con un himno de alabanza". Los discípulos se tomaron de las manos, formaron un círculo con Jesús en el centro y participaron en una extática Danza Redonda.

Mientras giraban en círculo, Jesús entonó este Himno de Alabanza que cerraba la puerta al dualismo, honrando ambos lados de cada dualidad y trascendiéndola, completando así su sagrada misión en la Tierra. Algunas líneas de este extenso himno transmiten la esencia de su enseñanza:

"Te alabamos, oh Padre

Te damos gracias, oh Luz;

En quien no moran las tinieblas.

Porque daría gracias, digo

Me salvaría, y salvaría. Amén.

Seré quebrantado, y seré quebrantado. Amén.

Yo nacería, y yo daría a luz. Amén.

Yo oiría, y sería oído. Amén.

Yo sería herido, y yo heriría. ¡Amén!

Huiría, y me quedaría. Amén.

No tengo lugar, y tengo lugares. Amén.

No tengo templo, y tengo templos. Amén.

Soy una lámpara para ti que me ves. Amén.

Soy un espejo para ti que me entiendes. Amén.

Soy una puerta para ti que me llamas. Amén.

Soy un camino para ti caminante. ¡Amén!

Comprende bailando lo que hago;

Porque tuya es la pasión del hombre que he de sufrir...

En una palabra soy el Logos que todo lo bailó

Y no se avergonzó de nada. Amén.

Fui yo quien danzó.

A todos y cada uno les es dado danzar. Amén.

Aquel que no se une a la danza confunde el evento. Amén.

Pero compréndelo todo, y comprendiéndolo, di:

Gloria a Ti, Padre. Amén!"

La Danza Redonda, descrita detalladamente en Los Hechos de Juan, parece ser el ritual de Misterio cristiano más antiguo que se puede rastrear. La danza sagrada era común en todas las ceremonias de Misterio en la antigüedad, y los paganos la llamaban Chorea Mystica. Este Himno era tanto una Iniciación Hermética como Gnóstica, un ritual milenario que explicaba el propósito evolutivo de la vida. Aunque la Iglesia Ortodoxa intentó librar al mundo de todo el "veneno de la falsa doctrina" gnóstica, este hermoso Himno del Salvador Danzante es una de las pocas enseñanzas gnósticas que escaparon a su destrucción.

Este mito gnóstico describe a Jesús como el Mensajero de la Luz que vino a mostrar cómo regresar al Hogar espiritual. Jesús y sus discípulos abandonaban el Reino Humano y regresaban al Pleroma, el Reino de Dios. Ya no contaminados por la falible condición humana, vivirían en la plenitud de su perfección. Para los gnósticos, la sustancia absoluta y el espíritu absoluto se unen en esta dimensión eterna de la conciencia.

Jesús enseñó a sus seguidores que todos son fragmentos dispersos de la esencia de Dios, que asumió la condición humana sabiendo que la única forma de sanar el sufrimiento es vivirlo y, mediante el recuerdo, trascenderlo. Mientras se permanezca en la Tierra, se debe experimentar las múltiples formas de ser humano con gracia; de lo contrario, se habrá perdido el sentido de la encarnación de Cristo y la propia encarnación.

Los gnósticos creían que originalmente eran espíritus puros, pero que nacieron en un mundo imperfecto. Muchas almas humanas están encadenadas por el materialismo y viven en un estado de completo olvido de sí mismas. A lo largo de la historia, se ha acusado a los gnósticos de odiar este mundo, convencidos de que la materia es mala. Pero esto es un grave malentendido. Nunca han odiado este mundo; odian que la humanidad haya quedado tan atrapada en lo mundano que haya olvidado su verdadera naturaleza santa. Incansablemente, los gnósticos siempre han tratado de liberar a la humanidad de la ignorancia heredada de su verdadera naturaleza divina.

Como revela poéticamente este Himno mítico, vivir en la dualidad es lo que separa a las almas humanas de la alineación con el Espíritu. Los gnósticos sabían que, como seres espirituales, conocen cómo cerrar la puerta al dualismo sanando todos los extremos egoístas que distorsionan la Realidad y hacen sufrir a las almas humanas. Lo correcto y lo incorrecto, el sí y el no; todo debe ser conocido. A través del reconocimiento de ambos lados de cualquier asunto, se es capaz de ver el significado espiritual tanto de lo bueno como de lo malo en cualquier situación. Desde la sabiduría de la gnosis, se vive desde el centro -que es la comprensión-, se vive desde el punto de tensión entre todos los opuestos. De este modo, los deseos humanos inferiores se transmutan en aspiraciones espirituales y elevan al ser a una forma de existencia más elevada.

Este Himno deja claro que se debe danzar todas las cosas de la vida y honrarlo todo. Ayuda a comprender el propósito sagrado del conflicto y el sufrimiento. Así es como se sana la psique humana y se espiritualiza el Cuarto Reino en la Naturaleza. Cuando algo se juzga como totalmente malo o incorrecto, todavía es un trabajo en progreso, que llama a aceptarlo, perdonarlo o trascenderlo a través de una comprensión más amplia. Los gnósticos creen que hasta que no se conozca y acepte toda la vida como sagrada, se estará atrapado en un estado de ignorancia y juicio.

Las escrituras y mitos gnósticos muestran continuamente que Jesús estaba aquí para enseñar cómo vivir la vida trascendente, cómo estar en este mundo pero no ser de él. Este incisivo Himno mítico de la liberación de la ignorancia retrata este mensaje tan enriquecedor para la vida del verdadero Autoconocimiento. Sin embargo, rara vez se recuerda la naturaleza divina en el cristianismo actual, excesivamente simplificado y más empeñado en tratar a las personas como pecadores natos. Como advierte este mítico Himno del Salvador Danzante, tal vez se haya olvidado cómo danzar y, de hecho, se esté perdiendo el sentido de la propia encarnación.

Si se siente que ha sido imposible aceptar alguna parte de la vida, es importante comprometerse ahora mismo a verla con claridad a través de los ojos del alma. Sacar a la luz "el lado oscuro" de la vida, con la voluntad de mirarlo a los ojos, es la clave de la trascendencia. Cuando algo se hace consciente, pierde su poder para atrapar al ser. Todos pueden cerrar simbólicamente la puerta al dualismo ahora mismo y volver danzando al Pleroma de donde han venido, donde viven en la conciencia del Yo verdadero y liberado.

El Lenguaje Simbólico De Los Mitos

La mitología es el lenguaje del alma, un repositorio de verdades sagradas que confieren sentido a la existencia humana. Los mitos son revelaciones de la sabiduría eterna plasmadas en historias, los sueños colectivos de una cultura. Estos relatos universales trascienden la fantasía; son hechos psicológicos que han guiado las vidas de millones de personas, expresando y fortaleciendo las creencias, proporcionando sabiduría moral. Como afirmó Mircea Eliade, el mito narra una historia sagrada, mostrándonos cómo surge la realidad. La verdad de una era se convierte en el mito de la siguiente, interpretada en el contexto actual sin alterar su significado. Hans Leisegang sostiene que todo mito expresa una idea eterna reconocida intuitivamente al reexperimentar su contenido.

El mensaje de las religiones se transmite a través de mitos y símbolos. La vida arquetípica de Jesús ilumina el mensaje del cristianismo. Los gnósticos cristianos buscaban conocer la sabiduría esotérica oculta en los mitos y alegorías de las escrituras bíblicas. Para ellos, los acontecimientos externos eran secundarios respecto a los significados percibidos. La crucifixión, resurrección y ascensión de Jesús eran consideradas experiencias místicas simbólicas que todos estamos destinados a vivir. Su historia mítica es también la historia de cada ser humano, un viaje arquetípico de muerte y renacimiento, de fusión de lo humano con lo divino.

Las historias míticas eran el método predilecto de enseñanza de los gnósticos, quienes creían que estas narraciones épicas aportan comprensión intuitiva. La Tradición Gnóstica es una cosmovisión basada en la vida arquetípica subyacente a los mensajes universales del mito, donde las visiones interiores, la trascendencia y los prototipos psicológicos desempeñan un papel fundamental.

En la mitología, los arquetipos son entidades espirituales entre Dios y la Humanidad, manifestando poderes sagrados. Estos seres perfectos muestran cómo se desarrolla el camino evolutivo del ser humano. El alma espiritual encarnada tiene como misión perfeccionar el Reino Humano. Las historias míticas revelan la belleza arquetípica y el significado de la existencia.

El término "arquetipo" fue utilizado por primera vez por Filón de Alejandría en el siglo I, y siglos después fue explicado en profundidad en la psicología de Jung. Los arquetipos son los patrones primordiales que subyacen al orden invisible de la psique, los planos perfectos de todas las creaciones imaginables. Lo humano existe a través de la imagen de lo Humano, el éxito a través de la idea de Éxito, y ese Yo arquetípico perfecto que cada individuo se esfuerza por ser.

Los arquetipos se manifiestan como espíritus, demonios, leyes, ideales o cualquier cosa que pueda ser perfeccionada en la mente. Cada uno aporta la pureza universal de su tipo divino, convirtiendo a los seres humanos en lo que realmente son. Proporcionan un contexto para comprender la evolución histórica de la Humanidad.

En la mente, todo en la creación tiene su tipo perfecto, como muestran los relatos míticos. Cada proceso en el que se adentra el ser humano tiene también su ideal: el Matrimonio, la Paternidad, el Nacimiento, la Traición, el Acto Heroico perfectos. Cuando se desea ser alguien en particular o tener una cualidad determinada, se "imagina" su arquetipo en la imaginación creativa. Al centrarse en serlo, se hace realidad a través de la persona. Sin embargo, como ningún ser humano es perfecto todavía, rara vez se alcanza el ideal, salvo en algún momento mágico ocasional.

Estos patrones ejemplares ejercen una atracción sagrada sobre la psique y le dan estructura y dirección. Un arquetipo puede apoderarse, invadir o poseer el ego como un dios celoso, compitiendo a veces por la total lealtad. Cuando se vive el arquetipo de algo en su totalidad y se hace consciente, los problemas, errores o ilusiones pertenecientes a ese aspecto de la vida se resuelven. La lección queda aprendida.

Lamentablemente, los arquetipos no siempre son positivos; todo lo imaginable tiene su patrón perfecto en la psique, incluso el lado oscuro negativo de la vida. También existe el ideal del Ladrón, el Perpetrador, la Víctima, el Tirano, que la historia mítica retrata magníficamente: la Bruja, el Diablo, la Malvada Madrastra, Darth Vader, las Furias. Los demoníacos también son arquetipos importantes, porque muestran lo que no debe haber en el mundo humano y enseñan a superar el mal o la tentación. Sacan a relucir el Héroe que hay en cada persona.

Es importante recordar que el mal es tan necesario para el progreso de la evolución como la noche lo es para el día. Para llegar a ser íntegros, el lado oscuro de la naturaleza humana también debe hacerse patente y abordarse. Es necesario aprender a armonizarse con los arquetipos benévolos. Y una vez reconocidos, se pueden disipar los negativos no haciéndoles caso, no por negación, sino simplemente por falta de interés.

La mitología gnóstica fue el recipiente simbólico del fascinante viaje mito-poético que Carl Jung experimentó, al que se refirió como "un viaje a las profundidades de la visión que cambió su vida". En su viaje al inframundo de la psique, Jung conoció a un guía arquetípico interior al que llamó Filemón. En una visión, Cristo le había revelado que Filemón era Simón el Mago, considerado por algunos el padre de la Tradición

Gnóstica. En "El Libro Rojo", el diario personal de Jung, se refiere a menudo a la leyenda gnóstica de Simón el Mago. Se podría decir que Jung era en efecto un gnóstico, aunque públicamente rara vez lo reconocía.

La idea junguiana del matrimonio arquetípico del ánima y el ánimus, los principios femenino y masculino, procede de Simón el Mago. En los mitos, esta historia de amor arquetípica aparece con frecuencia, como en el mito celta de Tristán e Isolda y el cuento de Psique y Eros. Y el "inconsciente colectivo" de Jung es la "raíz universal" de Simón el Mago.

A través de su diario secreto, se sabe que Jung estuvo muy influido por varios de los primeros filósofos gnósticos. Se inspiró especialmente en los escritos de las escuelas alejandrinas de Basílides, Valentín, Marción y Carpócrates, que dieron sustancia a su psicología profunda y a su vida misma. Alejandría fue el centro más importante del gnosticismo, donde florecieron el pensamiento clásico y el misticismo oriental.

La Tradición Gnóstica sostiene una filosofía mitológica de la vida profundamente espiritual que se centra en la Historia arquetípica del ser humano. La gnosis intenta unificar los mundos físico, mítico y místico, tratándolos como iguales. Y los mitos universales contienen toda esta sabiduría en sus historias. Para los gnósticos, la historia mítica es el lenguaje del alma. Creían que el ser humano vino a la Tierra para realizarse como alma en forma humana, para cumplir su destino, que finalmente hará florecer a la Humanidad en toda su gloria. La historia mítica de la encarnación sagrada se expresa de múltiples maneras en las Escuelas de Misterios esotéricas.

Incluso para quienes no son cristianos, es evidente que la historia de la vida de Jesús es el relato mítico del arquetipo Humano. Reunió en sí mismo la naturaleza de Dios y del Hombre. Pero él no fue un caso aislado de este mito universal. A lo largo de la historia, los dioses de las culturas occidentales han expresado este mismo relato mítico. Para los maestros griegos, el Hijo arquetípico de Dios es el Logos, que representa el primer nivel de la personificación del Ser y contiene todos los principios de la creación que proceden directamente de la fuerza divina.

El Logos busca siempre la victoria del Espíritu sobre el mundo sensual. De este modo, el ser humano fue realmente creado a imagen viva y encarnada de Dios. En el cristianismo, Cristo es el Logos, que Jesús personificó. Los griegos creían que tanto Hermes como Apolo eran el Logos, al igual que Thoth para los egipcios. Los dioses griegos, egipcios, persas e indios Adonis, Osiris, Mitra, Buda y Krishna eran todos Hijos de Dios.

Todos los Hijos de Dios tienen características simbólicas similares y realizan actividades similares mientras están en la Tierra. Todos nacen de una virgen en el solsticio de invierno, son crucificados en el equinoccio de primavera y vencen a la muerte. Y todos evidenciaron alguna forma de bautismo, la Cena del Señor, la realización de milagros, tener 12 discípulos y ser el sagrado chivo expiatorio que es sacrificado y, en última instancia, alcanza un renacimiento espiritual. Todos compartían los mismos valores de pureza moral, humildad y amor por la humanidad, y cada uno creía en alguna forma de Cielo e Infierno. Todos creían en un Dios Único y anunciaban la llegada de una nueva Era.

Como otros dioses que vinieron antes que él, Jesús fue un Avatar que vino a la Tierra para preservar la Sabiduría de las Edades que une al ser humano con su herencia y abre el camino a los dioses. Cuando la bondad deja de existir y la injusticia se apodera del poder, un Avatar llega a la Tierra para anclar, blindar y alimentar los persistentes impulsos espirituales por los que prospera la humanidad. Los más conocidos, además de Jesús, son Buda, Krishna, Zaratustra, Lao Tzu, Moisés y Mahoma. Y todos tienen sus historias míticas. Pero, como ningún otro, Jesús asumió la condición humana en su totalidad como el arquetipo humano. Promulgó los misterios sagrados del Cristo interior simplemente por su forma de ser.

Estos Instructores divinos son los seres celestiales que vienen a enseñar que el ser humano está destinado a alcanzar poderes semejantes a los de Dios y a conquistar un día el sufrimiento y la muerte que todo lo impregnan en el mundo material. Dominar la muerte no significa que siempre se conserven los cuerpos físicos; significa que se mantiene una continuidad de conciencia independientemente del estado del ser que se habite. Esta es la doctrina última de todos los que se han esforzado por enseñar La Gnosis, tan a menudo relatada en el mito.

Los primeros cristianos gnósticos honraban profundamente la historia mítica de Jesús y su mensaje como la verdad esencial de la vida. Su existencia histórica real es a menudo cuestionada por su identidad mítica, y hay personas que creen que la historia de Cristo no es más que un mito. Sin embargo, el hecho de que la vida de Cristo sea en gran parte mítica no refuta en absoluto su verdad, sino todo lo contrario: expresa su validez humana universal. Como define Annie Besant:

"Un mito no es en absoluto una mera historia fantasiosa erigida sobre una base de hechos, o incluso totalmente al margen de los hechos. Un mito es mucho más verdadero que una historia, porque una historia sólo cuenta la historia de las sombras, mientras que un mito cuenta la historia de las sustancias que proyectan las sombras".

Las Antiguas Tradiciones Misteriosas son la historia universal contada una y otra vez en forma de mito. Para comprender los Misterios, a los neófitos de cualquier escuela de formación esotérica se les enseña a interpretar el mito, la alegoría y el símbolo, pues éste es el lenguaje en el que están escritos los secretos de la naturaleza y del alma. Y esta saga mítica sagrada que todos viven en realidad es quizás el mayor misterio de todos.

Las historias míticas son ciertamente retratos iluminados de la vida humana, diseñados para ayudar en la evolución. Pero es importante recordar que a veces las interpretaciones de ellos dejan huellas de ilusión que se siguen inconscientemente. Cuando se entienden de verdad, un mito o una alegoría tienden un puente entre lo que se ha aprendido del pasado y las infinitas posibilidades del futuro. De este modo, se obtiene una presentación secuencial del mensaje divino de Dios en respuesta a la necesidad del hombre a lo largo de las Edades. Es un pensamiento reconfortante saber que el Creador sigue a la humanidad a través del Tiempo.

Realidad Simbólica

La compleja psique humana trasciende los conceptos intelectuales, comprendiéndose mejor a través de símbolos e imágenes, elementos primordiales que conforman nuestra realidad anímica. Los símbolos, entidades reales que transmiten el lenguaje de un orden superior, actúan como nexo entre los niveles arquetípico y concreto de la Realidad. El Yo superior, mediador entre los ámbitos espiritual y material, genera intercambios energéticos mediante recordatorios metafóricos que evocan emociones y sensaciones, momentos del alma que provocan escalofríos, revelando nuestra pertenencia a la Realidad última.

Cada experiencia presenta un patrón simbólico que revela su significado profundo, permitiendo una acción correcta. Contemplar esta realidad simbólica proporciona una visión integral, evitando perspectivas limitadas y reacciones superficiales. Discernir el significado de un problema permite percibir los aspectos obvios y sutiles en juego, suavizando la respuesta y eliminando la reactividad emocional. Cada guion vital tiene una intención sagrada, revelando cómo ser o no ser. Vivir de forma proactiva y gnóstica mantiene centrado en el verdadero Ser.

Hasta desarrollar la capacidad de vivir desde la mente superior, se malgasta tiempo y energía en dramas superficiales del ego que distraen de la búsqueda de una vida con sentido. El plano simbólico de la conciencia, más cercano a la Fuente, proporciona una sinopsis autorizada de la totalidad, revelando el propósito de cada situación y disolviendo el juicio. Este conocimiento profundo que subyace a las circunstancias y relaciones es la gnosis, vivir la gran historia personal.

La intuición y la imaginación creativa cobran vida al trabajar en esta forma más profunda, haciendo la vida más interesante al ser testigo del propósito sagrado que envuelve los esfuerzos humanos. Esta forma de pensar desde la mente superior, practicada hasta volverse natural, elimina gran parte del melodrama vital y, a través de un desapego sereno, equilibra y satisface las relaciones.

Ante cualquier desafío vital preocupante, conviene invocar un símbolo que lo represente, aceptando la imagen mental espontánea, aunque no se comprenda intelectualmente. Utilizando las "tres m del trabajo simbólico" (encuentro, meditación y mediación), se puede comprender su significado: observar su forma y comportamiento, reflexionar sobre su significado personal, hacerse uno con él imaginariamente, y utilizar sus cualidades para resolver conflictos de manera simbólica, comportándose como si se viera el propósito de esa experiencia vital.

Estas enseñanzas gnósticas experienciales permiten vivir en el "mundo del significado", una forma mucho más satisfactoria. Sin un sentido o propósito, la realidad ordinaria se desarrolla impredeciblemente, pero desde la realidad arquetípica/simbólica expandida, todas las condiciones vitales aparentemente inconexas revelan su propósito. En este reino más amplio de la conciencia, se vive "en el mundo pero no de él", como almas espirituales despiertas.

Los cristianos gnósticos comprendieron los símbolos naturales del mensaje cristiano, una mina de oro de información sobre las enseñanzas secretas perdidas de Jesús que recuerdan que el Ser es Dios en forma. Hasta la publicación de los evangelios gnósticos en 1977, poco se sabía de estas enseñanzas que afirman la unidad entre el Ser y Dios.

El ser humano es una criatura mágica: mientras el ego diseña la vida, el alma la imagina. La imaginación creativa es el "pensamiento" del alma, un potente poder espiritual capaz de dar significado. Este proceso de imaginatio, componente clave del trabajo interior esotérico, es la forma en que se crea la realidad. Incluso Dios solo puede manifestarse como una imagen en la psique, simbolizando acontecimientos sublimes etiquetados como "obra de Dios", pero no menos reales o santos, pues su impacto puede transformar vidas.

El pensamiento es realmente creativo, un hecho científico respaldado por la física cuántica. Según la teoría de partículas y ondas, hasta que no se observa algo,¡ no existe nada. Todas las posibilidades se arremolinan sin forma en un caos indiferenciado. El físico David Bohm explica la vida a partir de este amorfo orden implicado por aquello en lo que se decide centrar la atención y llamar "real". La Realidad numinosa implicada sería el vasto paisaje del alma, mientras que el orden explicado de la Realidad que toma forma es el hogar temporal de la personalidad humana.

El físico Fred Alan Wolf afirma que "cuando se cree, se ve", señalando que todos son cocreadores de lo que eligen hacer realidad, y que la conciencia y Dios pueden ser una misma cosa. Esta observación científica concuerda con la visión gnóstica de la mente, uniendo ciencia y espiritualidad.

Para traducir este conocimiento profundo en algo práctico, cabe recordar: "Lo que se percibe como Realidad se convierte en la realidad personal". Si es algo negativo, se puede volver a visualizar y crear un nuevo punto de vista, asumiendo toda la responsabilidad de la vida y evitando perderse en la inconsciencia.

El intelecto del ego aprende por cognición; el alma recuerda por reconocimiento. La gnosis lleva hacia el interior para redimir "la Promesa", viendo la alegría y la bondad en la vida. Al llegar al fondo de un problema, se ve su valor o propósito sagrado, liberándolo de acaparar la atención. Esta "bondad" reside en el núcleo humano, a veces velado por sentimientos negativos o contenciones incapacitantes.

Los Maestros Gnósticos hicieron surgir esta conciencia superior sobre lo milagrosos que son los seres humanos, aunque la humanidad ha sido lenta en exhibirla. Hoy, muchos están empezando a imaginar una forma superior de ser, experimentando momentos de mirada simbólica/arquetípica, en los que algo se ve, se conoce y se siente en su perfección universal. Este es un signo del avance evolutivo hacia el Quinto Reino en la Naturaleza, donde se vivirá en plenitud como humanos y divinos. Imaginar algo como posible es el primer paso en cualquier nueva creación, por lo que se puede decidir confiar en la imaginación y permanecer conscientemente despierto, en medio de ese maravilloso nuevo ser humano.

Cada cambio importante crea una nueva Era en la historia de la Humanidad. La Era de Piscis está terminando, dando paso a la Era de Acuario. También finaliza un ciclo de 5.000 años (baktun maya) y la Era Kaliyuga hindú. Desde una perspectiva más amplia, se completa un ciclo de 20.000 años, durante el cual se ha vivido como "animal/humano". Ahora la conciencia transita hacia vivir como "humano/alma", la historia más grande de la Humanidad.

Estos grandes cambios cíclicos son momentos de salto cuántico evolutivo. "Un rayo de la luz de Dios golpea el cerebro", transformando completamente la vida mental. Desde esta continuidad de la conciencia, surge la convicción de que no hay muerte, solo cambio de forma, siendo la conciencia inmortal. Así, el miedo a la muerte se resuelve en la emoción de la anticipación sobre "lo que viene después".

Este ser humano avanzado negará todo sentido de separatividad del Ser-Dios, volviéndose más sensible a las impresiones espirituales superiores de la mente del Creador. Es como si el alma espiritual se instalara conscientemente en el cerebro humano, aprendiendo a rendirse a las corrientes de energía creativa que fluyen desde la misteriosa cabecera de la Fuente incognoscible del ser. Estos benditos momentos de inspiración son la voz del alma irrumpiendo desde el centro del ser, el "Cristo en vosotros, esperanza de gloria" de San Pablo.

Para avanzar en esta incómoda etapa del despertar, tendiendo un puente entre la personalidad del ego y el alma, es necesario mantener una postura tranquila y despierta. La luz del alma guiará hacia la iluminación, solo hay que aprender a mantenerse despierto.

Una revelación interesante es que el logro de la plena humanidad es la trascendencia espiritual última. Sin embargo, la mayoría de las religiones han llevado en la dirección opuesta, inculcando la creencia de que para ser espirituales hay que elevarse por encima de la naturaleza humana, como si hubiera algo malo en ser humano.

Esta es una tierra de nunca jamás para el buscador espiritual de hoy. Las diversas denominaciones religiosas, e incluso las psicologías, han fallado en este aspecto, perdiendo el contacto con este sagrado trabajo interior de verdadero Auto-recuerdo. La mayoría de las religiones convencionales dirigen hacia el exterior, hacia la dependencia de la autoridad externa para encontrar la salvación. Y en psicoterapia, si los clientes empiezan a hablar de Dios o de su propia naturaleza divina, a menudo se les considera un "desvío espiritual", una forma de evitar el verdadero problema que se les presenta.

Psique y Eros: Uniendo lo humano y lo divino

Psique, una diosa inmortal de belleza y perfección incomparables, moraba en el monte Olimpo, símbolo del Paraíso en el inconsciente colectivo. Cautivada por la adoración que recibía de los mortales debido a su hermosura, se sintió irresistiblemente atraída por los placeres de la vida humana y descendió a la Tierra, olvidando su naturaleza divina.

Este hecho despertó la ira de Afrodita, la diosa arquetípica del amor y la belleza, quien detestaba la idea de encarnar en el mundo terrenal. Como castigo, incitó a su hijo Eros a disparar una flecha envenenada a Psique, infundiéndole un amor obsesivo por Hades, el dios del Inframundo. Afrodita solía utilizar a Eros como instrumento para sembrar la pasión entre los humanos. Sin embargo, al contemplar a Psique, Eros quedó tan cautivado por su belleza que se enamoró perdidamente de ella, reconociéndola como su "llama gemela". Así, Psique fue rescatada de su penoso destino en el Inframundo y conducida de regreso al Paraíso para estar junto a su amado divino, viviendo con él en el enigmático mundo onírico.

Eros había advertido a Psique que jamás podría ver su rostro ni conocer su verdadera identidad, ya que los dioses no pueden ser vistos ni comprendidos en su esencia. No obstante, Psique, influenciada por las dudas que sus hermanas habían sembrado en ella sobre la auténtica naturaleza de Eros, no se conformó con esa restricción. Sus hermanas la habían persuadido de que ese amor arrebatador nunca la satisfaría plenamente. Por ello, una noche, decidió encender una vela para contemplar a Eros mientras dormía. Desafortunadamente, una gota de cera caliente cayó sobre él, despertándolo sobresaltado y provocando que mirara a Psique con desdén. El verdadero amor no puede existir donde falta la confianza. Enfurecido, Eros huyó.

Psique, desconsolada por la pérdida de su alma gemela, acudió finalmente a Afrodita en busca de ayuda para recuperar a su amado y restaurar su gracia. Con su inocencia hecha añicos, se le indicó que debía emprender el arduo camino hacia la sabiduría, el cual sólo puede alcanzarse a través de la experiencia directa. Afrodita, celosa de Psique, le impuso cuatro tareas aparentemente imposibles que debía superar para reunirse nuevamente con Eros.

La primera tarea consistía en clasificar una enorme bolsa de diminutas semillas, colocando cada una en su respectivo montón. Abrumada por la magnitud de la labor, Psique corrió hacia el río con la intención de ahogarse. No obstante, fue salvada por una colonia de hormigas que acudió en su auxilio. Esta experiencia le enseñó el arte de la discriminación y el secreto de guiarse por sus instintos.

A continuación, debía recolectar vellón de un rebaño de ovejas enloquecidas por la poderosa fuerza masculina, aquella que atemoriza a las mujeres. Nuevamente, desesperada, Psique intentó arrojarse al río. Sin embargo, esta vez un grupo de juncos cantores la rescató, revelándole cómo esquilar a las ovejas mientras dormían y eran inofensivas. Gracias a esta tarea, aprendió a dominar su poder femenino y a equilibrar la tensión entre los opuestos de su naturaleza femenina y masculina.

Su tercer cometido consistía en dirigirse al río Estigia y llenar una copa de cristal con las aguas vitales que nutren la Tierra, comprendiendo así la verdadera esencia de la vida. Una vez más, se sintió derrotada, en esta ocasión por un encuentro con un Dragón, símbolo de todas las formas en que nos apartamos de nuestra verdad. El dios Zeus, testigo de su desesperación, envió un águila capaz de volar por encima de cualquier obstáculo para sumergirse y llenar la copa de agua. Con esto, Psique aprendió los poderes del pensamiento correcto y el valor para trascender el miedo, erigiéndose como el Yo humano arquetípico.

Inspirada por la inquebrantable perseverancia de Psique, Afrodita le encomendó una última prueba que pondría a prueba su naturaleza inmortal. La envió al Inframundo para obtener un tarro de ungüento de belleza y entregárselo a Perséfone, con la estricta advertencia de no abrirlo bajo ninguna circunstancia. Durante su travesía, Psique se topó con numerosas distracciones que tuvo que ignorar para no desviarse de su objetivo. En un momento dado, al contemplar su reflejo en un río, quedó estupefacta al ver el lamentable estado en el que se encontraba. Imaginando lo hermosa que luciría ante Eros si se aplicara el ungüento, sucumbió a la tentación de abrir el tarro. Al hacerlo, inhaló un aroma infernal que la envolvió en una densa nube de sueño, haciéndola caer al suelo, inmóvil como un cadáver dormido.

Afrodita, conmovida por el amor de Psique hacia Eros, lo convocó para que acudiera a rescatarla. Este magnífico dios del amor divino descendió a la Tierra, despertó a Psique con un beso y la llevó de regreso al Olimpo para que viviera como su amada esposa. En ese momento, Psique recordó su inmortalidad. Desde entonces, la joven humana y su alma divina moran felices en eterna dicha.

El mito de Psique y Eros, ampliamente representado en diversas expresiones artísticas, simboliza el viaje de muerte y resurrección de la psique humana. Esta historia enseña que cuando el amor es puro, todos los obstáculos del deseo se desvanecen. Aunque este Ser plenamente perfeccionado aún no se haya manifestado en el plano físico, existe la posibilidad de la unión entre lo humano y lo divino para la humanidad. El Amor

Divino y nuestro Yo-Dios humano están unidos en la mente inconsciente colectiva, aguardando nuestro reconocimiento e invocación.

El relato mítico de Psique recuerda que nunca se podrá alcanzar la auténtica felicidad viviendo inconscientemente en un mundo de sueños. Desde una perspectiva anímica más amplia, su traición a su alma gemela Eros constituyó la máxima fidelidad a su propia verdad, una felix culpa o "pecado feliz". Únicamente al conocer al Ser como humano y divino a la vez, se puede ver con claridad y refinarse para realizar la labor del Espíritu. Este mito enseña que cuando se recuerda la naturaleza inmortal, el gran "ciclo de la necesidad" llega a su fin aquí, donde se ha nacido en ciclos repetidos de vidas de olvido del Ser. El recuerdo de Psique de su verdadera esencia simboliza un giro del destino, la elevación de la conciencia hacia una forma superior de existencia.

En griego, la palabra psique significa "mariposa", criatura que experimenta una metamorfosis en su estado de crisálida, emergiendo completamente transformada y capaz de volar. Los dioses descendieron a la Tierra para ayudar a la humanidad en este proceso. Según la Dra. Jean Houston, los dioses disfrutan de las experiencias humanas personales, ya que en su reino sólo pueden conocer las cosas de manera universal. El mundo arquetípico de los dioses aporta profundidad y expansión a la evolución humana, mientras que la pasión y vivacidad de los seres humanos brindan alegría y creatividad a los dioses. Esta interacción entre el reino humano y el arquetípico moldea al nuevo ser humano para el mundo venidero.

Psique representa el vínculo entre el principio sagrado universal del Amor y su manifestación como amor en las vidas humanas individuales. Al desobedecer a Afrodita y reclamar el secreto de la belleza de Perséfone, Psique trajo la Belleza Divina al ámbito humano. La belleza es el amor hecho visible. Su matrimonio con Eros introdujo el potencial del Amor Divino en este mundo terrenal. Psique había aprendido a pensar por sí misma y soportado la transformación espiritual de muerte y renacimiento que eleva el amor humano individual al nivel de los dioses. Dejó de ser una niña inocente que simplemente tomaba la mano de Dios, para convertirse en una expresión del Ser maduro y despierto.

El Amor Divino constituye un vínculo sagrado y un camino hacia la iluminación suprema, un auténtico tesoro sagrado. La psique humana es el puente entre este mundo y el de los dioses. Siempre que se ama verdaderamente a otra persona, se está robando un tesoro a los dioses. Los seres humanos han asumido la responsabilidad de sacralizar su amor. A cambio, los dioses humanizan su amor por la humanidad, estando tan cerca como los latidos del corazón. Al demostrar su amorosa preocupación por los individuos, los dioses tienen la oportunidad de experimentar personalmente ese indescriptible placer de estar "enamorados".

Aunque todos deben emprender el viaje de Psique para alcanzar la plenitud, son pocos los que tienen el valor de hacerlo conscientemente y marcar el camino. Aquellos que leen estas líneas se encuentran entre estos precursores de la creación del nuevo ser humano emergente, siendo guiados, aunque no lo perciban, por los Señores de la Evolución. A pesar de que en ocasiones no lo parezca, la especie humana avanza lenta pero firmemente hacia la perfección, y seguirá encarnando en este plano hasta alcanzarla.

Quienes se atreven a vivir "en el límite creciente" del statu quo no adquirieron esta conciencia a través del estudio o de la interacción con el mundo dominante; nacieron con ella desde su propia alma. Siempre serán los que se sienten en primera fila en la vida, levantando la mano y "yendo primero", porque está arraigado en su propia naturaleza hacerlo.

El Reino de los Cielos

En el Apocalipsis se revela que Jesús trajo una nueva forma de existencia que da origen a "un Cielo nuevo y una Tierra nueva". Para los gnósticos, el Reino de los Cielos es un estado interior del ser, no observable externamente. El Evangelio de Tomás afirma: "El Reino de Dios está dentro de ti y a tu alrededor". Sin embargo, para la mayoría de los cristianos tradicionales, el Reino es una propiedad donde se reside tras la muerte, siendo un buen cristiano. A pesar de las discrepancias, gran parte de la liturgia cristiana lo considera "un mundo venidero" donde la humanidad habitará durante un milenio tras la segunda venida de Jesús.

Los gnósticos no conciben el Reino como una futura Edad Dorada en la Tierra de perfección. Para ellos, vivir en el Reino de Dios abarca tanto a los fieles realizados como a aquellos aún inmersos en la mundanidad. La clave es recordar la propia divinidad, un estado de realización mental que la mayoría no ha alcanzado.

Los gnósticos llamaban al Reino "el Pleroma", donde opera plenamente la divinidad; se vive en la luz del alma y se es la Luz. El Pleroma es el origen eterno de los eones, las mónadas y los arquetipos humanos. Este es el "Hogar" primordial al que se retorna al despertar de este sueño egoísta terrenal. Cuando se está plenamente iluminado, se habita en el Pleroma mientras se experimenta la existencia ordinaria, nacido del espíritu y de la carne. Esto era "el dos veces nacido", el estado más exaltado para los gnósticos. La Biblia afirma: "El que no nazca de agua y de espíritu no puede entrar en el Reino". El "agua" simboliza el cuerpo astral, la naturaleza emocional que "colorea" la forma de ser única de cada individuo.

Los antiguos maestros gnósticos sabían que quienes recordaban su doble naturaleza, humana y divina, tenían las llaves del Reino. Creían que construían este nuevo Reino viviendo como su verdadero yo, su propósito sagrado en este mundo. Seguían el proverbio egipcio: "El Reino de los Cielos está dentro de ti, y quien se conozca a sí mismo lo encontrará".

Los canonistas romanos no comprendieron este lenguaje referente a la vida interior; el Reino como estado interno de conciencia solo se menciona una vez en la Biblia, en Lucas 17:21, y nunca se explica; solo se describe metafóricamente.

Habiendo estudiado con Jesús, los primeros gnósticos comprendían profundamente los misterios del Reino. En una ceremonia secreta, Jesús los guio a través de un bautismo espiritual visualizando que atravesaban su muerte, resurrección y ascensión, ingresando en el Reino mientras permanecían en la Tierra. Quedaban poseídos por su espíritu y transformados. Jesús enseñó este misterio del Cristo interior: "Aquel día conoceréis que yo estoy en mi Padre y vosotros en mí, y yo en vosotros".

Estos gnósticos reconocieron a Jesús como la Luz inmortal y recordaban que ellos también estaban llenos de Luz, una "Chispa de lo Divino". Jesús expresó en el Apocalipsis Gnóstico de Pedro:

"Vosotros sois aquellos a quienes se han dado estos misterios, para conocerlos por revelación... aquellos que fueron elegidos de una sustancia inmortal".

Jesús encomendó a Pedro establecer el fundamento para "el remanente de almas inmortales" convocado para impartir el conocimiento de sus orígenes celestiales. Le dijo que guardara estos misterios y no los revelara a "los hijos de este Siglo", personas mundanas, "ciegos y sordos". Afirmó que los hombres posteriores propagarían la falsedad, siguiendo a un Salvador muerto y desconociendo al Cristo vivo interior. Y en el cristianismo ortodoxo, mucho de esto ha sucedido, enfocándose en cómo Jesús murió por los pecados en lugar de descubrir la propia divinidad.

En la Biblia, el Reino siempre se designa como "un misterio", una "sabiduría oculta" (sophian en musterio). Las enseñanzas secretas (mysterion) se mencionan varias veces en el Nuevo Testamento. Estas enseñanzas secretas de Jesús son los misterios del enigma existencial, sobre un Jesús vivo, la conciencia de Cristo en los corazones.

En las tradiciones místéricas, las historias bíblicas de Jesús son "los misterios menores", lecciones y rituales para las multitudes. Para los esotéricos, las enseñanzas secretas son "los misterios mayores" que revelan la gnosis, para la cual los misterios menores son una mera preparación. Los gnósticos ven las lecciones y la liturgia como una exteriorización de un proceso alquímico interior que despierta la psique a su naturaleza divina. A través de la gnosis, estas historias se perciben como patrones universales de una realidad arquetípica más amplia.

La Biblia como Palabra de Dios nació en estos misterios del Reino, una sabiduría secreta oculta en alegorías, nunca concebida para ser tomada literalmente. Pero fue escrita para las masas no iniciadas, diluyendo y velando la sustancia de estos misterios.

Al estudiar la Biblia a través de la gnosis, en lugar de memorizar pasajes, se produce una transformación. El Evangelio gnóstico de Tomás refuerza esto con 114 dichos reales de las enseñanzas orales de Jesús sobre vivir en el Reino. Según los gnósticos, este es el estado de conciencia más elevado. Como expresa Jean-Yves Leloup en su comentario sobre El Evangelio de Tomás:

"A medida que estos logos (dichos) penetran en el aparato mental ordinario, brotan como semillas vivas; dado el tiempo, pueden detener las ruedas giratorias y producir un silencio... una transformación de la conciencia".

Esta gnosis es sanadora y diferente del dogma y la fe ciega del cristianismo cotidiano. Es el conocimiento místico experimental que transforma la psique. Los gnósticos creían que estas enseñanzas místicas son los poderes de la mente superior que siempre se poseen, pero las personas permiten que la Iglesia o la sociedad determinen sus puntos de vista.

Existen caminos espirituales que enseñan a deplorar el ser humano, considerándolo vergonzoso y que debe superarse para "ser espirituales". Sin embargo, en el Evangelio gnóstico de María Magdalena, Jesús ordena ser el humano primordial diseñado. Quería que se supiera que, como seres espirituales, es necesario experimentar ser plenamente humanos antes de entrar en el Reino aquí en la Tierra.

Esto se valida en el Evangelio de Mateo, donde se explica metafóricamente que para entrar en este nuevo Reino se debe haber "leudado todo el pan" de la vida física, emocional y mental:

"El Reino de los Cielos es semejante a la levadura que una mujer tomó y escondió en tres medidas de harina, hasta que todo quedó completamente leudado".

Pero esta sutil enseñanza esotérica se ha perdido en el cristianismo convencional, que enseña adorar a un Dios externo y seguir los dictados de la Iglesia para obtener un lugar en el Cielo tras la muerte. Por el contrario, el cristianismo gnóstico se centra en conocer la propia naturaleza divina y seguir la enseñanza de Jesús de que el Reino es un estado de conciencia cuando se alcanza el autoconocimiento.

El mensaje real sobre el Reino ha sido tergiversado y malinterpretado en la historia del cristianismo. Afortunadamente, con los evangelios gnósticos descubiertos, se pueden conocer los misterios de Jesús sobre el Reino a través de las notas de sus primeros seguidores que estudiaron con él cara a cara.

Las escrituras gnósticas tienen sus raíces en estas enseñanzas orales secretas de Jesús que nunca debían memorizarse a ciegas, sino interpretarse y vivirse según el propio entendimiento. Son los "dichos oscuros de antaño" profetizados en el Salmo 78. La palabra "oscuro" significa "secreto". Los escritos gnósticos rastrean los enigmas de las tradiciones mistéricas y las alegorías mitológicas que enfatizan que una persona debe conocer estas enseñanzas a su manera para ser transformadoras.

Los misterios interiores son un "fermento" que estimula la propia psique, permitiendo aprehender las cosas más allá de su forma habitual. La mayoría de los primeros cristianos tomaban los relatos bíblicos como hechos históricos, como muchos siguen haciendo hoy, y los gnósticos se escandalizaban de su ingenuidad. Los satíricos de la época, como el filósofo griego Celso, se burlaban de estos literalistas:

Dios expulsa al hombre del Jardín creado para contenerlo. Dicen que el Dios más grande repartió su obra como un albañil, diciendo: 'Hoy haré esto, mañana descansaré'... Un Dios que se cansa, trabaja con las manos y da órdenes como un capataz no se parece mucho a un Dios.

En El Evangelio de Tomás, Jesús dijo: "Es a los que son dignos de mis misterios a quienes yo cuento mis misterios". Este conocimiento oculto, según San Pablo, fue dado solo a los "perfectos" guiados por los sacerdotes a través de telete, las iniciaciones esotéricas. Debían elevarse por encima de los publicanos ordinarios y "Sed, pues, vosotros perfectos como vuestro Padre que está en los cielos es perfecto". En otras palabras, vivir en la plena capacidad de lo que realmente son. Pero Jesús advirtió nunca juzgar a los demás, que el sol brilla sobre justos e injustos por igual.

En las tradiciones mistéricas clásicas, telete se refiere a "ser mayor de edad" o "estar acabado". El telos, o fin último, de los misterios es vivir en la conciencia de la autorrealización. Entonces se habrá completado la misión en la Tierra. Y, como hizo Jesús, se podrá decir: "Consumado es".

Una tradición espiritual no puede existir a menos que los seres humanos conscientes la vivan realmente. El ser humano en su totalidad vive plenamente como filósofo, místico y mago: Capaz de creer, comprender y hacer realidad. Sin dejar de estar plenamente en esta vida, las enseñanzas secretas de Jesús dicen que también se puede elevar por encima y observarla, como un sueño o un mito. Quería que se recordara que se es quien experimenta y crea esta vida.

En el Reino de los Cielos, se vive la historia arquetípica, como almas inmortales en evolución que saben que el viaje en sí es la verdadera vida, sin importar en qué punto se encuentren. Y es una aventura inimaginable vista desde la conciencia del Yo espiritual. Cuanto más se avanza en el despertar, más se comprende que la propia esencia es la conciencia infinita e inmortal. En el pensamiento gnóstico, la muerte es solo el corte de un hilo que une a la historia de vida elegida en cualquier encarnación. Una vez cortado, se retorna a la conciencia del Reino, el verdadero hogar, habiendo ganado más sustancia como alma en evolución. Entonces, en algún punto misterioso, se toma una nueva vida. Como enseña la ascendencia gnóstica: "No hay muerte; solo hay transformación". Y los gnósticos creían que se debe morir noblemente: una persona puede demostrar su valía con la forma en que expresa este último acto de su vida. La vida humana es un misterio insondable. Es momento de explorar más profundamente estos misterios perdidos de la naturaleza divina.

El Cristo Interior

Los misterios ocultos del Cristo interior revelan la saga eterna de alcanzar la iluminación y la salvación al unirse con la divinidad. Esto implica comprender la naturaleza divina inherente en cada ser humano. Los gnósticos cristianos creían que estos misterios conducen a un estado de consciencia despierta y existencial, que no puede ser aprehendido intelectualmente, sino experimentado a través del corazón. Quizás por ello, aunque se alude a ellos en las Escrituras, rara vez se mencionaban y nunca se explicaban en profundidad.

El desvelamiento de los profundos misterios del Cristo interior se perdió en el cristianismo convencional cuando los canonistas romanos omitieron la palabra ekklesia de las Sagradas Escrituras. Esto hizo que los cristianos perdieran su identidad como esa "convocatoria especial de almas espirituales" facultadas para manifestar el Reino de los Cielos en la Tierra, como se menciona en el más antiguo Nuevo Testamento griego koiné. Hoy, este Reino ideal se ha convertido en una mera referencia poética a un lugar físico donde habitan los justos tras la muerte. Se perdió la forma interior de conocer y encarnar la conciencia crística.

En el mensaje de Jesús, según los evangelios gnósticos, él enfatizaba fuertemente este viaje milagroso de despertar a la propia naturaleza divina. Sin embargo, es comprensible que una enseñanza profunda sobre la divinidad humana resultara repugnante para los primeros Padres de la Iglesia, quienes querían que el clero fuera el único canal de acceso a Dios. Esta actitud provocó que el cristianismo acabara desprovisto de la máxima prioridad del mensaje de Jesús: que el Ser y Dios son uno.

Estos misterios gnósticos trascienden la expresión superficial y unidimensional del cristianismo literal. Los gnósticos cristianos veían a la humanidad como seres celestiales que descendían al mundo material para manifestar a Dios en forma física. Creían que la Voluntad Divina se perfecciona en el Logos Solar, que personifica la Palabra de Dios. Y el Logos como "la Palabra" apareció en forma humana como Jesucristo. Cuando Dios "descansó", el Logos Planetario asumió la creación en este planeta. Y Cristo lo vivificó para el mundo, recordando a la humanidad su esencia creadora.

Los gnósticos sostenían que este descenso del Logos Solar a la vida humana planetaria es un mito sagrado universal que ocurre era tras era, y que esta historia no pertenece exclusivamente al cristianismo. Para ellos, Cristo es una conciencia cósmica que se manifiesta en todas las culturas con diferentes nombres, siendo el Logos del Dios supremo. Pero creían que la humanidad había olvidado esencialmente a este misterioso Dios trascendente, al que a menudo se referían como "el Desconocido". Por eso, Mensajeros de la Luz tuvieron que venir a la Tierra para despertar a la humanidad.

El filósofo gnóstico Valentín enseñó estos misterios en el lenguaje de la sabiduría esotérica: "Todas las cosas se originan en 'la profundidad', de la que proceden la Mente y la Verdad, luego el Logos (la Palabra), luego la Vida. El Verbo es la fuente de la encarnación física que dio origen a la Humanidad". En la psicología junguiana, el Logos es el origen de la conciencia humana, que reside en la mente inconsciente colectiva de la humanidad.

En los misterios del Cristo interior, Jesús es llamado el Sol de Dios, una manifestación del Logos Solar. Este Ser cósmico es "la Luz" que se manifiesta como naturaleza central de la humanidad. Aplicar esta sagrada altura a toda la humanidad es convincente, pero completamente diferente a lo que se enseña en las escuelas dominicales cristianas sobre la identidad humana. Como cristianos, no se crece creyendo en ser Seres sagrados de Luz; se enseña que se nace como miserables pecadores que necesitan el perdón de Dios para salvarse de la condenación eterna, una visión muy diferente.

En el cristianismo, la elección del domingo como día de reposo no es casual, ya que el Sol es un símbolo de la iluminación como Cristo interior. Los esenios, algunos de los primeros gnósticos cristianos, nunca perdieron esta misteriosa enseñanza sobre la naturaleza central del ser humano. Eran los guardianes de las enseñanzas sagradas de antiguos manuscritos que creían provenían de los albores del tiempo. José y María, Santa Ana, Juan el Bautista, San Juan Evangelista y José de Arimatea eran esenios. Se cree que Jesús fue entrenado en su Orden. Su Evangelio de la Paz muestra que Jesús se identificó con el Sol, diciendo: "Buscarás al Ángel del Sol, y entrarás en ese abrazo que purifica con llamas sagradas". Esto también es bíblico: en el Evangelio de Juan, Jesús dice: "Yo he venido al mundo como una luz, para que todo el que crea en mí no permanezca en la oscuridad", repitiendo este tema a lo largo de su ministerio.

La expresión "Hijo de Dios" es paradójica: significa tanto la luz del sol como la progenie de un Padre Celestial. Según Carl Jung, "El Sol es el Dios-Padre del que toman vida todos los seres vivos. Es el maestro de toda la naturaleza, creador y preservador de los hombres". Las Escuelas de Misterios enseñan que el Sol emana energía que ilumina los corazones y abre las mentes a mundos superiores. El significado supremo del Sol es que se sacrifica cada día para dar luz. Como se sabe incluso científicamente, el flujo de energía solar crea la fotosíntesis que se transforma en plantas consumidas por las criaturas de la Tierra. Así, la humanidad se alimenta cada día con el Sol, que da vitalidad. Y los cristianos se nutren con la conciencia de Cristo, que alimenta su alma.

Tras completar su misión en la Tierra, Jesús reunió a sus doce discípulos en un círculo, ubicándose como el decimotercero en el centro, al igual que el Sol. El número trece representa la Luna. Así, Jesús dice a sus discípulos que él es tanto el Sol como la Luna, una enseñanza hermética sobre la unión de los principios internos masculino y femenino, una forma de expresar la plenitud del Cristo interior. Jesús había cumplido su propósito de venir a recordar a la humanidad su herencia espiritual. Quienes le seguían ya no tendrían que sufrir "los dardos encendidos de los malvados" en un mundo desprovisto de Espíritu. Dios se había reconciliado. En el original griego de la Biblia, la palabra utilizada para estar completo era tetelestai, que significa "pagado por completo". Cuando Jesús estaba en la cruz, sus últimas palabras fueron "Consumado es".

En el pensamiento gnóstico, esto es cierto para todos; cuando se completa el propósito de estar en la Tierra, se muere a este mundo y se regresa al Pleroma, la dimensión de la realidad de donde se ha venido. El mitólogo Joseph Campbell afirmó que la historia de Jesús es una representación simbólica del tema de la muerte y la resurrección en las religiones mistéricas occidentales. Creía que los jesuitas católicos romanos sabían esto, pero enseñaron que Jesús era Dios de hecho, para utilizarlo en su propio beneficio de atraer a las masas a su religión.

Los cristianos formados en el gnosticismo eran esotéricos en su visión del mundo y percibían a Jesús más simbólicamente. En el siglo II, algunos de ellos eran seguidores de los teólogos gnósticos alejandrinos, Basílides y Valentín, maestros esotéricos con raíces pitagóricas y platónicas. Estos maestros de sabiduría helenísticos eran obviamente altos Iniciados que llevaron al

Gnosticismo a su inalienable derecho de nacimiento como expresión de las Antiguas Tradiciones Misteriosas.

Los primeros gnósticos sintetizaron el mensaje de Jesús con las enseñanzas orales de los Misterios Eternos. Por ejemplo, creían que la oración es en realidad la Ley cósmica de Invocación para los cocreadores, una llamada de la masa de potencial increado que se desea hacer realidad. Cuando se invoca, siempre habrá una respuesta, porque ésta es la ley cósmica. Como Jesús había recordado a sus seguidores: "Pedid y se os dará... llamad y se os abrirá". Pero normalmente, cuando se reza rara vez se piensa de forma cósmica; suele pedirse a Dios que haga alguna tarea mundana, como si el ego tuviera su propia agenda.

Se trata realmente de un viaje misterioso que todos están recorriendo como seres espirituales en la Tierra. Y francamente, las religiones no siempre dan mucha verdad sobre la verdadera identidad humana. Como es sabido, las Antiguas Tradiciones Misteriosas que brindan la verdad más profunda fueron consideradas paganismo por la Iglesia Romana. En el año 391 d.C., bajo el decreto del Papa Teófilo, el paganismo fue declarado ilegal. Todos los templos paganos y lugares de reunión gnósticos fueron quemados, y las fiestas paganas fueron subsumidas bajo las fiestas cristianas. Y aunque cueste creerlo, los romanos también quemaron la Biblioteca Helenística de Alejandría, que era la biblioteca más grande del mundo de la antigüedad cultural.

Este magnífico depósito de conocimientos, todos considerados "paganos" por la Iglesia, fue destruido por incendios en tres ocasiones diferentes, empezando por Julio César en el año 49 a.C. Finalmente, en el año 391 d.C., cuando se encontraba en el Templo de Serapis, todos estos escritos fueron completamente borrados al ser asaltados por un grupo de militantes cristianos romanos. Pero debido a la profecía de que la biblioteca sería destruida, los documentos más importantes fueron trasladados a lugares seguros. Originalmente, había más de 500.000 manuscritos, tablillas y pergaminos de mitología griega, egipcia y mesopotámica, alquimia, astrología, budismo y las tradiciones herméticas y espirituales que se consideraban "no cristianas". Todas estas enseñanzas propugnaban la naturaleza humana como infinita y eterna, lo que despojaba al cristianismo ortodoxo de su preciada posición como garante de la salvación.

Durante este tiempo las escrituras judías habían sido traducidas al griego. Y los judíos se sintieron atraídos por las enseñanzas de Pitágoras, quien a través de la armónica y las matemáticas enseñó la filosofía de Toth, uno de los principales Maestros arquetípicos de las Tradiciones Misteriosas. Toth, considerado un dios, también influyó en los terapeutas egipcios, los esenios de Israel y los druidas de Gran Bretaña, aportando un equilibrio de ciencia, filosofía y espiritualidad al mundo que existía entonces.

Todas las enseñanzas escritas de Pitágoras fueron destruidas en el incendio de la Biblioteca Alejandrina. Lo que quedó fueron sólo algunas notas manuscritas tomadas por sus alumnos. Además de todos los escritos de Pitágoras, el incendio de la Biblioteca Alejandrina privó a la humanidad de las enseñanzas de muchos Maestros de las Tradiciones de Sabiduría como Hermes, Ptolomeo, Sócrates, Euclides, Arquímedes, Buda, Lao Tsu, y muchos otros filósofos, matemáticos y científicos, borrando gran parte de la historia de la humanidad.

Sin embargo, ahora se sabe que aunque la destrucción periódica de bibliotecas, templos y escuelas borró los antiguos hitos, es seguro que las creencias de los gnósticos, neoplatónicos, cabalistas y hermetistas sobrevivieron a los horrores provocados por todo este fuego y espada. Y gran parte de su sabiduría perdura hasta nuestros días.

Fue alrededor de la época de Pitágoras que la Sabiduría Eterna comenzó a ser llamada "Gnosis" y sus seguidores referidos como "Gnósticos". Los primeros cristianos habían extraído su sabiduría de las enseñanzas místéricas órficas, pitagóricas, platónicas y neoplatónicas que habían existido al menos tres siglos antes de que naciera Jesús. Así que durante 700 años se tuvo este tipo de sabiduría de la Biblioteca Alejandrina y de todos estos maestros.

Pero a principios del siglo IV llegó la Edad Media, que duró mil años, y el dogmatismo del cristianismo literalista se generalizó como la única religión del mundo. Uno se pregunta cómo sería hoy el mundo si toda esta sabiduría perenne no hubiera sido condenada y destruida.

Según el estimado filósofo esotérico Manly P. Hall, este desprecio por el paganismo y los Antiguos Misterios se había convertido en el sello distintivo de los primeros cardenales y obispos de la Iglesia Romana, que promovieron su propia doctrina "en nombre del Príncipe de la Paz". La Iglesia Romana confiscó todos los sitios de la Sabiduría Antigua, convirtiéndolos en iglesias católicas. Y por cierto, esta toma de posesión les ha producido ingresos constantes durante más de 1500 años. Como tan cáusticamente expresó Hall:

"Saqueó los Templos antiguos, adoptó sus rituales, robó, destruyó o reclutó todos los vestigios de la verdad, y asesinó a los que se atrevieron a oponerse".

Los cristianos gnósticos esotéricos eran una amenaza intolerable para la autoridad de la Iglesia por varias razones, principalmente porque enseñaban que el Ser y Dios son uno – que cualquiera que conociera las enseñanzas de Jesús a través de su corazón tenía acceso al Espíritu, sin necesidad de obispos o sacerdotes. Además, creían que todo el mundo tenía derecho a añadir algo a las enseñanzas a su manera, como hacen los artistas con sus creaciones. Y, por supuesto, nada de esto podía ser tolerado por las autoridades religiosas que buscaban dogmas. En el Evangelio Esenio de la Paz, que se sabe que la Iglesia condenó, Jesús abogaba por este camino interior de corazón abierto:

"En el Jardín de la Fraternidad, cada uno seguirá su propio camino, y cada uno comulgará con su propio corazón. Porque en el infinito Jardín de la Fraternidad hay muchas y diversas flores".

Aunque Jesús reflejaba la sabiduría de estos misterios milenarios de la vida interior, siendo un maestro de ellos, estas conexiones fueron borradas deliberadamente. No podía haber un Cristo interior; sólo podía ser un "otro" personificado al que glorificar y adorar. La Iglesia Romana no podía permitir la liberación del espíritu humano que estas Tradiciones de Misterio ofrecen, porque esto erradicaría su poder y control sobre las masas. Consecuentemente, como refleja un estudio de su historia temprana, la Iglesia Romana decidió diluir todo este conocimiento vivificante de los misterios cristianos, vaporizando la sustancia de las enseñanzas secretas de Jesús y convirtiendo el Cristianismo en una religión dependiente de la Iglesia para la propia salvación. Toda esta profunda verdad del Ser esencial fue reducida a una simplicidad común y se abandonó la sabiduría esotérica más profunda.

Es evidente no sólo el efecto teológico que estos misterios del Cristo interior tuvieron en las creencias religiosas de la gente, sino también el impacto político en el poder de la Iglesia. Si Dios y el Ser son uno, ¿por qué se necesitaría a la Iglesia o a su clero para acceder a lo divino? ¿Y dónde dejaría eso al Instituto de Religión Organizada? Así que, hacia el siglo IV, el cristianismo gnóstico tuvo que pasar a la clandestinidad. E incluso hoy en día, en la educación religiosa ordinaria, las Tradiciones de Misterio rara vez, o nunca, se mencionan.

La primitiva Iglesia de Roma fue guiada por literalistas que pretendían establecer una rígida teología dogmática y "una jerarquía sacerdotal que dominara tanto los cuerpos como las almas de los hombres". Lo bien que lo consiguieron "está escrito en la sangre, el fuego y la persecución en la posterior Edad Oscura de las naciones occidentales". Cualquier duda o cuestionamiento podría haberse convertido en un signo de incredulidad, el peor de los pecados. Además, en esta absurda postura de miras estrechas, todos aquellos a los que etiquetaron de "paganos" y "herejes" incluirían a toda la población de personas que vivían en lugares donde el cristianismo era desconocido, más los millones que existían antes incluso de que existiera la Iglesia.

Los cristianos ortodoxos se originaron en esta idea altanera de que ellos eran los únicos que podían "salvarse" del fuego eterno del infierno que amenazaba a todos los que no aceptaran a Jesucristo como su Salvador. Para conservar su poder político, financiero y religioso, la Iglesia difamó todos los demás caminos de salvación y se convirtió en perseguidora de los "no creyentes". Aunque profundas en su profundidad de sabiduría, las enseñanzas y prácticas del gnosticismo fueron atacadas por la Iglesia romana con tergiversaciones y ridiculizaciones, a veces incluso acusadas con saña de ser "veneno de una falsa doctrina". A finales del siglo IV, el gnosticismo era castigado con la pena de muerte en el Imperio Romano.

A pesar de todo esto, las Antiguas Tradiciones Misteriosas han mantenido viva "la Llama de la Verdad", recordando constantemente la divinidad humana y el verdadero propósito de venir a este mundo. A lo largo de la historia, en tiempos de cambios rápidos e incertidumbre radical, estas tradiciones atemporales se reactivan para vincular de nuevo a la humanidad a la sabiduría más profunda del alma y abrir el camino a los dioses. Y, obviamente, la vida de Jesús fue una de esas épocas sin precedentes de cambios rápidos e incertidumbre radical en la base misma del ser, en toda la vida religiosa y filosófica de la humanidad.

El tiempo de Jesús en la Tierra fue el comienzo de la Era de Piscis que ahora está completando su propósito evolutivo de más de 2.000 años. Estamos en el comienzo de una nueva Era histórica, el paso del punto del equinoccio vernal a través de la constelación de Acuario. Estamos en medio de otro enorme cambio de ciclo, y se está produciendo un resurgimiento de las Tradiciones de Sabiduría esotéricas para el buscador de hoy en día. La humanidad se ha quedado un poco rozada y haciendo muecas de dolor por los contundentes recordatorios del lado sombrío de la Era de Piscis, en la que hubo tanta tendencia a dar el poder a los demás. Es evidente que el atribulado mundo está suplicando una evolución. La energía de Acuario influye para que se entre de lleno en la verdad del propio ser. Y los cristianos despiertos anhelan una vez más los misterios del Cristo interior.

Durante esta Era de Acuario, se reconocerá más fácilmente que el mensaje de Jesús a la humanidad se basaba en la sabiduría intemporal de las Antiguas Tradiciones Misteriosas. La verdad de la naturaleza divina es la sabiduría de las Eras, aunque casi perdida hoy en día en tantas escuelas mundanas de pensamiento. Cuando se honra y se sigue como verdad, esta sabiduría perenne impregna las vidas de magia, creatividad mejorada y un fuerte sentido del propósito sagrado de la humanidad para ser. Y este camino espiritual de autorrealización, conocido más sencillamente como "el Camino", está abierto a todos, independientemente de la cultura, el credo o la religión.

Pero se debe recordar que el Autoconocimiento que lleva al Cristo interior sólo puede ser recogido del crisol de la propia voluntad comprometida de buscarlo. No se puede repartir sin más, ni se encuentra en los libros; sólo se encuentra en las personas. Y esta sabiduría intemporal transforma cada una de las vidas de un modo muy personal.

La Tradición gnóstica siempre muestra cómo acceder directamente a Dios sin necesidad de ningún santo mediador extrínseco. Es comprensible que la Iglesia haya tenido que perseverar con vehemencia en sus esfuerzos por arrebatarle su favor. Dado que estas enseñanzas fueron prohibidas por los primeros Padres de la Iglesia, los valientes antepasados guardianes de estos sagrados Misterios cristianos tuvieron que permanecer a menudo ocultos. Ahora se sabe que, en los primeros tiempos, los seguidores de esta filosofía perenne vivían en constante peligro de encarcelamiento, exilio y, a veces, incluso de muerte.

Gracias al avance de los métodos de investigación empírica y al renovado interés por este tema, hoy se está sacando a la luz la historia perdida de cómo pasó Jesús sus años de desarrollo, aunque sigue habiendo contradicciones sobre los pormenores por parte de diversos estudiosos y teólogos. Sin embargo, debe haber alguna razón por la que los canonistas romanos omitieron todo conocimiento de su vida entre los 12 y los 33 años. La mayor parte de lo que enseñaban los cristianos gnósticos y las Escuelas de Misterios esotéricas desapareció, debido a la purga de todo este material "herético" por parte de la primitiva Iglesia romana. Por lo tanto, si Jesús fue realmente entrenado en estas enseñanzas esotéricas, ese hecho, también, desaparecería de los anales de la historia cristiana. Y aunque mucha documentación reciente apunta a estos años perdidos de su vida, puede que nunca se sepa con absoluta certeza mucho sobre el Jesús histórico. Quizá los gnósticos tenían razón cuando afirmaban que la única forma de conocerlo es a través del corazón.

Los evangelios gnósticos traen de nuevo al verdadero Jesús. Aparentemente, centrarse en sus verdaderos dichos era la forma gnóstica de relacionarse con él personalmente y ser inspirados. Así que, es afortunado que Dídimo Judas Tomás los escribiera. Jesús estaba dando el Reino - una especie de "sociedad" en la que todos viven como su verdadera naturaleza divina, confiando y cuidando unos de otros y honrando las formas únicas de ser de cada uno. Este es el camino perdido de las enseñanzas originales de Jesús sobre la ekklesia. Si todos llegasen a conocer su verdadera identidad y viviesen en su verdad, se realizaría el Reino de los Cielos como un estado transformado de conciencia. Se revelarían los misterios del Cristo interior. Y abundaría el amor.

Revisitemos el Alma

Según las creencias gnósticas antiguas, la esencia divina de la humanidad nunca perteneció a la creación terrenal, sino que permaneció eternamente en el Pleroma celestial junto a Dios. Sin embargo, las enseñanzas transmitidas por Hipólito relatan que, tras la caída del Divino Femenino a la Tierra, el Espíritu quedó aprisionado en el alma, y ésta a su vez fue confinada en el cuerpo. Así, la humanidad, nacida de la sangre, se convirtió en el receptáculo del Espíritu en el plano terrenal.

Estos seres "nacidos abajo" están constituidos por dos poderes: uno manifiesto exteriormente y otro oculto en su interior. El poder exterior radica en la capacidad de crear, mientras que el poder interior se descubre a través del arte de las imágenes visuales y la profunda autoexploración o gnosis. Si este poder interior no se explora ni se realiza, todo se pierde. Esta concepción gnóstica de la vida humana encaja perfectamente con la unión alquímica de la personalidad humana y el alma, que en la psicología junguiana representa el Yo indeleble que jamás puede ser eliminado, borrado o purificado.

En el mundo humano, el alma es la psique, el principio en constante cambio del deseo y la actividad mental que permite vivir plenamente la experiencia de ser humanos. Como una varita mágica en el interior, el alma encarnada despierta del letargo y guía hacia la auténtica esencia. La psique humana/divina es, por tanto, el alma encarnada.

Cuando la bendita naturaleza del Espíritu se aplica a los impulsos humanos, desencadena ciclos de nacimientos sucesivos en la generación, creando así a la Humanidad en este denso plano físico cósmico de la Realidad. En cambio, cuando se aplica a los impulsos excelsos, el Espíritu transforma al ser humano en un dios. Según los gnósticos, si una persona no trasciende su condición de mortal, está condenada a morir y renacer continuamente en el mundo físico, atada a la Rueda del Destino. Por el contrario, si recuerda su naturaleza de alma divina invencible e inmortal, no hay muerte, sino simplemente un cambio de residencia a otras dimensiones de la Realidad y una continuidad de conciencia que impulsa el avance hacia estados más elevados y grandiosos del ser.

Los gnósticos denominaban al Reino de los Cielos como el Pleroma, donde se habita en la plenitud del ser tanto humano como divino. Este Reino divino es un estado de conciencia al que sólo se puede acceder cuando la materia y el Espíritu se unen. Representa la naturaleza bendita del Espíritu en todas las cosas, el estado de ser que anhelan todos los buscadores espirituales. Encuentra su equivalente en el Akasha cósmico hindú de los Upanishads y en la fuerza Kundalini resucitada del yoga tántrico. Asimismo, en la tradición islámica, el término Moksha alude a la liberación del mundo temporal del sufrimiento y la muerte. Todas las religiones contemplan, de alguna manera, un estado eterno del ser.

Los primeros cristianos gnósticos sentían haber alcanzado este "Cuerno de la abundancia", los poderes espirituales de la iluminación y la inmortalidad, a través de sus estudios con Jesús. Se comprometieron a ser Ancianos de la especie humana y a transmitir esta gnosis a la Humanidad, tal como queda reflejado en uno de sus himnos:

"Despierta, levántate y Cristo te dará luz. Los secretos ocultos del Camino Sagrado recibirán el nombre de gnosis, y yo los transmitiré".

En cualquier momento de la historia, siempre habrá un pequeño grupo de personas que anhelen un nivel de ser nuevo y más elevado, deseando algo más que la mera satisfacción como individuos en busca del placer. Quizás estas almas constituyan el borde creciente de la conciencia que aproxima a la humanidad hacia la perfección de la especie.

El Mito Gnóstico del Alma Humana ayuda a recordar la historia más amplia de la humanidad: todos son almas inmortales provenientes de una dimensión espiritual de la Realidad, con el propósito sagrado de infundir espiritualidad en el Reino Humano. Los gnósticos sabían que este mensaje consolaría a sus compañeros de viaje, aliviando las tensiones de este arduo tránsito humano en tiempos difíciles.

El Amor Divino

Se dice que mientras Buda vino a enseñar los poderes de la mente, Jesús llegó para mostrar los poderes del corazón. Según sus enseñanzas, sin una profunda realización personal, la espiritualidad carece de sustancia y se convierte en una mera repetición de doctrinas memorizadas de fuentes externas, sin sentir el espíritu de Dios dentro, que es Amor. En el evangelio atribuido a María Magdalena, Jesús afirma haber venido a traer la única ley a seguir, la Ley del Amor:

"No impongáis otra ley que la que yo he testimoniado. No añadáis más leyes a las dadas en la Verdad, no sea que quedéis atados por ellas".

La misión de Jesús consistió en disipar la antigua Ley de un Dios iracundo y genocida, vivificando los corazones a través de la Ley del Amor. Varios grandes Hijos de Dios le precedieron, trayendo otros aspectos de la divinidad al Reino Humano: Moisés trajo el conocimiento de la ley divina que trae justicia; Zaratustra enseñó sobre la dualidad y la elección entre el bien y el mal; y Buda encarnó la sabiduría divina mostrando el camino para trascender el sufrimiento.

Parece haber ciertas verdades universales sobre las que se construye el sistema de la Humanidad, las cuales encarnan Seres Maestros de Luz y se siguen mejor a través de la Ley del Amor. Pero el Amor no es sólo una ley espiritual, también tiene un profundo impacto psicológico, calentando las psiques cuando surgen la frialdad, la distancia o la crítica.

El principio del Amor Divino nunca había sido revelado antes de la venida de Jesús como el Cristo encarnado. Y por primera vez, a diferencia de otros Hijos de Dios, el Creador trajo a la Tierra la conciencia crística que ya reside en cada ser. "Yo soy el camino, la verdad y la vida" ha de ser también el mantra de cada uno, pero esta forma de ser debe ganarse por la voluntad de vivir en el Amor.

El Evangelio de María Magdalena muestra cómo el Amor Divino vence la naturaleza inferior. María Magdalena aprendió de Jesús que todas las expresiones humanas sombrías se espiritualizan en el corazón a través de la Ley del Amor. Cuando surgen emociones hirientes, pueden ser suplantadas con Amor antes de causar daño. En su Evangelio, Jesús no ordena vehementemente seguir sus mandamientos, sino que traza un hermoso camino a seguir, un proceso de transmutación de las fragilidades humanas en Amor Divino, el cual lava la mezquindad egocéntrica al irrumpir en la psique.

Sin embargo, vivir en el Amor con el corazón abierto es uno de los mayores retos en el viaje por esta discordante vida humana. Las energías ardientes del corazón son las más acuciantes, pues éste no puede mentir; sólo sabe generar solidaridad y autenticidad, exigiendo plena participación. Al actuar "desde el corazón", hay honestidad sobre quién se es realmente, y actuar en su contra hiere, dañando a veces a los demás.

Como puente entre la naturaleza superior e inferior, el corazón puede sentir su camino tanto en este mundo humano como en el divino. La encarnación humana implica entrar de lleno en la condición humana, experimentando la alegría y el gozo del corazón. También conlleva, como en el caso de Jesús, sufrir vulnerabilidad, dolor y pérdida, sintiendo profunda compasión por otros que sufren. Con el corazón abierto se puede vivir desde la mente del Yo Superior, accediendo a las dimensiones espirituales del Amor, la Sabiduría y la Voluntad de Dios.

Esta Verdad superior trae consuelo al sufrimiento al recordar que no se es sólo humano, sino hijo o hija inmortal e invencible de un Creador celestial. Incluso en los momentos más difíciles, el poder del Amor fortalece el coraje y trae consuelo, siendo realmente la esencia mágica del alma.

Todo el sentido de la vida es estar enamorado de la vida y ser compañeros de amor con los demás viajeros. El milagro de vivir en esta asombrosa creación es realmente impresionante si se toma el tiempo de reflexionar conscientemente sobre el milagro continuo de la existencia, el cual se pierde cuando la absorción en las rutinas diarias y en los dramas del ego impide reflexionar sobre él.

Los cristianos gnósticos creían que todos son uno con Cristo y que la naturaleza esencial es el Amor, siendo ésta su principal filosofía de vida. Entendían que la encarnación del Christos no sólo la hacía Yeshua, sino que es un potencial dentro de todos los seres humanos. Ésta, creían, es la historia más grande. Este Auto-recuerdo era absolutamente el énfasis principal en las enseñanzas originales de Jesús, aunque su mensaje ha sido tan tergiversado que a veces se pasa por alto esta verdad incluso al leer la Biblia.

La conciencia crística, el estado más elevado del ser, es una energía cósmica conocida por otros nombres, como Naturaleza de Buda o Sananda Samadhi. En el hinduismo, es un estado que se alcanza cuando la fuerza espiritual Kundalini llega al chakra de la coronilla. Cada cultura tiene su manera de conocer esta forma divina de ser, que ensombrece a varios Seres avanzados a lo largo de la historia. Siempre que la Humanidad se encuentra en un punto de crisis evolutiva, uno de estos Hijos de Dios viene a recordar quién se es realmente, convirtiéndose algunos en personalidades conocidas, mientras que otros trabajan entre bastidores o sólo en el plano mental. En las Tradiciones

Misteriosas Occidentales estos seres avanzados son llamados Maestros de la Sabiduría.

En el texto gnóstico Los viajes de Pedro, Jesús descifra la enseñanza alegórica oculta en los relatos de su crucifixión, afirmando: "El Logos está simbolizado por ese tallo recto del que cuelgo". Jesús le estaba diciendo a Pedro que, cuando estaba en la cruz, era una manifestación del Logos, dando testimonio de que la naturaleza humana es la encarnación física del Espíritu.

En el simbolismo, la transformación del ser humano tiene lugar en el centro de la cruz, donde se unen los brazos horizontal y vertical: donde se está en el mundo (en el brazo horizontal) y no se es de él (en el brazo vertical). Aquí, en el centro, se vive en la aceptación de todos, en el Amor. Y es cierto que todos están "en la cruz", intentando constantemente unir estos dos brazos opuestos de la naturaleza, lo humano con lo ideal o lo divino. Reflexionar un momento sobre esta imagen de uno mismo en la cruz permite sentir el Amor Divino como calor en el corazón, una hermosa sensación que se puede notar, por ejemplo, al tener en brazos por primera vez a un recién nacido nieto.

Es muy triste que el cristianismo ortodoxo, e incluso los diccionarios modernos, definan el gnosticismo de forma superficial y negativa, como un culto anticristiano. Una mirada más profunda al pensamiento gnóstico a lo largo de la historia muestra que es un camino espiritual cálido y acogedor que apoya a la Humanidad de una manera muy real, llevando profundamente dentro de uno mismo.

Al formar parte de las Antiguas Tradiciones Misteriosas, el gnosticismo no se presta tanto al dogma o a la filosofía como a la propia naturaleza de sentimientos personales. La gnosis no es una teoría, sino la experiencia real del despertar, permitiendo vivir según la Ley del Amor al poder ver el propósito sagrado más profundo en todos los caminos humanos y realmente sentirlo.

El mayor deseo de los gnósticos era ayudar a la humanidad a aprender a vivir amorosamente de esta manera, más allá de las limitaciones de una vida materialista superficial. Uno de sus relatos míticos ilustra esta profunda comprensión.

Parte 4 – Maestros y Apóstoles Gnósticos

La Ekklesia: cristianismo primigenio

Las investigaciones han revelado cómo las nociones contemporáneas de "iglesia" y de ser "un buen cristiano" se han diluido y adulterado, hasta el punto de contradecir, en ciertos aspectos, las enseñanzas de Jesús. Una pista fascinante de esta situación se halla en la diferencia entre dos palabras en los primeros textos bíblicos: ekklesia y kuriakos.

El Nuevo Testamento original, escrito en 1515 a.C. y traducido al latín y al griego en paralelo, revela que ekklesia era el término empleado por Jesús al describir sus enseñanzas. Se refería a "una asamblea de personas selectas" que comprenderían su propósito. Convocaba a este grupo especial de almas conscientes de la esencia divina de la Humanidad. Se habían separado del sistema ortodoxo para manifestar el Reino de los Cielos en la Tierra. La palabra ekklesia también se utilizaba para referirse a las enseñanzas de Dios en el Septuagint, la principal traducción griega del Antiguo Testamento hebreo escrito alrededor del 280 a.C.

Hacia el siglo XII d.C., los canonistas de la Iglesia Romana reemplazaron la palabra ekklesia por kuriakos en todos los casos relacionados con las enseñanzas de Jesús, incluso ajustando esta sustitución en los textos bíblicos más antiguos. Kuriakos significa "una estructura o edificio llamado 'iglesia', una institución religiosa gobernada por la jurisdicción de papas, obispos y sacerdotes". Ekklesia define una convocatoria de personas que han experimentado el conocimiento de Dios a través de revelaciones propias, cuya única jurisdicción es el Cristo interior. Kuriakos es un concepto regido por la Iglesia y el Estado, mientras que ekklesia es un concepto autogobernado que denota un estado interior personal del ser.

La palabra griega ekklesia aparece en los textos bíblicos originales 115 veces, mientras que kuriakos solo se menciona dos veces. Sustituir ecclesia por kuriakos ha subvertido el propósito del énfasis de Jesús en ir hacia dentro para encontrar a Dios. Cambió la intención de sus enseñanzas, de unificarse con Dios en el propio corazón a adorar a un Dios impersonal externo en edificios bajo jurisdicción externa.

El sacerdote inglés William Tyndale, quien tradujo el primer Nuevo Testamento inglés del griego original en 1524, mantuvo los términos "ecclesia" y "congregación" para describir un cuerpo de personas sin rey ni jurisdicción externa. Fue acusado de hereje, encarcelado y ejecutado por las autoridades eclesiásticas en 1536.

Jesús nunca trató de construir la institución de la Iglesia; vino a traer el Reino de los Cielos a la Tierra a través de la conciencia de aquellos que recordaban que eran divinos. Los exhortaba a vivir "en la unidad del Espíritu". El Reino de Dios está dentro de cada uno.

El nombre hebreo de Jesús, Yeshua, connota esta autorrealización de la ekklesia; significa "el conocimiento de la verdad que os hará libres". Para los cristianos gnósticos, vivir en esta libertad es vivir como la verdadera naturaleza de uno. Realizar la propia conciencia crística era su tarea, que creían que es una persona que ha evolucionado hacia su plena expresión como alma espiritual en forma física. En el Evangelio gnóstico de María Magdalena, Jesús dice: "Recibid mi paz. Porque el Hijo del Hombre está dentro de vosotros. Estad vigilantes y no permitáis que nadie os engañe diciendo: ¡Aquí está! O ¡ahí está! Porque el Hijo del hombre está dentro de vosotros. ¡Seguidle! Los que le buscan, le encuentran".

Jesús vino a despertar a la Humanidad a su legítima herencia espiritual y para recordar que hay que servir a la Humanidad viviendo como el verdadero yo. Quería que se recordara que realmente se es criaturas transformadoras, hechas a imagen del Creador, y que toda esta magia vive dentro de las propias mentes y corazones. Para los gnósticos, permanecer inconscientes de la identidad espiritual es una forma miserable de pobreza. Jesús dejó claro lo imperativo que es recordar esto: "Cuando lleguéis a conoceros a vosotros mismos, entonces seréis conocidos y os daréis cuenta de que sois vosotros 'los hijos del Padre viviente'. Pero si no os conocéis a vosotros mismos, habitáis en la pobreza y sois vosotros los que sois esa pobreza".

El verdadero Ser puede ver más allá de cualquier programación requisada como verdad sin paliativos por las autoridades religiosas de todos los Tiempos, que básicamente prosperan a base de mantener en la creencia de que se nace como pecadores corruptos. Cuando Jesús dijo que vendría de nuevo al final de la Era, quiso decir que se manifestaría en los corazones como la conciencia del Cristo que transformará. Quizás en esta Segunda Venida, muchos recordarán su divinidad y se convertirán en manifestantes del amor radical, la sabiduría y la voluntad pura del Padre celestial.

Jesús veía con malos ojos seguir cualquier tipo de autoridad religiosa extrínseca o creer que se debe entrar en las paredes de un edificio para encontrar a Dios. En varios lugares se recuerda que Dios "no habita en templos hechos por manos humanas"; Él habita en los corazones de aquellos que han sido tocados por Su espíritu. Los gnósticos sabían que cuando Jesús hablaba de entrar en una cámara interior para orar, se refería a ese lugar en el corazón donde se cierra la puerta a todas las influencias externas y se comulga en secreto con Dios. El apóstol Pablo lo entendió; a los corintios les dijo: "Cada uno recibirá su recompensa, porque vosotros sois la labranza de Dios, vosotros sois el edificio de Dios... Pero cada uno mire cómo edifica sobre él. Ningún otro fundamento puede poner el hombre que el hecho por Jesucristo".

Aunque esta nunca fue la intención de Jesús, las iglesias cristianas se convirtieron en un establecimiento mundial regido por gobiernos cívicos al que se debía pertenecer para "salvarse". Para las autoridades romanas era vital tener iglesias, porque podían tener jurisdicción sobre una institución, mientras que la asamblea de ekklesia se regía solo por el Cristo interior. No tenían credos externos ni clero que seguir.

Los críticos textuales saben ahora que el Evangelio original de Mateo fue escrito en griego. Hicieron un descubrimiento estremecedor: El capítulo 16:18 cambia por completo el significado de la doctrina cristiana convencional. Dice que Jesús le dijo a Simón Pedro "sobre esta roca edificaré mi ekklesia" - no "mi kuriakos". Fue citado erróneamente para decir, "sobre esta roca edificaré mi iglesia" a manera de construcción, cuando en realidad se refería a que sobre esta roca se realizaría su llamado. Hasta el día de hoy las iglesias usan este pasaje como su razón de ser.

Jesús había dicho esto a Pedro después de decirle que él era el único discípulo que realmente entendía quién era en realidad: "Cristo, Hijo del Padre viviente", es decir, el Cristo que vive en cada uno como núcleo. En Mateo 16:18, Jesús habla de una comunión "contra la que no prevalecerían las puertas del

Hades". Este pasaje no se refiere a congregaciones eclesiásticas; es su descripción de la convocatoria de la ekklesia.

La Biblia nunca dice que las autoridades de la Iglesia deban gobernar sobre las enseñanzas de Jesús. La Iglesia nunca debía ocupar el lugar del camino interior de la ekklesia; fueron los hombres, no Dios, quienes hicieron esta sustitución. San Pablo dijo que el don de sabiduría de Jesús no podía ser confinado a las mentes de los hombres: "Vuestra fe no debe apoyarse en la sabiduría de los hombres, sino en el poder de Dios. Hablamos la sabiduría de Dios en un misterio".

Tanto en la Biblia como en los evangelios gnósticos, Jesús honra a esta selecta asamblea de la ekklesia como "los elegidos". El Evangelio de Tomás hace hincapié en esto: "Bienaventurados los que os habéis unificado y habéis llegado a ser los elegidos, porque hallaréis el reino; porque de él venís, a él volveréis de nuevo".

Jesús no está menospreciando el carácter de los demás, sino simplemente llamando a aquellos que podían escuchar sus enseñanzas místicas más profundas. Los cristianos gnósticos eran algunos de esos "elegidos" que sabían que se habían convertido en cristos. La fe, para ellos, vuelve hacia dentro; no es seguir ciegamente creencias dictadas por la voz única de la Iglesia apostólica. Jesús enseñó que se encuentra la relación con Dios desde lo más profundo del propio ser. Cuando se relee el Nuevo Testamento a través de la gnosis, se ve que este camino interior de la ekklesia es la enseñanza más pura de Cristo, comprendida por aquellos que pudieron escuchar su llamada.

Los gnósticos eran esos cristianos cuyo mensaje estaba lleno de una espiritualidad que infunde la seguridad del elevado destino. Está lleno de la palabra viva de Dios. El cristianismo ortodoxo dice que se crea en un ser sagrado llamado Cristo; los gnósticos sabían que cuando se despierta, se sabe que se es uno con Cristo.

Jesús vivía en este estado perpetuo de verdadero recuerdo de sí mismo, en la presencia constante de Dios. Para él no había separación. Y vino a recordar que todos están aquí como "hijos de un Padre celestial vivo". Solo se es visitantes aquí en la Tierra. Se viene de una esfera celestial y se volverá allí una vez que se despierte a la Humanidad a su herencia espiritual.

Esta espiritualidad gnóstica vivencial personal desempeñó un papel importante en el origen de la teología cristiana, aportando la manera de vivir realmente los misterios de Cristo a través de la gnosis. El verdadero Cristianismo deriva de las Antiguas Tradiciones Misteriosas Judeo/Cristianas; es místico y esotérico y se centra en la vida interior del alma.

Los cristianos gnósticos originales eran miembros orgánicos de este cuerpo colectivo místico de Cristo que recordaban que eran divinos y se empeñaban en vivir como su verdad más elevada. Se habían alejado tanto de la ortodoxia judía como de la cristiana. Para estos primeros cristianos serios, "la Iglesia no era una estructura prefabricada con una doctrina incorporada que existía en el vacío; era una revelación continua de Dios" confiada a aquellos "que tenían oídos para oír" los misterios del Cristo interior. Pero gran parte del cristianismo moderno ha perdido la magia de las primeras escrituras bíblicas.

Este enfoque de "único camino" hacia el cristianismo ha prevalecido, a través del poder de la Iglesia que llevó una doctrina unitaria a las masas, mientras que el camino interior místico sucumbió al problema de los pequeños grupos fragmentados que honran el modo único de cada uno de conocer a Dios.

La tensión entre las ideas de las Tradiciones Misteriosas esotéricas y la exotérica Iglesia Católica Romana agotó el conocimiento de la ekklesia y del Cristo interior gnóstico. El cristianismo convencional se centra en absolver el pecado "aceptando a Jesucristo como Salvador". Si se comete un pecado, se reza pidiendo perdón y se queda liberado de asumir la responsabilidad de los caminos erróneos; Jesús lo hace por uno.

El cristianismo gnóstico no es un camino de devoción, sino un camino de gnosis, que intenta integrar el alma espiritual en el propio estado humano del ser. Los primeros cristianos gnósticos no se centraban en adorar a Jesús, sino en asemejarse a él; creían que también son capaces de ser bautizados. Seguían las enseñanzas secretas de Jesús, en las que hablaba del "Espíritu que hay en cada uno" como núcleo de naturaleza indeleble. Jesús había dicho a sus seguidores que fueran a su interior para escuchar al Espíritu Santo guiarles hacia la verdad de sus enseñanzas. Este camino interior es la verdadera oración.

Para la convocación de la ekklesia, el Espíritu Santo bautiza místicamente a una persona por fuego, no por inmersión en agua. Se necesitan brasas vivas para la purificación de la conciencia y el ardiente fervor del propio espíritu. Un bautismo por inmersión en agua es simplemente una declaración de ser pecador y necesitar una fuente externa como salvador. Un bautismo de fuego es un ritual de despertar a todo el potencial de uno.

En el Nuevo Testamento se menciona varias veces la diferencia entre estos dos bautismos. Sin embargo, la ortodoxia no da ninguna importancia al bautismo de fuego.

Si se releen los Diez Mandamientos y las Bienaventuranzas a través de la gnosis, se oirán estas enseñanzas secretas de la ekklesia en acción. Se comprenderá mejor lo que Jesús quiso decir cuando hizo comentarios como "Si un hermano te golpea, pon la otra mejilla"; o "Ama a tus enemigos y bendice a los que te maldicen". Estaba diciendo a los que había reunido cómo vivir una vida trascendente más allá de las dualidades del bien y el mal. Estaba enseñando a saber cómo ser plenamente humanos "desde dentro hacia fuera" y completar así esta obra sagrada de espiritualización del Reino Humano.

En el pensamiento gnóstico, entrar en el Quinto Reino en la Naturaleza es el siguiente paso de la humanidad en el viaje evolutivo. Es un salto cuántico en la conciencia. El Quinto Reino está formado por personas que han alcanzado la plenitud del ser y se mantienen erguidas en su naturaleza crística. Como se dice en el Evangelio de Felipe: "Solo los que se aferran a la verdad saben lo que es la vida... La presencia de Cristo crea el mundo nuevo; Él trae orden y belleza entre nosotros".

Muchos de los que están leyendo esto son los precursores de este nuevo estado del ser. Esto significa que la mayoría de los problemas del ego se han resuelto y ya no contaminan la forma de ser. Y sabiendo que la muerte física no es más que un cambio de residencia para el alma inmortal, ya no se le teme. Los gnósticos llaman a este lugar exaltado en la conciencia "vivir en el Pleroma".

El camino de la ekklesia es el camino del no apego que los budistas practican. Se vive según las enseñanzas originales de Jesús, más atraído por los deseos del alma espiritual. En lugar de dejarse llevar por la angustia emocional ante algún asunto problemático, simplemente se tomará nota de él y se dejará pasar. Se dirá uno a sí mismo, "Oh, ahí está..." y a menudo con una sonrisa cómplice. Luego, con calma, se pondrá a resolverlo. Como impulsa el Evangelio de Tomás, "sed transeúntes" en este mundo humano temporal.

Aunque las primeras escrituras del Nuevo Testamento muestran que el sustantivo ekklesia significaba algo totalmente distinto de "iglesia", desde el siglo XII la gente utiliza las palabras "iglesia" y "eclesiástica" indistintamente. La rica belleza de ekklesia como un estado del ser que crea el Reino de los Cielos en la Tierra quedó enterrada en los armarios de las verdades olvidadas. El exquisito don de la ekklesia de Jesús ha sido relativamente ignorado. El cristianismo ha sido envuelto en coberturas de doctrinas y creencias discordantes de diferentes denominaciones que separan a "los que viven en la unidad del espíritu" en grupos divergentes que todos se llaman a sí mismos "cristianos", pero que a menudo se desaprueban fanáticamente unos a otros. Algunos incluso creen que los que no piensan como ellos son inmorales y están condenados a la condenación eterna. Como se expresa en un ensayo escrito por un estudiante anónimo: "La mayoría de estas religiones afirman que si no eres miembro de su religión, irás al infierno. Como hay más de una religión y como la gente no pertenece a más de una religión, podemos proyectar que todas las almas van al Infierno."

Cabe maravillarse de cómo cualquiera puede creer que toda esta diversidad despreciativa que la gente llama "cristiana" fuera alguna vez la idea de Jesús de cómo vivir en la presencia de Dios. Como se ve en los escritos de los siglos I y II, la intención original de la cristiandad no tenía nada que ver con este tipo de presuntuosa exclusividad moral. Era un cuerpo orgánico relacional de mente abierta de personas que se ministraban y cuidaban unas a otras y, junto con Jesucristo como su centro, trabajaban para crear un mundo mejor.

Una institución mundial llamada "Iglesia" era totalmente ajena tanto al vocabulario como a la vida de los discípulos de Jesús. Sus seguidores originales, que se dedicaron a construir el Reino de los Cielos en la Tierra, no tenían ningún tipo de autoridad religiosa externa, y respetaban la propia manera de ser espiritual de cada uno. En el cristianismo gnóstico, la gnosis es una experiencia viva que surge de la sensibilidad del propio corazón. Y el corazón es naturalmente abierto y libre. Los cristianos gnósticos sentían que la verdadera espiritualidad había sido estrangulada por su envoltura de teología y afirmaciones religiosas argumentativas.

La Iglesia cristiana fue concebida e impulsada hacia un enorme poder, con las enseñanzas originales de Jesús sobre la ekklesia desapareciendo gradualmente de la vista. Las iglesias actuales y sus ministros y sacerdotes de todo el mundo ofrecen "la Palabra de Dios" con mucho cuidado y una intención consciente. E innumerables personas encuentran consuelo y apoyo útil en sus comunidades eclesiales. Todo ello merece la más profunda gratitud y respeto. Sin embargo, la historia cristiana es la que es y parte de ella deja con ganas de refutar con absoluto desdén.

A partir de la palabra perdida "ekklesia" se puede ver que el Nuevo Testamento original estaba lleno de mensajes sobre una espiritualidad interior en la que se descubre la "historia más grande" a través de revelaciones personales e inspiración. La actitud introvertida de la ekklesia es el Espíritu creativo que fluye libremente en los corazones, y Jesús siempre animó a sus seguidores a seguir sus corazones y buscar profundamente los misterios de la vida.

La institución de la Iglesia podría cambiar su énfasis de una adoración impulsada externamente a esta forma interior personal de conocer a Dios y al Ser como uno. La Iglesia podría convertirse en "la asamblea de la ekklesia" y recuperar las enseñanzas originales de Jesús que manifiestan "la nueva Jerusalén". La nueva Jerusalén puede ser otro nombre para el Quinto Reino en la Naturaleza del metafísico que está actualmente en el vientre del Tiempo.

Esta espiritualidad gnóstica es lo que el cristianismo pretendía ser. Y el conocimiento de la asamblea de la ekklesia ayuda a reclamar la herencia divina. Se escucha la llamada cuando se sigue este camino interior, y se da cuenta de que se está en medio de la manifestación de este nuevo mundo aquí mismo, donde se encuentra uno. Por eso el gnosticismo implora que se permanezca centrado en evolucionar conscientemente hacia la visión más elevada de lo que se puede ser en última instancia. Vivir "en el Reino" aguarda a quienes se adentran en este nuevo y más elevado estado del ser.

Jesús y sus enseñanzas según los primeros cristianos

En los inicios del cristianismo, no existía una filosofía unificada, sino diversas sectas con creencias divergentes. Sin embargo, todos concebían a Jesús como un ser humano nacido de manera ordinaria. Algunos sostenían que fue elegido como Mesías durante su bautismo por su pureza y devoción a la voluntad divina, mientras que la mayoría lo consideraba un profeta excepcionalmente sabio. Los escritos de eruditos contemporáneos a Jesús, como Valentino, Orígenes y Josefo, se referían a él como un rabino erudito o un maestro iluminado, pero no le atribuían una naturaleza sobrehumana.

En arameo, el nombre de Jesús, Yeshua, significa "Salvador" o "Libertador". Sin embargo, ninguno de estos primeros cristianos creía que fuese el único Hijo divino de Dios, aunque algunos narraron su historia alegóricamente como la del Mesías judío. Los eruditos bíblicos modernos afirman que Jesús nunca declaró ser el "único Hijo de Dios". Cuando sus discípulos le preguntaron si lo era, respondió: "¿Quién decís que soy yo?".

No obstante, en el Evangelio de Marcos, se relata cómo Jesús multiplicó pan para alimentar a las multitudes e hizo que un ciego recuperase la vista. En esa ocasión, les preguntó: "¿No tenéis ojos para ver? ¿Teniendo oídos, no oís?" y "¿Cómo es que no entendéis?", reprochándoles por no recordar quién era él en realidad.

Muchos de los primeros cristianos gnósticos, iniciados en las antiguas tradiciones mistéricas, conocían a Jesús en un sentido cósmico, diferente al cristianismo convencional. Creían que era un Avatar, un Iniciado avanzado que vino a transmitir la Sabiduría Eterna de forma comprensible para cada individuo. Jesús enseñaba oralmente, utilizando palabras para estimular e inspirar, nunca para sermonear o menospreciar. Como expresó Jean-Yves Leloup en su interpretación del Evangelio de Tomás, Jesús se expresaba mediante aforismos paradójicos que invitan a tomar conciencia del origen increado y la libertad ilimitada, incluso en medio de las contingencias más severas.

Jesús enseñó a través de la gnosis las cuatro categorías principales de las Antiguas Tradiciones de Misterios: cómo establecer relaciones humanas correctas, disipar el espejismo y la ilusión, el entrenamiento en las etapas de la Iniciación y comprender la Ley del Renacimiento. Deseaba que viviéramos en la verdad y fuéramos compasivos. Disipar el glamour y la ilusión a los que sucumbimos en esta vida materialista era clave para resolver el caos y el malestar que persigue a la humanidad. A Jesús le entristecía constatar que nuestras formas habituales de vivir, incluso en la vida religiosa, estaban en constante agitación y a menudo impregnadas de egoísmo o inconsciencia.

Según el pensamiento gnóstico, el conocimiento de la reencarnación y las formas de disolver los predicamentos kármicos alivian este lamentable atolladero. Los cristianos gnósticos sostenían que Jesús enseñó acerca de la reencarnación, pero los canonistas romanos eliminaron de la Biblia toda referencia a ella. De hecho, fue un pilar fundamental del cristianismo hasta el año 553, cuando en el Segundo Concilio de Constantinopla, el emperador Justiniano la suprimió del Nuevo Testamento para asegurar el control de la Iglesia sobre la vida humana. Mientras la gente creyera que solo disponía de esta vida para salvarse del pecado, la Iglesia podría mantener un poder absoluto.

Los gnósticos no consideraban este mundo imperfecto debido al pecado del hombre, sino por su inherente naturaleza dualista. Comprendían que el dualismo prospera necesariamente en cualquier mundo creado, aunque solo sea en los sueños de

Dios. Pasar de "lo increado" a "lo creado" constituye el primer dualismo. Por consiguiente, todo lo que existe en la creación tiene su opuesto. El gnosticismo entrena para elevarse por encima de esta forma de ser "una cosa u otra" y aprender a vivir en una tercera y más elevada forma trascendente de verlo todo, uniendo ambos aspectos en el corazón. Para ellos, resolver el dualismo se convierte en amor incondicional, y sabían que Jesús encarnaba esta forma superior de ser.

Es interesante que ninguno de estos primeros cristianos, incluso los más ortodoxos, considerara a Jesús como divino. La mayoría desconoce que los orígenes del cristianismo no propugnaban un Mesías perfecto. Tampoco todos creían en el nacimiento virginal ni en la resurrección física de Jesús. El cristianismo gnóstico ni siquiera se centraba en la historia de su nacimiento, muerte y resurrección como hechos físicos, sino como una enseñanza metafórica sobre la muerte y los despertares espirituales que se producen en la psique humana.

Nada de este cristianismo original sería reconocible en la actualidad. Desde el siglo IV, la religión cristiana se ha definido por su creencia generalizada en la historia de Jesús como un hecho literal y en el Credo de Nicea, que deifica a Jesús como el "único Hijo de Dios". Sin embargo, la verdad es que su divinidad ni siquiera fue concebida hasta 300 años después de su vida en la Tierra.

Esto ofrece una nueva perspectiva de lo que realmente es el cristianismo y de cómo la historia ha distorsionado la verdad de nuestra auténtica herencia religiosa. Afortunadamente, nada de esto menoscaba la belleza y el poder de lo que Jesús representó. Ya sea que se le considere un ser humano común, un profeta, el Hijo único de Dios o un Avatar cósmico, caminó por la Tierra, modelando cómo ser seres humanos superlativos e inspirando a millones a llevar una vida mejor.

Para estos primeros gnósticos, la "iglesia" no era un edificio visible y los "cristianos" no constituían una comunidad concreta. Utilizaban criterios cualitativos para definir lo que significaba ser cristiano, considerándolo un estado interior de conciencia. Una sentida madurez espiritual era la prueba de que alguien era cristiano. Sabían que Jesús fue un reformador radical que alejaba a sus seguidores de la búsqueda de cualquier tipo de autoridad religiosa externa. Comprendían que se centraba en mostrarnos cómo ir a nuestro interior para encontrar y ser nuestra propia verdad. En el Evangelio de Tomás, Logion 70, Jesús enfatizó la urgencia de esta antigua presunción: "Cuando saquéis lo que lleváis dentro, eso os salvará. Si no sacáis lo que lleváis dentro, eso os matará". En otras palabras, si descuidamos la manifestación de nuestro verdadero Ser, quedamos devastados y nunca llegamos a ser una persona auténtica. Como expresó una vez el gnóstico Carl Jung: "Quien mira fuera, sueña. Quien mira dentro, despierta". Jesús enseñaba que cada uno es responsable de su propio despertar, que ninguna persona ni forma de ritual espiritual puede hacerlo por nosotros. Advirtió que la mera observación de prácticas espirituales puede volvernos complacientes o santurrones. Imploró a sus seguidores que se conocieran a sí mismos y analizaran sus motivaciones, ya que podrían estar haciendo estas cosas como una búsqueda egoísta para ganar aprobación o para limpiar su conciencia. En el Logion 14 del Evangelio de Tomás, Jesús profundiza en este tema: afirmó que si ayunamos o rezamos, podríamos estar en falta, y dar caridad podría corromper nuestras mentes. Cabe recordar que Jesús denunció a los fariseos por estar llenos de arrogancia espiritual e hipocresía. Advirtió que pregonar tópicos y prácticas espirituales, o "culpabilizar" a la gente por ellos, constituye una religión falsa, y que estas autoridades religiosas utilizaban su conocimiento de "la Palabra" para ganar poder personal y dominio sobre los demás. En el Evangelio de Tomás, Logion 39, Jesús declaró: "Los fariseos y los escribas han recibido las llaves del conocimiento (gnosis) y las han escondido. No entran, y a los que querían entrar se lo impedían".

Los gnósticos creían que se debe cultivar la humildad en el amor a Dios. La oración y el ayuno deben ser simples movimientos espontáneos del corazón, no algo planificado, verbalizado o realizado de memoria. Para ser auténtico, siempre debe ser un proceso interior. Y cuando se está con otros, no se hace proselitismo, sino que se pregunta humildemente: "Dime lo que sabes".

En la Biblia, cuando sus discípulos notaron que Jesús no había comido, les dijo que se alimentaba haciendo el trabajo de su Padre, y les amonestó: "No trabajéis por el alimento perecedero, sino por el alimento de la vida eterna". El Logion 14 del Evangelio de Tomás nos recuerda que no es lo que entra en nuestra boca, sino lo que sale de ella, lo que nos contamina.

Jesús fue un reformador radical en su época. Creía que las personas de mente estrecha, incapaces de captar la esencia vital de sus enseñanzas, habían pervertido la verdadera espiritualidad. Y fue bastante verboso al expresar este descontento, especialmente notorio en las escrituras gnósticas. Se asombraba de que la gente hubiera olvidado tanto su herencia espiritual, incluso sus seguidores más cercanos. Siempre se empeñó en decirnos que nuestra espiritualidad no es una meta que alcanzamos, sino la esencia de nuestro ser. Como se afirma en el libro gnóstico de Tomás el Contendiente: "Quien no se ha conocido a sí mismo no ha conocido nada, pero quien se ha conocido a sí mismo ya ha alcanzado al mismo tiempo el conocimiento de la profundidad del Todo".

Para los gnósticos, el camino interior hacia el Autoconocimiento merecía su más alto honor y enfoque comprometido. Incluso consideraban básicamente no esencial seguir las reglas de la sociedad. Para ellos, las acciones malvadas son estados ruines de la conciencia y no se ven realmente afectados por seguir reglas externas. Cuando la conciencia de una persona es sincera, sabia y abierta, las reglas externas se siguen de forma natural. Creían que el propósito de aceptar la autoridad externa es simplemente aprender a superarla. Sabían que la vida interior determina la realidad exterior. Al igual que los budistas, creían que el pensamiento correcto produce la acción correcta.

Junto con los evangelios gnósticos, los escritos de los apóstoles Juan y Pablo son especialmente adecuados para transmitirnos estas enseñanzas sobre el verdadero recuerdo de uno mismo. Este es el cuerpo de la ekklesia en su máxima expresión, porque así es como se construye el Reino de los Cielos en la Tierra.

Si se hiciera hincapié en el trabajo interior en lugar de centrarse tanto en ajustarse al mundo exterior de las apariencias. No habría más actitudes de "más santo que tú". No habría guerras. No habría odio. Todos vivirían en el Amor.

Jesús y los Misterios del antiguo Egipto

La existencia de una "Palabra de Dios original" ha intrigado a muchos a lo largo de la historia. La crítica textual, realizada por expertos en lenguas antiguas, concluye que la Sagrada Biblia ha sido alterada por traducciones erróneas, escribas poco ilustrados e incluso fanáticos en busca de poder y control religioso, conteniendo afirmaciones no basadas en la verdad.

Los primeros cristianos, mayormente de clases bajas y sin educación, dependían de escribas seculares que cometían errores de copia y modificaban partes para proclamar sus propios prejuicios. Debido a esto, afirmar que existe una Palabra de Dios original resulta infundado, pues no queda ninguna Biblia original.

La actual Biblia en inglés es una retraducción del canon, reeditado por canonistas romanos en el siglo II para ajustarse a una teología endurecida en los credos ortodoxos. Fue seleccionada para definir la teología cristiana según su versión de las enseñanzas de Jesús. Los escritos rechazados se convirtieron en los Apócrifos, cuyo significado original es "conocimiento secreto demasiado profundo para la gente común". Circularon muchos escritos apócrifos durante los tres primeros siglos tras la muerte de Jesús, pero sólo el evangelio de Juan entró en el Canon.

En la época en que se empezaron a reproducir los textos cristianos, no existían imprentas, editoriales ni derechos de autor, por lo que no hay garantía de que varios escribas y traductores no los modificaran o sobrescribieran al ponerlos en circulación, pudiendo contener alteraciones accidentales o intencionadas. La

Biblia no es un plano infalible, sino un libro muy humano con puntos de vista humanos.

Orígenes y su mentor Clemente de Alejandría comprendían las enseñanzas esotéricas de Jesús y la naturaleza alegórica de las narraciones bíblicas. Al refutar manuscritos dudosos del Nuevo Testamento, Orígenes afirma que las diferencias se deben a la negligencia de algunos copistas o a la perversa audacia de otros, que descuidan la comprobación o hacen adiciones o supresiones a su antojo.

Habiendo evolucionado como una "Palabra de Dios" mutilada y tergiversada, la Santa Biblia debe ser examinada cuidadosamente en lugar de ser aceptada por mera autoridad. Los gnósticos creen que existe sabiduría interior en cada persona y que es posible reconocer la verdad al escucharla. Las malas traducciones han contaminado algunas de las creencias predominantes del cristianismo original. Por ejemplo, en el griego original, José era referido como ho tekton, "maestro del oficio", término usado para los adeptos en la escuela esotérica de la masonería, muy diferente a decir que era carpintero.

Existe mucha evidencia de los errores en los Libros de la Biblia. En 1707, se catalogaron 100 manuscritos griegos del Nuevo Testamento con 30.000 variaciones entre ellos. Se recomienda leer "Misquoting Jesus: La historia detrás de quién cambió la Biblia y por qué" del Dr. Bart D. Ehrman para profundizar en este tema.

Originalmente había 80 evangelios para componer la Santa Biblia, y fueron hombres quienes decidieron los pocos seleccionados. Se excluyeron las escrituras gnósticas de los siglos I al IV, como el Evangelio de María, el de Tomás, el de Felipe y el brillante Evangelio Valentiniano de la Verdad, que ofrece un reflejo conmovedor de Jesús y su obra, siendo probablemente Valentinus su autor.

Valentín fue un respetado obispo de Roma que cayó en la apostasía hacia el 175 d.C., aunque nunca fue condenado como gnóstico por la Iglesia romana. Su visión hermenéutica y sabiduría mística habrían favorecido el florecimiento del pensamiento gnóstico en la Iglesia de Roma de entonces si hubiera conservado su confianza.

Se conserva el asombroso Evangelio gnóstico de Tomás, una recopilación de 114 dichos reales de Jesús, su pura verdad no adulterada, utilizado desde principios o mediados del siglo II. Los investigadores descubrieron que los canonistas romanos lo usaron, escrito en el año 50 d.C., para crear porciones del Nuevo Testamento, pero luego lo declararon herético. Aunque se encontró una copia del original en el 140 d.C. con declaraciones textuales de Jesús del siglo I, fue denunciado y ocultado.

Resulta cuestionable por qué se excluiría del Nuevo Testamento una escritura con dichos reales de Jesús. Cabe suponer que fue porque afirmaba las enseñanzas gnósticas que otorgaban a todos el derecho de acceder al Cristo interior, lo que significaría que no habría necesidad de la mediación de un sacerdote ungido para alcanzar la salvación, algo aborrecible para los Padres de la Iglesia.

Con las avanzadas técnicas de investigación modernas, muchos eruditos cuestionan quién escribió los diversos Libros del Nuevo Testamento. Los Alogi, cristianos del siglo II de Asia Menor, afirmaban que el Evangelio según San Juan y el Apocalipsis fueron escritos por un hereje judío egipcio llamado Cerinto, quien creía estar inspirado por ángeles. Cerinthus, contemporáneo del apóstol Juan y considerado predecesor del cristianismo gnóstico, era popular y tenía muchos seguidores.

Estos investigadores textuales afirman que gran parte de lo que se lee en la Biblia como los libros de Mateo, Marcos y Lucas no fueron escritos por estos discípulos, sino más tarde por otros escritores. Esta sospecha se remonta a mucho tiempo atrás. Como citó en 1699 el filósofo John Toland, no hay un solo libro del Nuevo Testamento que no haya sido refutado por antiguos escritores como atribuido injustamente al apóstol y falsificado por sus adversarios.

Se sabe que Leucius Charinus, otro discípulo del apóstol Juan, conservó los evangelios de Mateo, Marcos y Lucas, pero nadie puede asegurar si los reescribió o editó. Conocido como "Leucio", escribió algunos de los apócrifos heréticos más antiguos aceptados como verdad por los maniqueos persas en el siglo IV. El maniqueísmo era una síntesis de creencias cristianas, gnósticas y paganas, consideradas heréticas por la Iglesia primitiva.

Lamentablemente, debido a la abstinencia de tantos textos sagrados de ese tiempo y a los prejuicios que crearon esta escasez, la versión canonizada de la Santa Biblia ofrece una interpretación altamente censurada y distorsionada de la vida de Jesús y sus enseñanzas.

Los evangelios incluidos en el Nuevo Testamento tratan de los viajes de Jesús y sus milagros, basándose en las predicciones de los profetas del Antiguo Testamento para demostrar la validez de la fe cristiana. Cabe recordar que la mayoría no se escribieron hasta dos o tres siglos después de la vida de Jesús. No son hechos históricos reales, sino memorias de algunos discípulos que estuvieron con él y varían en la forma de contar su historia. Si se hubieran incluido todos los escritos cristianos apócrifos, las escrituras gnósticas, los Rollos del Mar Muerto de los esenios y otros textos inspirados, la comprensión de la tradición del pensamiento cristiano y de la vida de Jesús habría cambiado radicalmente.

Debido al interés popular y a los modernos métodos de investigación disponibles, las enseñanzas originales de Jesús están siendo rescatadas de las distorsiones resultantes de conceptos erróneos o estrechos de miras. Los primeros Padres de la Iglesia, que definieron el cristianismo en el Primer Concilio de Nicea en el 325, pueden haber distorsionado partes de la Biblia para validar su dogma católico romano y justificar su pretensión de ser el único cristianismo verdadero.

Cada persona tiene derecho a usar su propio criterio para interpretar lo que lee en la Biblia. Jesús querría que se honrara la propia manera de conocerle. En su libro "Si la Iglesia fuera cristiana", el reverendo Philip Gulley habla de cómo sería el cristianismo si la Iglesia siguiera realmente los valores de Jesús, afirmando que el cristianismo es un enfoque de la vida que hace hincapié en la gracia, está del lado de la dignidad humana, se dedica al crecimiento espiritual y evolución moral, y está comprometido con la búsqueda continua de la verdad, aunque esa búsqueda aleje del cristianismo institucional.

Esta apertura de miras de un hombre de fe resulta convincente y necesaria para los buscadores espirituales de hoy. La ley escrita en cualquier escritura religiosa que se indica seguir con fe incuestionable es a menudo oscura, con mandatos contrarios o ridículos. Las páginas del Antiguo Testamento se hinchan con la rabia de un Dios iracundo que asesina a personas por razones absurdas. Ordena esclavizar a los hijos, odiar a los padres y matar a los vecinos por trabajar en sábado.

Los mandatos criminales del Antiguo Testamento van aún más lejos: Se debe asesinar a todos los adúlteros, homosexuales, adivinos, mujeres que no son vírgenes cuando se casan, personas que no escuchan a sus sacerdotes y pueblos enteros que adoran a otros dioses. El Nuevo Testamento indica que Jesús vino a cumplir estas leyes caducas. En Mateo, hablando de adulterio, a los hombres casados se les dice que aunque solo miren a otra mujer, se saquen un ojo, porque es mejor perder uno de los miembros que todo el cuerpo vaya al infierno. Todo esto está decretado en la Biblia como esencial para la salvación, pero es una bofetada a la razón para los buscadores espirituales educados de hoy.

En Los Hechos de Juan, un texto gnóstico, se dice que Jesús se apareció a los discípulos en diversas formas humanas, a veces como un niño y otras como un anciano. Al tocarlo, a veces lo sentían como un cuerpo físico y otras sus manos pasaban a través de él como una aparición. Juan mencionó que Jesús nunca pestañeaba, ni dejaba huellas, y que donde se paraba, el suelo se iluminaba.

Surge la cuestión de si Jesús vivió alguna vez en carne humana. Los primeros cristianos griegos y seguidores de Valentinus creían que sufrió en la cruz como un ser humano, pero que su espíritu no podía morir, trascendiendo la muerte. Pero en Los Hechos de Juan, Jesús le dice que no ha padecido nada de lo que dirán de él y que quiere que su vida sea llamada misterio. Sin embargo, los cristianos ortodoxos han hecho su credo que Jesucristo padeció bajo Poncio Pilato, fue crucificado, muerto y sepultado. La Iglesia condenó y quemó todos los textos gnósticos que decían lo contrario.

El Jesús bíblico es caracterizado de formas radicalmente contradictorias. Mientras que Mateo y Marcos lo describen como volátil y colérico, Lucas lo describe como amable y compasivo.

Algunos cristianos modernos se han rebelado contra estas proclamaciones contradictorias y la burda arrogancia del dogma religioso que propugna mandamientos criminales que ninguna inteligencia entrenada podría aceptar. La raíz de esta rebelión no es una falta de moralidad, sino el despertar de una espiritualidad más consciente. La filósofa Annie Besant expresó que los rebeldes no eran demasiado malos para su religión; al contrario, la religión era demasiado mala para ellos.

Decir que Jesús era "el único Hijo de Dios" es una mala traducción de yeheeday, que significa "primogénito", no "único". Las escrituras originales que hablan de Jesús fueron escritas en arameo, el idioma que él hablaba. Además, en la Santa Biblia se refiere más de una vez a todos los seres humanos como "hijos de Dios". Para los cristianos gnósticos, Jesús no es hijo único, sino el hermano mayor.

Habiendo sido descrito erróneamente a través de tantos prejuicios y malas traducciones, resulta fácil ver que las formas más sutiles de saber quién era realmente Jesús pueden perderse. Parece más racional y enriquecedor verlo a través de los ojos de los primeros gnósticos, quienes no lo consideraban un "único" Salvador perfecto al que adorar, sino un modelo para vivir como el verdadero Yo. Cuando Jesús proclamó "Nadie viene al Padre sino por mí", los cristianos gnósticos no pensaban que quisiera decir "Caed de rodillas y adoradme", sino que estaba indicando mirar en el interior hacia la propia naturaleza crística.

En las doctrinas religiosas casi siempre hay dos formas de interpretar estos tomos sagrados: una literal que se centra en la realidad externa y en una moral consensuada, o una simbólica interior que se centra en las propias verdades espirituales. Si la vía interior resulta inaccesible, existe el peligro de que la religión cristiana se vuelva impersonal y superficial, o incluso absurda y sin sentido, perdiendo el carácter sagrado de la propia vida interior. El Evangelio gnóstico de Felipe advierte de no cometer este error, afirmando que las palabras dadas a las realidades terrenas engendran ilusión, apartan el corazón de lo real hacia lo irreal, y lo mismo ocurre para las palabras Padre, Hijo, Espíritu Santo, Vida, Luz, Resurrección, Iglesia y todas las demás, pues no hablan de la Realidad; se comprenderá el día en que se experimente lo Real.

El verdadero cristianismo es un misterio que sólo se puede conocer en el corazón. La Biblia es inspirada pero fue escrita por hombres. Está llena de sabiduría que guía en la vida espiritual y ofrece lecciones inestimables para vivir como un ser humano bondadoso y virtuoso, por lo que se venera. Pero la búsqueda espiritual requiere participación; cada persona debe elegir lo que decidirá que serán sus principios rectores en la vida. El dogma religioso incuestionable y el fundamentalismo rígido implica vivir en la fe ciega y, puede llevar muy lejos.

Al aplicar la gnosis a muchas de las ridículas historias y referencias bíblicas, se puede ver que conducen simbólicamente al Autoconocimiento. Por ejemplo, cuando Jesús dijo "odiad a vuestros padres y madres y seguidme", la palabra "odiad" podría ser un error de traducción. Obviamente estaba diciendo que a veces es necesario apartarse de la propia familia para seguir el camino espiritual elegido. Muchos habrán encontrado que no pueden hablar de su tipo de espiritualidad con ciertos familiares. Sin la sincera apertura de espíritu de la gnosis, a menudo se queda a la deriva de la ortodoxia rígida, o incluso de algunos de los parientes más cercanos.

A través de la gnosis, el espíritu de la ley se inscribe en el corazón y se discierne a través de la propia manera de conocer, respetando la verdad individual. Esta forma personal de conocer la propia espiritualidad es lo que Jesús atestiguó en la asamblea de la ekklesia como aquellos que vinieron a construir el Reino de los Cielos en la Tierra, señalada en los primeros textos bíblicos. Esta sabiduría vive dentro de cada persona, en lo más profundo de su ser, detrás de todo lo que han sido programados para creer.

Carl Jung sugiere no preocuparse tanto por Jesús como figura histórica, sino por lo que simboliza para cada uno. El símbolo de Cristo da una expresión unificadora del principio que Jung llama el Yo con mayúscula. Creía que Jesús, como Hijo del

Hombre arquetípico, era un gran regalo para la Humanidad por la maestría con que movilizaba proyecciones transformadoras universalmente.

Mucho antes de que se escribiera la Biblia, "la Palabra de Dios" se había extendido por todo el mundo en la idea de espiritualidad propia de cada cultura. La mayoría de estas antiguas formas de conocer la Palabra de Dios se transmitían oralmente y eran muy personales. Parece obvio que la asamblea de la ekklesia eran personas que sabían que seguían la Palabra original de Dios. Esto incluía a miembros de las comunidades esenia y gnóstica, siglos por delante de su tiempo en sus actitudes de mente abierta y percepciones místicas. Habían observado que la gente respondía a esta sabiduría cuando la escuchaba, como si se les recordaran verdades que ya conocían. Para ellos, la verdadera espiritualidad nunca dependió de ninguna forma de dogma generalizado. Estos primeros cristianos esotéricos pensaban que esta forma de experimentar conscientemente a Dios y al Espíritu estaba cerca, aunque lejos de ser alcanzada externamente, y se habían propuesto alcanzarla.

Resulta lamentable que la mayoría sólo conozcan la vida y época de Jesús por el Nuevo Testamento, aunque en los primeros siglos se escribieron muchos libros que hablan de él. Y muchos cristianos sólo conocen sus creencias por el Credo de los Apóstoles, un simple resumen de lo que realmente enseñó. Esta forma más bien mecánica y memorizada de conocer el propio cristianismo ha prevalecido en la mayoría de las iglesias desde la segunda mitad del siglo V. Y gran parte de lo que Jesús enseñó en realidad quizá siga siendo siempre un misterio.

Con el avance de la metodología de investigación empírica y el renovado interés por este tema, se están sacando a la luz los años de desarrollo de Jesús, aunque sigue habiendo contradicciones sobre los detalles por parte de varios escritores de su época. Sin embargo, debe haber alguna razón por la que los canonistas romanos omitieron estos 18 años de la vida de Jesús de su historia. La mayor parte de lo que enseñaban los cristianos gnósticos y las Escuelas de Misterios esotéricas desapareció debido a la purga de todo este "material herético" por parte de la primitiva Iglesia romana. Así que aunque mucha documentación señala estos años perdidos de su vida, puede que nunca se sepa con certeza muchos hechos reales sobre el Jesús histórico o la Palabra original de Dios. Tal vez los gnósticos tenían razón cuando afirmaban que la única forma de conocer a Cristo es a través de la imaginación creativa y las revelaciones personales.

Tanto los esenios como los gnósticos eran sectas judías esotéricas que buscaban purificar sus cuerpos y mentes siguiendo la Palabra de Dios. Los Rollos del Mar Muerto, hallados en una cueva cerca de Qumrán en 1947, dan fe de un judaísmo precristiano de carácter gnóstico, que ahora se sabe era la Orden de los Esenios. Se trataba de una variedad de judaísmo que pudo haber servido de matriz para la espiritualidad poco convencional de los gnósticos. El descubrimiento de la Biblioteca de Nag Hammadi ha permitido a los estudiosos reunir fragmentos de las enseñanzas gnósticas que coinciden casi perfectamente con las enseñanzas de los esenios. Estos textos de Qumrán validan gran parte del espíritu del gnosticismo. Así que, milagrosamente, dos de los descubrimientos más destacados de la historia de la religión han traído una importante dote perdida del alma del mundo.

Con el acceso a la Biblioteca de Nag Hammadi y a los Rollos del Mar Muerto de los esenios, resulta mucho más fácil escudriñar las discrepancias de la Biblia y comprender con mayor claridad quién fue Jesús y qué enseñó realmente a sus discípulos. Era un Hierofante que los preparaba para la Iniciación en las Antiguas Tradiciones Misteriosas, lo que nunca se ha mencionado desde las formas externas más superficiales de conocerlo por parte de la Iglesia.

Redescubriendo el cristianismo gnóstico metafísico y la Orden Esenia profundamente cristiana, se están llenando muchas lagunas observadas en el estudio de la Palabra original de Dios, con gran parte de su simbolismo creativo realmente comprendido y apreciado. En lugar de entrar en conflicto con la Sagrada Biblia, esta profundidad de conocimiento añadida de estos gnósticos de mentalidad mística ayuda a descubrir la Palabra de Dios y las infinitas vistas de significados internos de la Biblia, la sabiduría sincera de Jesús que impartió a "los que tenían oídos para oír". Gran parte de esta profundidad interior transformadora de las enseñanzas originales de Jesús se perdió tristemente en la doctrina de Contantine de la "iglesianidad".

En la vida religiosa habitual de la mayoría de los cristianos, se enseña que para salvarse hay que aceptar a Jesucristo como Salvador, pertenecer a la Iglesia y adherirse inquebrantablemente a su doctrina. Esta ortodoxia cristiana ha permanecido en el poder desde el 20 de marzo de 325 d.C., cuando se reunió el Primer Concilio de Nicea por orden del emperador romano Constantino. Fue entonces cuando el cristianismo se estructuró, y Jesús fue "hecho de un solo ser con el Padre" y definido como el "único Hijo de Dios". Constantino exaltó a Jesús de la condición de profeta legendario muy querido a ser él mismo la "Gloria de la Divinidad". El Concilio de Nicea convirtió al cristianismo en la única religión mundial del Imperio Romano.

Aproximadamente 300 obispos asistieron a este primer Concilio de Nicea, que debatió y votó sobre todos los aspectos del cristianismo que se convirtieron en su doctrina. Y según investigaciones documentadas, su definición de cristianismo sólo ganó por muy pocos votos. Como afirma H. G. Wells en "The Outline of History", había una profunda diferencia entre el cristianismo plenamente desarrollado de Nicea y las enseñanzas de Jesús de Nazaret. Hubo mucho desacuerdo con el Credo de Nicea que Constantino obligó a algunos de los obispos a firmar a punta de lanza, y quienes se negaron fueron exiliados.

A partir de ese momento, el cristianismo se convirtió en la idea de Constantino de lo que la Iglesia necesitaba que fuera para mantener el poder y el dominio como la Religión Mundial Única. Se convirtió en una institución mundial, y sólo se podía acceder a Jesús a través de los sacerdotes ungidos entrenados y comisionados de la Iglesia Católica Romana. Y solo a través de la Iglesia podía la gente ser absuelta de sus pecados. Para ser "un cristiano", todos debían adherirse al Credo de Nicea; de lo contrario, sus almas estaban perdidas. Constantino incluso encargó una nueva Biblia que contenía sólo los evangelios que definían a Jesús como divino. Cualquiera que hablara de él como sólo humano fue eliminado.

Estos edictos que definen el cristianismo no vinieron de Dios ni de Jesús; vinieron de miembros humanos ordinarios de la jerarquía masculina de la Iglesia Romana. Y ningún hombre podía ser nombrado obispo o sacerdote a menos que estuviera en la tradición de la sucesión apostólica de sus líderes anteriores. Todo esto era crítico para el avance de la frágil nueva base de poder del Vaticano como la emergente Religión Mundial Única. El verdadero cristianismo hasta los primeros 300 años después de la vida de Jesús fue condenado y demolido, todo el conocimiento más temprano de las enseñanzas de Jesús simplemente arrojado a los cubos de basura del Destino.

Parece que Jesús fue literalmente secuestrado de sus seguidores originales por Constantino y la jerarquía ortodoxa romana. El mensaje de Cristo fue envuelto en un impenetrable manto de divinidad y usurpado para expandir los poderes del Emperador y de la Iglesia. Sin embargo, a lo largo de la historia, la Iglesia Ortodoxa Romana se ha mostrado muy abierta a la crítica en su preocupación por recaudar fondos para construir elaboradas catedrales y suministrar ornamentos enjoyados, equipos de comunión, birretes y demás parafernalia religiosa tan apreciada por sus líderes, todo ello mientras muchos de los hijos de Dios pasan hambre, algunos sin un techo bajo el que cobijarse. Se plantea la cuestión de si Jesús estaría en casa en la fe católica romana.

Madame Blavatsky, pionera visionaria y fundadora de la Teosofía moderna, creía que los gnósticos eran el factor opuesto a la "Iglesianidad" de Constantino. Su conocimiento y experiencia de la conciencia espiritual abrió a una nueva resma de ideas sobre la naturaleza humana y el cosmos. Pero para consternación, el cristianismo místico gnóstico autoafirmado que Jesús enseñó en realidad fue declarado peligroso y anticristiano por las autoridades de Constantino y se le negó la expresión. La gente ya no podía acceder directamente a Cristo. Estos pocos hombres católicos romanos dieron una cara a la religión cristiana, y todos los que no estaban de acuerdo con su idea de ella fueron etiquetados como "herejes".

Sea como fuere, ciertamente se puede honrar a Constantino por una cosa que hizo: Fue el primer emperador romano que dejó de ejecutar a personas simplemente porque se sabía que eran "Cristianos". Siendo emperador, había tenido una visión de una cruz en medio del sol, lo que interpretó como que una cruz le permitiría ganar batallas. Así que hizo que sus soldados llevaran escudos pintados con una cruz en el centro. Y durante todo el tiempo que fue emperador se declaró públicamente cristiano, aunque parece que sólo lo hizo por conveniencia política.

Los cristianos siempre han vivido con esta disparidad entre la "Iglesianidad" de Constantino y las enseñanzas originales de Jesús, mayormente con fe ciega. Y curiosamente, Constantino, considerado por muchos como el verdadero padre del cristianismo ortodoxo, ni siquiera era realmente cristiano hasta que se convirtió en su lecho de muerte. Constantino era pagano, no adoraba a Jesucristo, sino al Dios Sol, Sol Invictus, y su personificación, Helios.

Los primeros gnósticos sabían que esta designación del cristianismo impulsada por el poder del siglo IV tenía poco en común con lo que Jesús realmente enseñó. Para ellos, la Iglesia institucionalizada era una organización religiosa impía, edificios utilizados para la adoración de ídolos que la gente visitaba semanalmente, no diseñados para albergar las verdaderas enseñanzas de Jesús. Sentían que los Padres de la Iglesia Católica estaban difundiendo la doctrina de Cristo sin conocer la sustancia detrás de ella. Para ellos, gran parte de ella era arrogancia espiritual y confundía a los cristianos sobre el verdadero mensaje de Jesús.

En efecto, la ortodoxia ha traído un cristianismo que ha logrado seducir a sus seguidores con una devoción sensual a un Dios exterior, dedicado a la asistencia obligatoria a los edificios que ellos llaman "la Iglesia", donde este Dios debe ser adorado y sus fieles seguidores rinden homenaje a la sucesión apostólica de sus obispos y sacerdotes. Como afirmó el proclamado investigador científico junguiano Alfred Ribi, la Iglesia católica, con una marcada inclinación sensual, es la más capaz de satisfacer esta orientación externa con sus magníficas procesiones, relucientes estatuas de oro, desgarradores vía crucis, extática adoración de la Virgen, dramáticas curaciones milagrosas, coros de adoración y música celestial, experiencias sensuales a las que los fieles pueden aferrarse.

En tiempos de Jesús, no existía el "cristianismo", tampoco había evangelios ni iglesias. Jesús se reunía con la gente en sus casas, en pequeños grupos íntimos o uno a uno, y enseñaba a partir de libros judíos sagrados y escrituras esotéricas. Sus dos mandamientos más enseñados, "Ama a Dios con todas tus fuerzas" y "Ama a tu prójimo como a ti mismo", proceden del Talmud, el texto central de las leyes judías rabínicas. Francamente, Jesús nunca pretendió ser la cabeza de nada llamado "cristianismo".

El Nuevo Testamento comenzó a escribirse en algún momento durante la última parte del siglo I, aunque fue editado y reescrito hasta 1611. Fue entonces cuando la versión King James fue transcrita y editada para adherirse al sistema de creencias favorecido por el Rey. El arzobispo Bancroft estableció 14 reglas de traducción para asegurarse de que se ajustaba a la doctrina y prácticas anglicanas. Cambiaron palabras originales como "ministerio del cuerpo" por "oficio del obispo". Y como ya se sabe, la palabra ekklesia, las enseñanzas originales de Jesús sobre el Cristo interior, fue sustituida por la palabra kuriakos (que significa "iglesia" a manera de construcción) en todos los casos de la Biblia y otros textos cristianos conocidos.

La forma interior de ser cristiano en la que se accede directamente a Cristo fue completamente borrada. El apóstol Pablo sabía que esto estaba ocurriendo; advirtió de "hombres que se levantan hablando cosas perversas para apartar de sí a los discípulos." A lo largo de la historia, y para gran desgracia de la Humanidad, los obispos de esta ortodoxia romana tan poco complaciente han definido el cristianismo a su manera, situándolo por encima de todas las demás religiones y haciendo de la pertenencia a la Iglesia la única forma de evitar la condenación eterna. El cristianismo fundamental está basado en el miedo, cautivado por la creencia de que si no se acepta a un ajeno Hijo de Dios como Salvador se arderá eternamente en el Infierno.

Sin embargo, curiosamente, los profetas nunca hablaron de "arder en el Infierno". Esto no se menciona en ninguna parte de la Biblia hebrea o en el Antiguo Testamento original. En la concordancia hebrea, la definición de 'Hades' es "el Mundo de los Muertos". Y en la concordancia griega, la palabra 'Infierno' significa "lo invisible". El mito de arder eternamente en el Infierno ni siquiera fue creado hasta el siglo IV, e incluso entonces, no por cristianos, sino por seguidores de filósofos folclóricos griegos.

Ahora se sabe que el concilio de obispos de Constantino modificó y reescribió las enseñanzas de Jesús para adaptarlas a sus prejuicios doctrinales. Y lo que es peor, varios críticos textuales sospechan hoy que algunos de los versículos bíblicos considerados citas directas de Jesús fueron incluso revisados por fanáticos con una agenda. Tristemente, gran parte del cristianismo que ha gobernado el día desde el año 325 es esta 'Churchianity' debilitada y distorsionada. Verdaderamente, ¿no parece que en realidad se ha superado gran parte de ella hoy en día? Jesús guiaba para que se mirase hacia dentro y se trabajase seriamente en el interior para descubrir la propia naturaleza divina. Nunca trató de mirar a las autoridades externas para ser salvado. Tal vez sea hora de darse cuenta de que gran parte del cristianismo ortodoxo se escribió más en el espíritu de Constantino que en el espíritu de Cristo.

Es sabido que pensar de forma diferente al cristianismo habitual pregonado a lo largo de la historia por la Iglesia ortodoxa suele considerarse "anticristiano" y censurado como una falacia peligrosa. El filósofo metafísico Gene Kieffer advierte de que los eruditos tienen poco que ganar "enfrentándose a las creencias establecidas y a las tradiciones largamente acariciadas". Ciertamente, algunos cristianos de hoy que oigan hablar de este libro rezarán por el alma del autor, por lo que estará eternamente agradecido. Pero, ¿no es cierto que las cosas no pueden evolucionar si nunca se cuestionan las creencias? Se convierten en tópicos y acaban anquilosándose.

Está claro que las normas y los mandamientos ayudan a estructurar una sociedad ordenada. Aun así, para los gnósticos, las reglas externas no son relevantes para la salvación. Tampoco dan un sentido significativo del verdadero mensaje de Jesús. Y memorizar el dogma tampoco hace morales a las personas. Para ellos, la moralidad es una integridad interior que proviene de la propia ética espiritualmente informada y que se "muestra" por cómo se comportan en el mundo. Por lo tanto, sólo se pueden recordar las reglas, no ordenar seguirlas, como imploraba el cristianismo de Constantino. Los cristianos gnósticos tenían un sentido más profundo de la comprensión de los significados ocultos en la Biblia que sólo se pueden conocer en el corazón. Incluso entendían las a menudo memorizadas Bienaventuranzas y los Diez Mandamientos de esta forma mística del corazón.

Jesús como arquetipo humano y divino

La vida de Jesús es un relato milagroso, una historia arquetípica que revela el profundo misterio simbólico de la muerte y el renacimiento. Sin embargo, para experimentar verdaderamente la conciencia de Cristo en la sensibilidad del corazón, es necesario pasar conscientemente por momentos de "muerte" y "renacimiento". Para los cristianos gnósticos, el viaje hacia el Autoconocimiento requiere un recorrido consciente para alcanzar la integridad. Los seres humanos están diseñados para permanecer estrechamente conectados a su diseño arquetípico a priori. En el pensamiento gnóstico, la conciencia crística es el estado natural de la humanidad.

El nacimiento de Jesús en Belén no fue simplemente la llegada de otro sabio a la Tierra, sino la aparición del Humano arquetípico que encarna todos los logros humanos pasados y es precursor de todo lo que un ser humano puede llegar a ser. Al afirmar "Antes que Abraham naciera, yo soy" ante los fariseos que lo interrogaban, Jesús describió el Yo arquetípico. Como encarnación del Cristo, unificó el dualismo último de lo Humano arquetípico con lo Divino.

Las autoridades de la Iglesia romana definieron a Jesús como "el único Hijo de Dios", pero él nunca se refirió a sí mismo de ese modo, sino como "el Hijo del Hombre". Vino para asumir el sufrimiento del mundo y trascenderlo, uniendo en sí mismo al Hombre y a Dios. Los cristianos originales veían a Cristo como el núcleo divino de la naturaleza humana, el modelo de perfección que vive en potencia dentro de cada individuo. Platón describió el Yo arquetípico al afirmar que el hombre entró en la forma humana y se convirtió en muchos individuos, con lo idéntico presente en la multiplicidad desde el sello único.

Los gnósticos sabían que Jesús no era el único Hijo de Dios que había venido a la Tierra, pero creían que se le había dado una vestidura para consumar todo lo que nos hace ser lo que somos: los cuerpos de tierra, agua, aire y fuego que se manifiestan como nuestras naturalezas física, emocional, mental y espiritual. Según un texto gnóstico temprano, Jesús vistió todos estos cuerpos para que nada pudiera impedirle subir al mundo celestial o bajar a la vida terrenal, llamada "el inframundo" por los antiguos.

El arquetipo humano, perfeccionado en Jesús como "el camino, la verdad y la vida", es espiritual, psíquico y material. Carl Jung afirmó que a través de Jesús, el Alma Crística se convirtió en el ser humano plenamente realizado, al que se accede mediante el Autoconocimiento. Cristo ejemplificó el arquetipo del Ser, presente en cada individuo como el grano de mostaza que se convertirá en un gran árbol.

La palabra "Cristo" proviene del griego Kristos, que en hebreo significa "el ungido", una fuerza cósmica que unge a alguien con las cualidades de la divinidad, sin referirse a un Dios en particular. El "Hijo de Dios" arquetípico se reconoce en diversas religiones: Adam Kadmon en la Cábala judía, Atman en el hinduismo y Asia oriental, Alí en el mundo musulmán, Zaratustra en Persia y Baha'u'llah en la fe bahá'í.

El arquetipo de Cristo requiere un "conocimiento" más expansivo que el mero intelecto para comprender su profundo propósito sagrado. Es una conciencia mística que impregna todos los espacios del infinito con Amor universal. Al adquirir esta conciencia, el ser humano trasciende su mera humanidad.

El Alma Crística recuerda que los seres humanos no son criaturas temporales superfluas zarandeadas por el Destino, sino que participan universalmente en la creación, dotados del poder de la fuerza divina. Como progenie del Creador, poseen inherentemente la magia de la realización, capaz de traer lo divino a la manifestación. La palabra "realización" es una fuerza activa profundamente involucrada que significa "hacer realidad".

En los evangelios gnósticos, Jesús insiste en que sus discípulos no confíen en el conocimiento ajeno, sino que aprendan a respetar y honrar sus propios poderes internos de "saber". El Evangelio de Felipe recuerda que la superioridad del hombre no es evidente a los ojos, sino que reside en lo oculto a la vista. Estos potentes poderes espirituales, creativos y siempre presentes, esperan el reconocimiento y la expresión. El filósofo esotérico Will Garvier insta a recordar que estos poderes no son añadidos desde fuera, sino que se poseen desde dentro, aunque no se sea consciente de ello.

El crecimiento en estos poderes requiere consciencia y trabajo interior. En la infancia, a menudo se enseña a no confiar en los propios sentimientos o en el "saber" interior, sino a simplemente comportarse y obedecer a los adultos, lo que no fomenta la confianza en la propia forma de saber. Para algunos, la angustia emocional persiste debido a las partes del ser que se debilitaron o casi se destruyeron por negligencia o abuso. Es importante detenerse y reflexionar sobre el derecho a ser plenamente y de todo corazón el propio Ser.

Al individualizarse y dejar de vivir en conformidad inconsciente con la programación parental o social, se restablece la conexión con la propia sabiduría y la cercanía íntima con el Espíritu nutricio con el que se nace. Paradójicamente, esta inocencia es muy madura. Jesús enseñó que para entrar en el Reino de los Cielos es necesario convertirse y hacerse como niños, humillándose como ellos.

El Alma Crística enseña que el propósito es manifestar lo divino en cada vida individual. La humanidad permanecerá aquí hasta que se vuelva amorosa, sabia y domine la condición humana. Entonces, el Cuarto Reino en la Naturaleza se habrá vuelto eternamente divino, y toda mezquindad y formas hirientes en la naturaleza humana serán absueltas en Amor. El sagrado propósito estará completo: "Sed perfectos, como vuestro Padre que está en los cielos es perfecto". Y se podrá decir, como hizo Jesús: "Consumado es".

Jesús, como arquetipo de lo Humano, abrió el camino de regreso a la herencia divina. Como primer gnóstico cristiano, su vida es un hecho histórico y, al mismo tiempo, una expresión simbólica de la verdadera naturaleza humana. A través de él, el misterio del ser se hace realidad. Y mediante la gnosis, se aprende a vivir la historia más grande, expresando la divinidad en formas humanas creativas y prácticas.

Muchos caminos espirituales se centran en guiar a las personas para que se eleven por encima de su humanidad, como si ser humano fuera "poco espiritual" e incorrecto. Pero Jesús recuerda que, como seres espirituales, se ha venido aquí precisamente para completar el Reino Humano asumiéndolo y siéndolo. La humanidad ya es espiritual; lo que está aprendiendo es a ser humana.

El reconocimiento de la eterna naturaleza humana/divina resuena en las escrituras gnósticas más que en la Biblia. En El Evangelio de María Magdalena, Jesús afirma que el Hijo del Hombre habita en cada individuo. Cada persona es una expresión única del Cristo. Como seres inmortales, al igual que Jesús, los gnósticos sabían que se obtiene la victoria sobre la muerte. Al completar la vida terrenal, se sale del cuerpo físico temporal y se regresa al Pleroma, ese campo expansivo de conciencia del que se ha venido. La aventura de la vida continúa eternamente cuando se comprende que se es la conciencia misma.

El propósito sagrado de la existencia es manifestar el arquetipo de lo Humano. Permanecer conscientes de esta tarea evolutiva ayuda a relajarse y aceptar la vida humana tal y como es, sin importar las circunstancias. Y lo más importante, se aprende a aceptarse a uno mismo tal y como se es, pues cada individuo es un diseño único, incomparable con los demás. Cuando se pierde el contacto con la verdadera naturaleza, se vive en conflicto, desdicha y desesperación. Ante una condición adversa, es importante recordar que el alma está aprendiendo otra lección sobre cómo ser el yo humano, y hacer esta reflexión personal permite permanecer tranquilo mientras se atraviesa la desdicha existencial.

La Era de Piscis, de 2.000 años de duración, ha terminado, y la Era de Acuario está entrando en juego. La Era de Piscis fue un tiempo para aprender sobre la devoción a un "otro" y para centrarse en las diversas formas de vivir con los demás en el mundo humano. Vivir en una conciencia dirigida hacia el exterior ha sido la norma, con el lado sombrío de perderse en la búsqueda del placer, en búsquedas egoístas inútiles, en adicciones y en la codependencia. La nota clave de la Era de Acuario es la Autorrealización, un llamado a volverse hacia dentro, permanecer conscientes y llegar a conocerse a uno mismo.

En el Evangelio de María Magdalena, Jesús enseñó que el Reino de Dios está formado por seres humanos plenamente realizados. Anthropos es este estado del ser que tiende un puente entre lo humano y lo divino. En la Tradición Mistérica Occidental, Anthropos es el Arquetipo de la Síntesis, el matrimonio de los principios masculino y femenino en el interior. Sin embargo, este gran misterio de la naturaleza divina interior se perdió en la preocupación de la Ortodoxia por construir un imperio religioso y crear una dependencia de la autoridad externa para alcanzar la salvación. El cristianismo convencional parece estar atascado en la Era de Piscis, buscando la identidad fuera de uno mismo.

En la historia más grande, se está "realizando" el Reino Arquetípico, sacándolo de la imaginación creativa y haciéndolo realidad. Esta es la tarea actual. Jesús vive en el cielo, pero la humanidad está en la tierra. Depende de cada individuo manifestar este Reino, como Jesús quiso decir al afirmar que quien crea en él hará las obras que él hace y aún mayores.

Los Misterios de Jesús que Cristo enseñó a sus discípulos trataban de cómo vivir esta vida arquetípica trascendente, "viendo doble", erguidos como lo que se ha venido a ser. El Evangelio de Tomás lo expresa perfectamente: "Cuando tengas Ojos en tus ojos, una Mano en tu mano, un Pie en tu pie, y un Icono en tu icono, entonces entrarás en el Reino".

Como este "nuevo humano" arquetípico, habrá un apartamiento natural de las tendencias piscianas dirigidas hacia el exterior y se comenzará a encarnar la propia verdad, estando en este mundo pero no siendo de él. Esta forma de vivir tranquila y sin ataduras es un reto implacable.

La gnosis es la energía pura de la conciencia que puede descender a los cuerpos, mentes y corazones y llevar a la plenitud. Una vez despiertos, Jesús considera a los individuos como iguales a él, "hijos del Padre viviente". Cuando Jesús dijo "sabed quién soy", no buscaba devotos irreflexivos que le adoraran ciegamente, sino que estaba diciendo "despertad y sed quienes sois, como me veis hacer a mí". En el libro bíblico de Juan, recuerda enfáticamente que los seres humanos están en él y él está en ellos. A Jesús nunca le interesó que las personas se hicieran cristianas, sino que les llamaba a ser bautizados. Como dijo en el Evangelio de Tomás, quien beba de su boca será como él, y él mismo se convertirá en esa persona, revelando las cosas ocultas.

En resumen, la humanidad ya es uno con Cristo; sólo tiene que hacerlo realidad siéndolo. Al darse cuenta de que todos llevan la semilla de Dios en su interior y de que ya son el auténtico Ser, deben convertirse en precursores de este despertar, no predicando ni hablando de ello, sino simplemente siendo conscientes, reflexivos y compasivos. No se trata de aprender nada nuevo, sino de aceptar con humildad que ya se está hecho de este brebaje celestial. Ha llegado el momento de recordar quiénes se es realmente, más allá de estar ocupados aprendiendo a ser humanos.

Es fascinante ver la gran diferencia entre los textos de la Iglesia Ortodoxa Romana canónica y las escrituras gnósticas que brindan una visión más amplia y holística del ser humano. Mientras que la ortodoxia se centra en la indignidad pecaminosa, los cristianos gnósticos presentan una imagen totalmente diferente: la naturaleza humana es buena y la esencia es divina. Sólo se necesita recordar esto y serlo.

Tantas interpretaciones hechas por el hombre y transcripciones erróneas de las escrituras se interponen en el camino de las enseñanzas originales de Jesús sobre la ekklesia. Cabe preguntarse si la indignidad pecaminosa fue alguna vez lo que Jesús enfatizó, o si los Padres de la Iglesia Romana y canonistas bíblicos pusieron énfasis en llamar a la humanidad pecadores indignos para que buscaran desesperadamente a la Iglesia como medio de salvación del pecado. El ministro cuáquero Philip Gulley afirma acertadamente que si la Iglesia fuera verdaderamente cristiana, se centraría en afirmar el potencial humano en lugar de condenar su quebrantamiento. Incluso va más allá al decir que si la Iglesia va a afirmar que fue fundada por Jesús, al menos debería reivindicar los valores y prioridades que él realmente enseñó.

Los gnósticos creían que Jesús llamaba a recordar que los seres humanos son meros transeúntes de una historia nueva que nunca antes se había contado. Y si se utiliza la imaginación creativa del alma y se centra en ella, la historia con todas sus tramas y personajes se desarrollará ante los ojos.

Jesús y los Esenios

La Orden secreta de los Esenios se originó durante el reinado del faraón egipcio Akenatón, fundador del monoteísmo, alrededor del año 1340 a.C. Estos devotos custodios de los tesoros del Templo de Jerusalén, destruido por los romanos en el año 70 d.C., se extendían por toda Judea en comunidades dedicadas al celibato, el ascetismo y la pobreza voluntaria, similar a los monjes cristianos. Cada mañana se sumergían en baños rituales para alcanzar la pureza.

Antes del nacimiento de Jesús, aproximadamente 4.000 esenios rompieron con los sadiquitas y el judaísmo ortodoxo, abandonando el Templo de Jerusalén para instalarse en Qumrán. Algunos afirman que posteriormente se convirtieron en los cátaros medievales de Francia, considerados gnósticos por creer en almas divinas sepultadas en cuerpos de carne, hechas de luz, y por favorecer el Evangelio de Juan.

Autodenominados "los Hijos de la Luz", los esenios se alineaban con la Gran Hermandad Blanca que utilizaba el sol como símbolo sagrado. Seguidores de la ley judía y las enseñanzas de Pitágoras, Platón y Aristóteles, su doctrina preservada en los Rollos del Mar Muerto contiene partes intactas de la Biblia hebrea desde el 300 a.C. En Siria, eran considerados la clase judía más erudita.

Su nombre deriva del sirio antiguo para "médico", mientras que en griego escena o esseni significa "sanadores" o "santos". Su propósito existencial era sanar enfermos de cuerpo, mente y alma. Como iniciados de diversos grados, dominaban la filosofía esotérica y practicaban poderes espirituales como la clarividencia, la telequinesis, la levitación y la curación por imposición de manos, proporcionando el entrenamiento perfecto para Jesús.

A lo largo de la historia, los esenios han representado diversas corrientes de sabiduría, incluyendo la egipcia, budista, zoroástrica y pitagórica. Estos buscadores concienzudos y siervos de la paz eran considerados por algunos historiadores como las personas más notables del mundo. En la antigüedad, eran principalmente astrónomos, matemáticos, músicos y médicos creyentes en la inmortalidad del alma. Actualmente, su membresía se extiende por todo el mundo y todos los ámbitos de la vida.

Estos eternos guardianes de los antiguos misterios seguían a un Mesías sin nombre al que se referían como "el Maestro de Justicia", cuya vida y muerte fueron casi idénticas a las de Jesús. Sabían de la venida de Jesús como un retorno de un Señor Solar conocido como el Cristo o el Maestro Ascendido Sananda Kumar. Siempre habían esperado a un Mesías de la Casa de David. Su Maestro de Justicia, un sacerdote Sadoca y precursor de Cristo ejecutado por la tiranía real alrededor del año 100 a.C., servía como el Espíritu Santo residente. Aunque su verdadera identidad nunca ha sido revelada, parece evidente que era un Avatar de la Gran Hermandad Blanca.

La misión esenia en Qumrán fue destruida por los romanos en el 68 d.C. Afortunadamente, antes habían ocultado sus manuscritos en cuevas cercanas. En 1947, un pastor beduino descubrió los Rollos del Mar Muerto de esta Orden secreta en una cueva próxima a Qumrán. Tanto los evangelios gnósticos de Nag Hammadi como los Rollos del Mar Muerto ayudan a recuperar partes trascendentales de la historia religiosa perdida, repletas de conocimientos sobre Jesús y el cristianismo primitivo. Como señala el gnóstico Stephan A. Hoeller, es en la relación entre el Mesías esenio, Jesús y el Cristo gnóstico donde se encuentra el vínculo que une los Rollos esenios con los evangelios gnósticos de Nag Hammadi.

Sin embargo, seis décadas después, solo se ha publicado el 20% de los Rollos del Mar Muerto. Gran parte de su material teológico más sensible sigue siendo un misterio, desterrado imprudentemente por los guardianes de la espiritualidad occidental, según Hoeller. Recuerda además que las preocupaciones espirituales y religiosas impulsan incesantemente la búsqueda de la totalidad. Al igual que la sombra en la psicología junguiana, la psique humana acaba por convocar los aspectos ocultos y negados de sí misma. Por tanto, quizás ha llegado el momento de aceptar la espiritualidad rechazada como herética tanto de esenios como de gnósticos.

Los esenios creían que los humanos son almas inmortales que acceden a Dios o al Espíritu desde su interior, a su manera. Al igual que los gnósticos, sus predecesores participaban de visiones y revelaciones con significados ocultos. Por tanto, eran una Orden esotérica cuyos miembros poseían un profundo conocimiento personal de los mundos espirituales. Su idea de la ley era que Dios no la escribía en páginas de libros, sino en los corazones y el espíritu. El Evangelio de la Paz de los esenios lo expresa poéticamente:

"No busquéis la ley en vuestra escritura, porque la ley es vida, mientras que la escritura está muerta... En todo lo que es vida está escrita la ley. Se encuentra en la hierba, en el árbol, en el río, en la montaña, en las aves del cielo, en los peces del mar, pero buscadla principalmente en vosotros mismos".

Esta sagrada Orden esotérica reivindicaba dos líneas de tradición: dichos proverbiales para el público y profundas enseñanzas místicas que la gente mundana no comprendería. Los esenios sabían que las enseñanzas místicas secretas del Cristo interior estaban inmersas en la Biblia, enseñanzas que Jesús daba a los que consideraba "los dignos". Era consciente de que los pensadores simples tendrían menos probabilidades de comprender sus enseñanzas secretas. Como señaló el investigador junguianos Alfred Ribi, ciertas citas no canónicas atribuidas a Jesús sugieren la posibilidad de que algunas de sus palabras fueran suprimidas por ser incomprensibles para una mentalidad simple. Ciertamente, se sabe que "algunas cosas que salieron de su boca" habrían sido suprimidas por los Padres de la Iglesia si no se adherían al venerado dogma católico.

Algunos investigadores religiosos creen haber encontrado pruebas de que Jesús, su padre José y su tío José de Arimatea fueron miembros de la antigua Orden de los Esenios y entrenados en la sabiduría de los Siglos. Desde el año 130 a.C. hasta el 70 d.C., cerca del Mar Muerto existieron comunidades esenias heterodoxas autosuficientes que enseñaban una doctrina de amor. Sin sacerdotes, se reunían en grupos para estudiar los misterios de la naturaleza, incluyendo el nuestro, y las jerarquías celestiales. Muchos de estos esenios que estudiaron con Jesús se convirtieron en los primeros teólogos cristianos. Sus antiguos Rollos del Mar Muerto, como la Biblioteca de Nag Hammadi, documentan mucho sobre las enseñanzas y la vida de Jesús que no se encuentra en la Biblia. Los Rollos no entran en conflicto con la Biblia, sino que añaden los 18 años omitidos en la historia bíblica de su vida.

La familia de Jesús había huido de las condiciones asesinas creadas por Herodes y vivió en Egipto durante sus primeros años. Se sabe que los israelitas vivieron allí durante 400 años, pero ningún historiador ha determinado cuánto tiempo permanecieron Jesús y su familia. Sin embargo, existen registros que muestran que pasó tiempo con las Hermandades Zadokita y Therapeutae. Según algunos investigadores, los esenios y los terapeutas eran originalmente la misma secta. Los Therapeutae eran un grupo judío esotérico de Alejandría con influencia pitagórica, sanadores y trabajadores de la luz conocidos como "médicos del alma". Algunos los consideraban una rama contemplativa de los esenios, pero llevaban una vida muy activa.

Ambos grupos celebraban bautismos y otros sacramentos, incluyendo una comida comunitaria. Seguían las enseñanzas de los profetas y esperaban la llegada de un Mesías que gobernara la Era venidera. Sus filosofías de Misterios Antiguos enseñaban que los humanos son almas inmortales que acceden a Dios o al Espíritu directamente desde su interior, sin necesidad de autoridad externa.

Los esenios reconocieron a Moisés como un Maestro avanzado de la Sabiduría, y Jesús los honró como los verdaderos herederos de las leyes que Moisés dio solo a los Iniciados. Como se ha mencionado, Jesús fue entrenado en el Templo Egipcio donde Moisés estudió originalmente. El capítulo 47 de El Evangelio Acuariano de Jesús el Cristo describe las siete pruebas iniciáticas a las que se sometió mientras recibía una educación esotérica por parte del Hierofante en el Templo de Heliópolis. A continuación, un breve resumen de las pruebas superadas por Jesús, revelando los dones espirituales que había alcanzado:

1) Sinceridad. Jesús fue capaz de reconocer la hipocresía y superar la tentación del engaño.

2) Justicia. Había aprendido a no dejarse seducir por los prejuicios y la traición.

3) Fe. Demostró tener fe en Dios y en sí mismo a través del amor y no de la ambición.

4) Filantropía. Prefirió ayudar a los necesitados, enfermos y pobres antes que buscar el placer egoísta.

5) Heroísmo. Alcanzó la victoria sobre el miedo y las tinieblas, elevándose a su plena estatura en la luz.

6) Amor divino. Transformó el amor carnal en el Amor puro y universal que sería enviado a modelar y enseñar.

7) Conciencia Crística. El Hierofante otorgó el más alto honor a Jesús como El Cristo y le dijo que fuera a predicar el evangelio de buena voluntad y paz en la Tierra a la humanidad.

Ahora se están descubriendo las conexiones entre los primeros gnósticos, los terapéuticos, los esenios y el cristianismo primitivo, todos parte de la Gran Hermandad Blanca. Los rituales cristianos del bautismo, la comunión y la práctica temprana de mirar al sol fueron derivados de la Orden Esenia, así como de los Misterios Egipcios Paganos. Los Therapeutae, profundamente dedicados a una vida de estudio y oración, se convirtieron en un modelo para los monjes y monjas cristianos. No eran ascetas empedernidos; disfrutaban de lujos sencillos y eran alegres y optimistas. Saludaban cada amanecer con una oración a Dios como el sol, agradeciéndole la alegría de vivir, y por las tardes rezaban yendo a su interior para descansar sus almas. Es difícil imaginar una forma más sagrada de vivir cada día.

Según los Rollos del Mar Muerto, nunca editados ni revisados, los primeros esenios judíos veneraban a Jesús como un Mesías "doble": era de la línea de Aarón y de David, habiendo heredado tanto el linaje sacerdotal como el real. Por eso Poncio Pilato se refirió a él como "Rey de los judíos". Representaba una amenaza real para el Rey Herodes y el Sumo Sacerdote Chiapis, razón principal por la que tuvo que ser eliminado.

En su libro Jesús, Tricia McCannon profundiza en los primeros años de su vida. Menciona que justo después de su nacimiento, los Magos visitaron la Orden Esenia en el Monte Carmelo y les dieron instrucciones sobre cómo enseñar a Jesús. Según un conocido maestro esenio llamado Suddi, Jesús comenzó su formación esotérica en Qumrán cuando solo tenía 8 años.

Los historiadores religiosos han encontrado evidencia y registros reales que indican que Jesús fue iniciado en las Antiguas Religiones Misteriosas conocidas en Egipto y Grecia. Ahora se cree que fue enviado a estudiar los Misterios de India, Persia, Egipto y Grecia durante esos silenciosos 18 años de su vida que ni siquiera la Biblia menciona. Hay pruebas documentadas de que incluso pasó una temporada con monjes budistas en el Tíbet y se familiarizó con su filosofía.

De hecho, existen pruebas escritas de que Jesús visitó los templos de la India. Allí se le conocía por su nombre arameo, Issa. Y el cristianismo primitivo también muestra influencias orientales, aunque todo esto es negado y considerado blasfemia por las autoridades judías y cristianas ortodoxas. En el cristianismo convencional, nunca se ha mencionado que estuviera expuesto a todas estas enseñanzas, ya que sus años de adolescencia y primeros años de vida adulta están completamente ausentes de la historia de su vida. El tema incesante de lo que nunca se sabrá sobre Jesús es este: desde una edad muy temprana fue guiado por Avatares y entrenado en las Tradiciones Misteriosas esotéricas.

Nunca ha llegado a ser un hecho probado que Jesús fuera miembro de la Orden de los Esenios, y existe mucha confusión al respecto. En cualquier caso, las últimas investigaciones de Stephan Hoeller han descubierto que el gnosticismo estaba "casado con su predecesor inmediato, el judaísmo alternativo de los esenios". Un estudio de las escrituras gnósticas indica que muchas de las enseñanzas de Jesús estaban directamente alineadas con los patrones de pensamiento y los ideales místicos de los esenios, con una gran diferencia: los esenios eran conocidos por menospreciar a las mujeres por no ser iguales a los hombres, mientras que las escrituras y textos gnósticos otorgan poder y respeto a lo femenino. Y esto era casi inaudito en aquellos primeros tiempos. Como se expresa en El Evangelio de Felipe:

"La compañera (koinonos) del Hijo es Miriam de Magdala. El Maestro la amaba más que a todos los discípulos; a menudo la besaba en la boca... Cuando Eva estaba en Adán, no había muerte; cuando se separó de él, vino la muerte. Si ella vuelve a entrar en él, y él la acepta, ya no habrá muerte".

Parece que Jesús era efectivamente un gnóstico y un esenio, enseñando que se llega a conocer la vida y a Dios a partir de la propia exploración interior, descubriendo que el Ser y Dios son uno.

El Tractado Tripartito, considerado un tratado valentiniano en las escrituras gnósticas, menciona que cada vez que Jesús se sentía confuso o lleno de dudas sobre sí mismo, acudían a él pequeños "seres de pensamiento", voces que oía desde su interior y que le hacían recordar su verdadera identidad y su obediencia a Dios. Se puede pensar en ellos como las voces de la intuición que llevan a la gnosis, enseñadas a través de visiones instructivas y ensueños.

Jesús honraba el modo propio de cada uno de conocer a Dios o al Espíritu, y enseñaba a sus seguidores que la verdadera gnosis solo proviene de la propia experiencia de vivirla. Este parece ser mucho más el tipo de "persona" que sería Jesús que el Jesús bíblico que iba por ahí ordenando airadamente a todo el mundo que le adorara o ardería para siempre en el Infierno. Es posible que cuando los canonistas eliminaron las enseñanzas gnósticas de la Biblia, se perdió la forma íntima e infalible de conocer realmente a Jesús. Como se ha insistido en estos escritos, los canonistas romanos estaban mucho más empeñados en convertir a Jesús en la persona que ellos necesitaban que fuera para preservar su irrefutable supremacía como único cristianismo legítimo. Quizás los gnósticos tenían razón cuando afirmaban que solo se puede conocer a Jesús a través de los propios corazones intuitivos.

Misterios del antiguo Egipto y Jesús

En la época en que Jesús vivió, el antiguo Egipto era considerado el epicentro de las enseñanzas mistéricas que moldearon el destino espiritual de Occidente. Muchos cristianos contemporáneos desconocen la profunda influencia que tuvieron los Misterios Egipcios en el judaísmo y el cristianismo. Las diez cualidades representadas en el Árbol de la Vida judío son las mismas que se atribuían a los faraones. Asimismo, el Arca de la Alianza se originó en Egipto como un medio para comunicarse con la deidad solar, y los Diez Mandamientos se basaron en la Ley de Maat de los Misterios Egipcios.

En las escuelas mistéricas de Tebas, Menfis y Heliópolis se enseñaba sobre los siete chakras o niveles de conciencia alineados con el sistema endocrino a lo largo de la columna vertebral, descritos detalladamente en el Evangelio de María Magdalena. Jesús aprendió que, al purificar y activar cada chakra, uno se convierte en el Anthropos, el ser humano perfeccionado, conocido en los Misterios Egipcios y en la Cábala judía como Adam Kadmon, el hombre universal.

A través del proceso iniciático, Jesús habría aprendido a emplear el Poder de la Palabra, denominado por Juan en el Nuevo Testamento como "la Palabra de Vida". Los Misterios Egipcios describen este Poder como el "baño en la Corriente de Sonido" que dio origen a toda la creación. Esta corriente impregnaría el cuerpo de Jesús, haciendo que el ritmo del mundo surgiera y se desvaneciera en su interior, armonizando todas las diferencias irreconciliables entre nuestro Yo humano y divino, fundiéndolos en uno solo. Tal como Jesús prometió en el Evangelio de Tomás: "Cuando hagáis de los dos uno, y lo interior como lo exterior, y lo alto como lo bajo... entonces entraréis en el Reino".

La labor del auténtico gnóstico siempre será la integración de todos los opuestos dentro de uno mismo, volviéndonos completos y renovados tal como la Divinidad nos concibió. Esta unión del ser terrenal con el Osiris interior resucitado (el Cristo) se encontraba en el corazón de los Misterios Egipcios transmitidos en las enseñanzas de Jesús. Existen al menos seis registros históricos diferentes de la época que describen los estudios de Jesús en Egipto, incluyendo documentos de Herodes Antipas y Caifás del Consejo del Sanedrín.

El Sanedrín criticó a Jesús por recurrir a las enseñanzas alegóricas de los hebreos egipcios en lugar de enseñar según las tradiciones judías. Como se evidencia en los escritos gnósticos, Jesús a menudo hablaba sobre liberarse de toda autoridad externa. Sin embargo, el cristianismo ortodoxo enseña lo opuesto: que se debe pertenecer a la Iglesia y seguir los dictados de ministros y sacerdotes como única vía de salvación.

La Orden Rosacruz Cristiana sostiene que Jesús se convirtió en un Adepto maduro en las Escuelas de Misterios egipcias, y que los Magos que guiaron su entrenamiento provenían de Egipto y regresaron allí después de presenciar su nacimiento. Se sabe que Jesús vivió en Egipto durante sus primeros años de vida y algunos historiadores señalan que volvió de joven para estudiar en Heliópolis, la Ciudad del Sol. Moisés y el discípulo Marcos también estudiaron allí como escribas.

Moisés fue considerado un verdadero Príncipe de Egipto que incorporó las enseñanzas de los Misterios Egipcios en la filosofía hebrea. Los Diez Mandamientos se derivan de la Ley de Maat, la diosa de la Verdad y la Justicia nacida del dios solar Ra. En los Misterios de Osiris, este dios egipcio representa la resurrección.

Según C. W. Leadbeater, teósofo destacado, detrás de todas las enseñanzas de los Misterios egipcios, la Gran

Hermandad Blanca permanece en secreto silencio, custodiando los Misterios que canalizan la sabiduría de las Edades. Aunque desconocido en el cristianismo popular, el origen del verdadero mensaje cristiano es un aspecto muy especial de esta sabiduría perenne atemporal. Al estudiar más a fondo la vida de Jesús, se observa que los canonistas romanos no pudieron aceptar el hecho de que tanto Jesús como Moisés eran auténticos místicos del más alto orden, profundamente formados en el esoterismo.

Los Misterios Egipcios conducen a los Misterios del Cristo Interior, y ambos comparten un propósito: la iluminación espiritual del ser humano, tal como se evidencia en los escritos gnósticos. Jesús instruyó a sus discípulos sobre la necesidad de vivir como seres espirituales mientras aún estamos vivos, no sólo después de morir, insistiendo en que estamos aquí para transformar la condición humana mediante un despertar que se produce a través de la unión interior de nuestra naturaleza temporal y eterna. Jesús nunca intentó entregar nuestro poder a autoridades externas.

Estos Misterios egipcios enseñan a enfrentar la muerte sin temor, como una puerta hacia la libertad del alma para que pueda regresar a su verdadero hogar. En épocas pasadas, cuando las tradiciones sagradas eran más comunes, la muerte no era percibida de manera tan negativa y triste como lo es ahora. En esta antigua tradición sagrada, los neófitos y los iniciados eran guiados a través de un ritual de muerte voluntaria para que pudieran vivir como si ya hubieran muerto, lo que podría explicar el dramático ritual de muerte y resurrección de Jesús. El apóstol Pablo, evidentemente un iniciado, solía decir: "Muero cada día".

El enredo en este mundo humano ha llevado al olvido de que somos almas espirituales en eterna evolución, y no simples personalidades temporales limitadas. Para el alma no existe la muerte, sólo la transformación hacia formas de ser más elevadas que nos acercan a nuestro Origen. Los Misterios egipcios despiertan a la verdadera identidad como el Ser arquetípico divino/humano.

El apóstol Juan: Un místico gnóstico

El apóstol Juan, hijo de Zebedeo y Salomé, fue el discípulo más joven de Jesús. Aunque se conoce poco de su vida real, su legado ha quedado envuelto en la bruma de la leyenda. Se le consideraba un místico y un mago, atribuyéndole sucesos milagrosos como sobrevivir a venenos, hervir en un caldero sin quemarse y resucitar a los muertos. Juan tenía una estrecha relación con Jesús y acogió a su madre en su hogar después de la crucifixión.

El Evangelio de Juan, incluido en la Biblia, fue fuertemente editado por los canonistas romanos para eliminar contenido "no ortodoxo". El Apócrifo de Juan, también conocido como El Libro Secreto de Juan, no llegó a formar parte del canon bíblico, pero sobrevivió en bibliotecas monásticas a pesar de ser condenado como herético por tratar sobre los fundamentos místicos gnósticos de la cristología juanina.

Juan, como gnóstico, comprendía las enseñanzas más profundas de Jesús y reconocía a la asamblea de la ekklesia mencionada en los primeros textos bíblicos griegos: una raza imperecedera sobre la que ha descendido la luz del Espíritu. Él enseñaba sobre el mundo invisible, el visible y esta humanidad imperecedera, creyendo en la reencarnación y en la salvación final de todos.

El estilo poético y visionario de Juan es enigmático, con un mensaje distinto para gnósticos y ortodoxos. Utiliza términos gnósticos como Logos, Zoe, Anthropos, Charis, Aletheia y Monogenes. A diferencia de los evangelios sinópticos, en Juan Jesús habla abiertamente sin parábolas, negando ocultar secretos. No menciona la genealogía terrenal de Jesús, viéndolo como el

Logos encarnado, y afirma que trae una espada, símbolo de verdad absoluta para los gnósticos.

Otra diferencia es la visión de Juan sobre "la Ley", que considera propia de los fariseos, abogando por seguir a Jesús y amar al prójimo. No menciona el infierno ni el pecado imperdonable. Los gnósticos ven a la humanidad como buena, mientras la ortodoxia la considera pecadora por naturaleza.

Para Juan, Jesús era un dios propio, la Luz del Mundo. Adorarlo como el único Hijo de Dios lo vuelve inalcanzable, pero Juan lo veía como portador de la revelación de que todos pueden ser bautizados, siendo "un Hijo de Dios" su mejor Yo. En Juan 14, Jesús proclama la unidad con él y se desconcierta de que sus discípulos no lo entiendan.

Muchos no vieron a Jesús como realmente era. Juan, formado en las Tradiciones Misteriosas, había despertado al Cristo interior. Sabía que la mayoría vivía según la historia literal de Jesús, sin comprender que volver a la esencia espiritual es un proceso interno. Sus escritos recuerdan que Jesús demostró que la naturaleza humana es divina.

Juan, como Iniciado en las Antiguas Tradiciones Misteriosas, conocía la riqueza del conocimiento divino que existe desde el principio. Esta sabiduría vive en el interior y se debe recorrer el camino del despertar y la purificación para recordar la verdadera naturaleza. Esta revelación del recuerdo de uno mismo encaja con las enseñanzas originales de Cristo sobre la ekklesia, siendo el gnosticismo en su forma más pura.

Jesús demostró esta sabiduría, pero no la enseñó intelectualmente ni escribió nada. Sin una experiencia mística, incluso los teólogos han restado importancia a este conocimiento del Recuerdo de uno mismo, el fundamento de la religión cristiana. Los líderes religiosos, centrados en las creencias ortodoxas, rara vez enseñan esta verdad profunda de que Dios, Su Hijo y el Ser son uno.

El Evangelio de Juan es único, una escuela teológica que rechaza las normas cristianas ortodoxas en dogma y tradición, considerada por algunos como una contra-tradición. A pesar del pensamiento gnóstico evidente en sus escrituras, se desconoce cuánto fue manipulado u omitido.

El tono poco ortodoxo del Evangelio de Juan ha generado controversia entre investigadores. En su forma original, podría haber sido el primer evangelio gnóstico. Sin embargo, muchos admiten que aún no se sabe con certeza quién lo escribió..

Pablo: Un gnóstico malinterpretado

El apóstol Pablo, un judío helenístico de Tarso, una importante ciudad siria, fue la segunda figura más influyente en la historia del cristianismo, a pesar de sus numerosos adversarios. Sus epístolas, posteriormente convertidas en varios libros del Nuevo Testamento, fueron escritas en koiné, el griego utilizado por el pueblo. Se le atribuye la autoría de Romanos, 1ª y 2ª Corintios, Gálatas, Filipenses, Colosenses, 1ª Tesalonicenses y Filemón. Otros libros bíblicos también se han asociado a él, pero los expertos en crítica textual han descubierto que fueron compuestos una generación después de su muerte por algunos de sus discípulos.

Muchos cristianos expresan su desagrado hacia Pablo, especialmente por su aparente menosprecio hacia las mujeres. En 1ª Corintios, se le conoce por haber relegado a las mujeres a una posición subordinada y haberles exigido guardar silencio en la iglesia. Sin embargo, ahora se sabe que esta afirmación proviene de 1ª Timoteo 2, un texto que, según los investigadores contemporáneos, no fue escrito por Pablo, sino por uno de sus seguidores de segunda generación. Esta teoría resulta verosímil, ya que, aunque la subordinación femenina era una norma social de la época, Pablo nunca se propuso realmente modificar las convenciones sociales relativas a la mujer; su mensaje siempre tuvo un carácter más subjetivo, centrado en el Cristo interior. Además, las mujeres desempeñaron un papel destacado en su labor misionera. En sus cartas a los romanos, elogia con gran admiración a ocho mujeres como "colaboradoras de Jesucristo".

Existen indicios de que la "churchianidad" de Constantino pudo haber distorsionado el auténtico mensaje de Pablo, puesto que los críticos textuales encuentran hoy en día múltiples contradicciones en los escritos bíblicos que se le atribuyen. Debido a la evidente discrepancia entre Pablo y la Iglesia ortodoxa, se cree que, tras su muerte, los cristianos literalistas editaron sus epístolas para reforzar los sentimientos cristianos ortodoxos, tergiversando sus verdaderas creencias y distanciándolo de cualquier forma de gnosticismo.

Pablo envió copias de sus cartas a los corintios a trece comunidades diferentes, y los estudiosos modernos disponen actualmente de pruebas documentales que indican que cada carta parece contener fragmentos modificados, omitidos o reordenados, ya sea por escribas o por seguidores posteriores de Pablo que tenían sus propios sesgos y convicciones. Además, sus cartas a los apóstoles Timoteo y Tito, conocidas como las Pastorales, ahora se consideran completamente apócrifas, ya que contradicen totalmente sus escritos previos. Por lo tanto, en realidad, como advierten los eruditos modernos, ni siquiera se sabe con certeza lo que escribió Pablo.

Es bien sabido que Pablo ejerció una influencia en el cristianismo casi tan significativa como la de Jesús. Sin embargo, fue el único apóstol que nunca conoció a Jesús en persona; solo lo conoció como una experiencia reveladora interior. Según Pablo, cuando vio a Jesús en el camino a Damasco, una luz lo envolvió y cayó al suelo. Pero esto no implica que lo haya visto en carne y hueso; solo había visto un eidolon, una imagen ideal de quien él creía que era el Cristo resucitado. Los gnósticos de la época sabían que Pablo había visto intuitivamente al Cristo mientras se dirigía a Damasco, y lo describieron como un "misterio sagrado", que es la gnosis. San Pablo siempre dejó muy claro que sus enseñanzas sobre Jesús no provenían directamente del hombre mismo, sino de sus propias revelaciones interiores.

Resulta evidente, a partir del estudio del gnosticismo, que la célebre frase de Pablo en Colosenses 1:27, "el Cristo en vosotros, la esperanza de gloria", coincide perfectamente con la enseñanza gnóstica de que se encuentra al Cristo interior a través del autoconocimiento. Como gnóstico, Pablo siempre enfatizó la comprensión intuitiva, nunca el dogma de una fuente externa. Como afirmó en 2ª Corintios 3:6, "La letra mata, mientras que el espíritu da vida". Ahora parece que los canonistas que acreditaron la Sagrada Biblia no pudieron aceptar eso y posiblemente manipularon deliberadamente sus escritos para ocultar su afiliación mística gnóstica con la vida interior.

En los primeros años de su vida adulta, Pablo había sido un fariseo que seguía estrictamente las leyes del Antiguo Testamento. Pero en su conversión, se transformó en un auténtico místico cristiano. Comprendió que el Cristo interior era el Salvador, no un hombre histórico llamado Jesús, ni ninguna otra persona física, por muy asombrosa que fuera su vida. Para el apóstol Pablo, la historia histórica de Jesús no debía estudiarse como un hecho que ocurrió en la realidad física, sino de un modo más profundo, como una enseñanza mística sobre cómo llegar a ser cristo. Dondequiera que iba, esta era la esencia de su mensaje cristiano.

Para tener fe, sostenía Pablo, es necesario tener una experiencia real de conversión que se manifieste en una vida moral y en obras de gracia, frutos de la acción del Espíritu Santo en el interior. Y esto, por supuesto, describe el proceso iniciático de las Escuelas de Misterios esotéricas. Según las investigaciones de Guy Strousma, "el conocimiento del apóstol Pablo se une a muchas otras evidencias de una enseñanza esotérica y mística que se transmitía en secreto dentro del cristianismo".

Existen amplias pruebas de que Pablo estaba familiarizado con las Antiguas Tradiciones Misteriosas y las enseñanzas gnósticas. Utilizaba términos y expresiones que eran gnósticos:

pneuma (espíritu), doxa (gloria), sophia (sabiduría), teleio (los iniciados) y el vocablo makarismos, referido a quienes habían experimentado los Misterios. Habló de Jesús marcando a los iniciados con un sello, sabiendo que eran los que podían escuchar su verdad más profunda.

Cuando iba camino a Damasco, Pablo no dijo: "Dios me reveló a su Hijo", como siempre han afirmado los literalistas; dijo: "Dios reveló a su Hijo en mí". Había comprendido el verdadero significado esotérico de la encarnación de Jesús, sobre cómo somos "salvados" al descubrir nuestra propia divinidad. Pablo se había percatado de que siempre es un cambio real en la propia psique hacia una forma más profunda de autoconocimiento lo que trae la salvación. Este es el Misterio del "Cristo en vosotros" al que los gnósticos se refieren como Autoconocimiento. Y Pablo sabía que las personas literalistas nunca entenderían este misterio del Cristo interior. Creía que se habían vuelto supersticiosas y habían caído en la adoración de ídolos, no del verdadero Dios celestial.

Citando al sabio pagano Arato, Pablo describió a Dios como Aquel "en quien vivimos, nos movemos y tenemos nuestro ser". Sabía que se tiene la capacidad de aprender directamente del Dios interior a través de la propia naturaleza espiritual. Enseñó que Dios no revela dogmas, sino "el Espíritu que todo lo escudriña, sí, las cosas profundas de Dios". Como expresó ingeniosamente en sus cartas a los Romanos: "No os conforméis al mundo, sino transformaos por medio de la renovación de vuestro entendimiento, para que comprobéis cuál sea la buena voluntad de Dios, agradable y perfecta".

Pablo y Silas no se conformaban al mundo, como se relata en Hechos 17. Estaban "trastornando el mundo". Estaban "poniendo el mundo patas arriba", anunciando un rey distinto del César. Y este era obviamente un mensaje enardecedor, afirmando que hay otro rey, un tal Jesús. "Ellos perturbaron al pueblo y a los gobernantes de la ciudad cuando escucharon estas cosas". Todo este capítulo de los Hechos detalla cómo Pablo tuvo que huir de las autoridades que lo acusaban de persuadir a la gente a adorar a un Dios contrario a la Ley. Como se recordará, Pablo fue completamente condenado al ostracismo por los primeros Padres de la Iglesia Apostólica.

No obstante, la primera iglesia cristiana comenzó con Pablo. Se llamaba la Iglesia de la Casa y celebraba reuniones de ágape donde la verdad interior de cada uno era compartida y bienvenida, verdaderamente a la manera gnóstica. Eran buscadores muy inteligentes, de mente abierta y reflexiva, nada dogmáticos. No había sacerdotes, ni era necesario ningún tipo de mediador para la conexión sagrada de cada uno con Dios. Pablo no era un proselitista constructor de Iglesias, como muchos predicadores de hoy lo presentan; estaba construyendo el Reino de Dios en la Tierra, llamando a aquellos que entendían a Dios y a Cristo a su manera, a través de la gnosis.

Pablo distinguía entre "la ekklesia" enseñada por Jesús en los textos bíblicos originales y lo que más tarde se definió como "iglesia", que, francamente, tiene poco en común con las enseñanzas originales de Jesús, o incluso con las filosofías griegas fundacionales sobre las que el cristianismo está realmente construido. Jesús estaba destronando al rey hecho por el hombre y a toda autoridad religiosa externa mientras enseñaba los principios de un gobierno hecho por Dios. Extendía la palabra a aquellos cuyos corazones respondían a la llamada de que, como progenie del Creador, podían conocerle personalmente desde el interior de sus mentes y corazones.

Pablo no veía con buenos ojos la sabiduría mundana. Vio que la ciencia no mira más allá de lo que conocen los sentidos físicos cuando elabora teorías sobre la vida y el mundo. Y del mismo modo, quien sólo ve el cuerpo de las Escrituras está inhibido por la estrechez de miras y la falta de profundidad. En sus cartas a los Corintios, se lamentaba, "¿Dónde está el sabio? ¿Dónde está el erudito? ¿Dónde está el filósofo de este siglo? ¿No ha hecho Dios insensata la sabiduría del mundo?".

Pablo no iba por ahí negando que los hechos físicos de la vida de Jesús tuvieran lugar. Pero para él, estas historias literales fueron relegadas a una importancia mucho menor que sus significados místicos simbólicos. Como verdadero gnóstico, toda su comprensión del cristianismo era metafórica y, aparentemente, así era como pretendía que se entendiera el cristianismo. Quería que la gente despertara a su propia sabiduría interior y a su espiritualidad.

En Gálatas, da interpretaciones místicas de Abraham y de muchas otras historias del Antiguo Testamento, llamándolas alegorías. Para él, el paso metafórico de los israelitas por el Mar Rojo era un bautismo, el maná y el agua eran "carne y bebida espirituales" y la roca de la que manaba el agua era Cristo. Entendía estos acontecimientos físicos como los arquetipos de la Verdad universal que se despliegan en los aspectos más profundos de la psique y del mundo. Eran los misterios del Cristo interior.

Evidentemente, se pensaba que San Pablo era gnóstico, aunque lo mantuvo oculto en la mayoría de los casos. En el siglo II, el político gnóstico griego Valentín afirmó que el erudito Tadeo le enseñó gnosticismo y le transmitió la sabiduría secreta que Pablo enseñaba en privado a su círculo íntimo, basándose en sus revelaciones visionarias del Cristo surgido. Y como se mencionó anteriormente, en el año 143, Valentín estuvo a punto de ser elegido Papa por unos pocos votos.

Aparentemente, el gnosticismo era muy popular antes de que el cristianismo de Constantino fuera aprobado como la única religión mundial. Y el apóstol Pablo fue sin duda el cristiano primitivo más influyente que defendió el punto de vista gnóstico. Francamente, resulta bastante paradójico e inquietante que la historia cristiana haya dado tan erróneamente el punto de vista opuesto: que el gnosticismo es herético y anticristiano, mientras que Pablo es considerado el Sión del cristianismo ortodoxo puritano dogmático.

María Magdalena: La Divina Femenina gnóstica

A lo largo de la historia, diversas teorías han especulado sobre la verdadera identidad de María Magdalena y su relación con Jesús. La visión tradicional de la Iglesia la presenta como una prostituta arrepentida, despreciada por Jesús hasta su confesión y petición de perdón. Sin embargo, esta perspectiva resulta absurda considerando que Miriam de Magdala pertenecía a la acaudalada y prominente familia de Betania, junto a sus hermanos Marta y Lázaro.

Aunque carece de evidencia histórica, algunos estudiosos sugieren que Jesús la desposó y tuvieron hijos como parte de la línea de sangre davídica, que se extiende hasta la actualidad. Otras teorías la describen como una sacerdotisa pagana adinerada, miembro del culto a la diosa Isis, o integrante de la Hermandad Esenia de Qumrán junto a Jesús, siendo ambos líderes espirituales inspirados de su época. El evangelio gnóstico "El Diálogo del Salvador" la considera como "la que conocía el Todo". Estas diversas interpretaciones generan intriga, pero sólo se puede especular sobre su veracidad.

La evidencia sugiere que María Magdalena poseía una excepcional belleza e inteligencia. Se destacaba como una oradora dotada, apasionada e intrépida en una época en que las mujeres debían mantenerse en un rol subordinado. Su personalidad radiante y magnética desafiaba el status quo, convirtiéndola en una amenaza y generando ostracismo en su comunidad. A pesar de los rumores sobre su incumplimiento de la ley judía, nunca fue acusada de prostitución. Sin embargo, la Iglesia primitiva patriarcal deliberadamente la "harlotizó", contradiciendo su vida histórica.

La denigración de lo femenino fue una característica prominente del cristianismo en los siglos I y II, cuando a las mujeres se les prohibía incluso asistir a la iglesia por considerarlas una distracción para los hombres. Es evidente que los primeros cristianos minimizaron y distorsionaron el papel de María Magdalena en la vida de Jesús, transmitiendo esta perspectiva a lo largo de la historia del cristianismo.

En 1896, el académico alemán Carl Rienhardt descubrió el Evangelio de María Magdalena en una tienda de antigüedades egipcias en El Cairo, confirmando los rumores sobre su existencia. El Códice de Berlín, que incluía este Evangelio, se publicó en 1955, complementando los Evangelios gnósticos hallados una década antes. Sin embargo, todos los evangelios no aprobados por decreto del emperador Constantino en el siglo IV fueron prohibidos o destruidos. Del Evangelio original de María Magdalena, con 18 páginas, solo se han rescatado 8, y afortunadamente se incluye en la Biblioteca de Nag Hammadi. Se espera que algún día se encuentren las 10 páginas faltantes.

Jesús enseñó a María Magdalena sobre los impulsos humanos que debemos comprender y liberar para expresar nuestra fuerza vital acorde a nuestra naturaleza espiritual: la ignorancia, el deseo egoísta, el poder de la carne, el miedo a la muerte, la razón insensata y el apego mundano. Sin esta comprensión obtenida de nuestras experiencias humanas, nunca podremos convertirnos en el Ser humano/divino para el cual fuimos creados. En el Evangelio de María, ella compartió con los discípulos cómo Jesús la había transformado en una visión sobre la superación de estos desagradables caminos humanos, liberándose de la opresión, el entorno limitante, el ansia y la ignorancia, accediendo a un mundo superior más allá de la dualidad donde todo se ve en su verdadera luz. Al seguir este camino elevado, nos damos cuenta de que nuestra divinidad nos libera de estas limitaciones negativas basadas en el miedo. María había comprendido las enseñanzas originales de Jesús de una manera que los discípulos varones no pudieron.

El Evangelio de María Magdalena, escrito después de la crucifixión, presenta las enseñanzas sobre Jesús y María como el receptáculo perfeccionado de la conciencia de Cristo, un matrimonio de los principios masculino y femenino. Este Evangelio retrata misterios sagrados que transforman la conciencia. Con radiante claridad y gracia, María expresa sus cualidades divinas femeninas de belleza mística, fuerza y sencillez de corazón, permitiendo a las mentes asentarse en una suave comprensión de la sabiduría fundamentada del corazón. Jesús la consideraba su discípula favorita por su capacidad de salir del corazón y comprender su verdadero mensaje, a diferencia de los discípulos varones. En la Pistis Sophia, cuando se le preguntó por qué la amaba más que a ellos, Jesús respondió que cuando están en la oscuridad, no se diferencian entre sí, pero cuando llegue la luz, el que ve la luz verá, mientras que el ciego permanecerá en las tinieblas. María había alcanzado este estado de conciencia, mientras que los discípulos varones, reacios a honrar la sabiduría femenina, se quedaban atrás. Su Evangelio describe cómo experimentó la presencia de Cristo en trance extático y visiones oníricas, instando a los discípulos a ser plenamente humanos al regresar de estar con Cristo resucitado. Pedro se quejó de que Jesús le revelara secretos a una mujer que ellos mismos desconocían, pero Leví lo reprendió, recordándole las enseñanzas de Jesús sobre el ser humano realizado y afirmando que si el Maestro la consideraba digna, nadie tenía derecho a rechazarla.

María Magdalena simboliza el arquetipo femenino de nuestra naturaleza, ayudando a anular las tendencias duras de una forma de ser excesivamente dominada por lo masculino. La mención de que Jesús le quitó "siete demonios" se refiere a la purificación de los siete niveles de conciencia que debemos limpiar y expresar correctamente para estar completos, relacionados con los siete chakras hinduistas que transmiten las cualidades de cada nivel de conciencia a nuestra naturaleza física.

En el gnosticismo, Sophia es el arquetipo de la sabiduría divina, y María Magdalena era considerada su encarnación, la esposa de Dios. Para los gnósticos cristianos, Jesús era la encarnación del amor, mientras que María Magdalena era la encarnación de la sabiduría. El matrimonio interior del amor y la sabiduría es lo que nos hace completos.

El Evangelio de María Magdalena advierte sobre el lado oscuro de la Iglesia ortodoxa que desprecia al ser humano y menosprecia a las mujeres. Sus enseñanzas enfatizan que seguir a los legisladores ortodoxos no es "el Camino", y que solo se debe seguir la Ley que Jesús atestiguó, sin imponer otra ley que pueda atrapar en restricciones y hacer perder la libertad. María Magdalena y Jesús ofrecen la verdadera libertad de reconocer que solo hay una ley a seguir: la sagrada Ley del Amor, proveniente del matrimonio de la mente y el corazón, ya que la sabiduría y el amor nunca pueden estar verdaderamente separados. Los evangelios gnósticos presentan a Jesús diciendo a sus discípulos que se puede ser "la Luz del Mundo" a través del silencio de los corazones, no del intelecto.

El Evangelio de Felipe menciona que Jesús amaba a María Magdalena más que a los discípulos varones y que a menudo la besaba en la boca. Aunque eran seres humanos reales, representan simbólicamente el matrimonio arquetípico de los principios divinos masculino y femenino. Jesús honró este vínculo más que todas las demás polaridades que se deben aprender a trascender, como una cuestión de vida o muerte. Cuando Eva estaba en Adán, no había muerte, pero al separarse, vino la muerte. Si ella vuelve a entrar en él y él la acepta, ya no habrá muerte.

La enseñanza mistérica de este sagrado matrimonio interior está ausente en el cristianismo ortodoxo. Muchos buscadores actuales adoptan la posición gnóstica de que Miriam de Magdala era la compañera y contraparte espiritual de Jesús, la devota apóstol que él tenía en la más alta estima. María era una de las "dignas" que podían escuchar los mensajes del Cristo Interior, y su Evangelio es un depósito de esta forma gnóstica de conocer. Sabía cómo vivir en este mundo y cómo salir de él con la ayuda de un mundo superior, llegando a conocer a Cristo a través del nous, una conciencia entre el espíritu y el alma, que Jesús le había dicho que era la única manera de conocerle. Aunque no hay pruebas definitivas de que fuera gnóstica, sus formas de conocer a Jesús se expresaban desde su vida intuitiva interior, y los primeros cristianos gnósticos la abrazaron como su compañera.

Como arquetipo del principio divino femenino, María Magdalena es la "Novia Perdida" en el matrimonio místico alquímico que une al ser humano con la Conciencia Crística universal. Debido a que su imagen en las psiques se ha vuelto velada, junto con cada aspecto de lo divino femenino, la Humanidad ha creado un mundo desequilibrado dominado por lo masculino, dirigido hacia el exterior y en busca del éxito. Históricamente, la mayoría de las religiones han depreciado el principio femenino, perpetuando este desafortunado desequilibrio.

Una revelación visual sugiere que Eva, como el primer arquetipo femenino, es quien "bajó" a la Tierra al desear ser humana, con el propósito sagrado de espiritualizar el Reino Humano. Se trató de una felix culpa, un "pecado feliz" que trae consecuencias positivas que conducen a un avance en la evolución. Al probar la manzana, Eva despertó en el alma el deseo imperioso de tomar forma física a través de un delicioso placer sensual.

En varios pasajes bíblicos, se considera a la mujer como alguien que seduce al hombre hacia la lujuria carnal. Esta perspectiva de "ser derribada" es un malentendido del trabajo sagrado realizado por la hembra, que los gnósticos creían que era manifestar el Reino Humano y traer el Espíritu a la forma concreta visible. El principio femenino es la fuerza activa del Espíritu.

Los textos gnósticos ofrecen un origen del mundo diferente al del Génesis. El Evangelio de la Verdad presenta la historia del Jardín del Edén desde la perspectiva de la serpiente, viéndola como representante de la sabiduría divina que otorga a Adán y Eva el poder del conocimiento, en lugar de permanecer en el Paraíso en completa inocencia con su Padre Celestial. En el texto gnóstico "Trueno, Mente Perfecta", un poema escrito por la Divina Femenina afirma que ella es "la primera y la última", capaz de llevar los opuestos dentro de sí y convertirse en la expresión creativa en este mundo. Lo femenino, al poder impregnarse físicamente de Vida, es portador de la capacidad humana de "estar en el mundo pero no ser de él".

La palabra "carisma" proviene de Charis, el nombre femenino de Cristo. Se cree que el Espíritu Santo es femenino, la forma en que Dios se manifiesta como Espíritu en la creación. Sin lo femenino, no habría forma de disfrutar de este mundo sensual. Sin embargo, conocer el principio femenino como deleite se ha perdido casi por completo, resultando en la falta de respeto y servilismo hacia la mujer a lo largo de la historia humana. En algunas formas puritanas de espiritualidad, el "deseo" es visto como un señuelo peligroso que seduce hacia el libertinaje y el pecado.

En la perspectiva esotérica gnóstica, Jesús y María Magdalena sirven como Avatares en este mundo, expresando a través de su relación la esencia de hacer el trabajo del Padre Celestial en la Tierra. Jesús llevaba la conciencia del principio de Cristo, mientras que María Magdalena personificaba el alma humana. Los gnósticos creían que ella era la contraparte femenina de Jesucristo, completándolo.

Tanto el Evangelio de María Magdalena como el Evangelio de Tomás recuerdan la falta de respeto de los hombres hacia las mujeres en la época de Jesús. Sin embargo, los gnósticos enseñaron que Jesús divinizó lo femenino junto con lo masculino. En sus enseñanzas originales, Jesús dejó claro que solo uniendo lo masculino y lo femenino dentro de cada uno se podrá entrar en el Reino de los Cielos como un ser realizado. Este es el destino sagrado de toda persona que despierta a su conciencia crística. En los evangelios gnósticos, Jesús destaca el matrimonio sagrado de lo masculino y lo femenino más que cualquier otra dualidad. El cristianismo gnóstico ha mantenido vivo el recuerdo de María de Magdala como apóstol de Jesús, venerada como la enviada a revelar la noticia de la resurrección.

Los gnósticos creían que la tarea más vital como seres espirituales con forma humana es infundir conscientemente en este mundo el amor y la sabiduría divinos. A través de la gnosis, se puede levantar el velo que revela el misterio de la esencia del corazón, tan bellamente retratado por la arquetípica María Magdalena. Siempre que se desee, se puede acceder a ella desde el interior a través de la intuición, la invocación y un fuerte deseo de conectar con el lado más sincero de la naturaleza.

Carl Jung enseñó que este matrimonio interior de las dos polaridades principales es la etapa final de la Individuación. Hay indicios de que cada vez más personas están comenzando a individualizarse, aprendiendo a confiar en sus visiones e intuiciones internas, expresando sus sentimientos más sinceros y desarrollando sus talentos de todo corazón. Cada vez más individuos exploran sus realidades subjetivas con una conciencia segura. Como ejemplificó María Magdalena, la vida exterior se está convirtiendo en una expresión de las verdades interiores. Parece que finalmente se está despertando al principio femenino perdido hace mucho tiempo, equilibrándolo con el masculino interior, para vivir como el Ser completo para el cual se fue creado.

Felipe: Un apóstol del gnosticismo

Felipe, oriundo de Betsaida, cerca del mar de Galilea, era amigo de Pedro y Andrés. Inicialmente, siguió las enseñanzas de Juan el Bautista. Aunque fue elegido como discípulo por Jesús, nunca lo adoró ni creyó en sus milagros.

Las Sagradas Escrituras mencionan escasamente a Felipe. Se conoce su participación en la multiplicación de los panes y los peces, y su dominio de las escrituras judías. Los textos apócrifos lo mencionan con mayor frecuencia. Era considerado un gnóstico por creer que el conocimiento de Dios y Cristo se alcanza mediante la reflexión, la imaginación y la meditación. El Evangelio de Felipe, un evangelio gnóstico, contiene dichos atribuidos a Jesús desde una perspectiva gnóstica.

Este evangelio reconforta al señalar que habitar en este mundo caótico no perjudica la verdadera naturaleza divina. Insta a despertar a lo eterno que reside en el interior. Se distingue por honrar lo femenino, enfatizando la importancia de ser conscientes y amorosos en todos los actos. Menciona a Yeshua y Miriam besándose en la boca, simbolizando la unión de lo masculino y lo femenino interior. Felipe enseñó que unirse verdaderamente en el amor introduce al Espíritu Santo en la relación.

Para los gnósticos, Felipe era un privilegiado receptor y custodio de las revelaciones divinas. Proclamó la buena nueva de Jesús y entregó su vida por Cristo, siendo crucificado cabeza abajo. Pidió liberar a Natanael, pero se negó a ser liberado él mismo. Su tumba fue descubierta en 2011 cerca de Denizli, Turquía.

Estos primeros discípulos transmiten un fuerte sentido del linaje espiritual como hijos e hijas de un Padre celestial, recordando que los seres humanos son mucho más de lo que creen ser.

En el núcleo de la conciencia habita una "chispa mental" que representa el modelo para el cual cada uno ha sido diseñado: una expresión única del Yo arquetípico. El Yo es el agente regulador, armonizador y dador de sentido de la psique, que siempre busca el equilibrio y la totalidad. Esta "chispa divina" es el alma encarnada de cada ser humano.

El gnosticismo aborda la historia más amplia del ser humano. Los gnósticos sabían que se es "más de lo que parece" y que se ha tenido que asumir la condición humana en su totalidad para conocerla desde dentro y transformarla. Se ha tenido que aprender a fusionar el alma espiritual con la personalidad humana, llamada a ser el Yo arquetípico mientras se transita por este mundo sensual. Así se completa el Cuarto Reino en la Naturaleza. Aunque probablemente no se recuerde conscientemente, los gnósticos creen que la Humanidad hizo un pacto con el Padre Celestial para venir aquí y hacer precisamente eso.

El Ser posee una cualidad espiritual mucho mayor de lo que el ego puede alcanzar, actuando como un Espíritu Guía interior. El ego debe desarrollar una relación con la naturaleza divina; de lo contrario, se vivirá en una cadena de búsquedas egoístas sin propósito. Si la vida pierde el sentido de su propósito sagrado, es posible experimentar una sensación de deriva, depresión o incluso pensamientos suicidas. Pero, como seres espirituales, se siente nostalgia de lo sagrado, y este anhelo perpetuo impulsa por un camino hacia la plenitud.

Independientemente de las dificultades que puedan surgir, el verdadero Ser nunca abandona. El Yo arquetípico es el modelo humano que Dios hizo ser. En esencia, se es seres inmortales que nunca nacen y nunca mueren. Según Mircea Eliade, lo sagrado se manifiesta en patrones o temas repetitivos de arquetipos, héroes o dioses que proceden directamente de la Fuente. Los arquetipos ejercen una atracción sagrada sobre la psique y le otorgan estructura y dirección. Estos patrones de perfección guían a lo largo del camino.

Las historias míticas arquetípicas proporcionan formas ejemplares sobre las que se estructuran las vidas humanas. Estos arquetipos son los planos de cómo ser el Humano primordial, Anthropos, el Humano divino aún no oscurecido por el contacto con la materia. Como María Magdalena comentó a los discípulos varones en su evangelio: "Él nos llama a ser plenamente humanos".

Como un arquetipo completamente nuevo que está naciendo ahora, la mezcla alquímica de la psique humana con el alma espiritual se está agitando dentro de la conciencia de los buscadores espirituales. Muchos carecen de un contexto para este despliegue evolutivo y simplemente perciben la planicie o "muerte" de esa personalidad familiar que siempre han creído ser. Todos se han dedicado a construir un ego capaz y bien pensado, crucial para albergar este maravilloso Yo mayor aquí en este mundo tan humano. Pero una vez desarrollado el ego individual, debe "morir" como única identidad y avanzar más allá. Esta es la ascensión natural de la conciencia que libera al verdadero Ser para guiar la vida, un proceso denominado despertar espiritual.

Un gran ciclo planetario ha concluido y uno nuevo se está formando. El Ser es el nuevo habitante de esta Nueva Tierra. Y aunque ya se es este sagrado Yo arquetípico, cuando se vive inconscientemente, o se está demasiado herido o maltratado, este Yo puede ser frustrado y superado por una de las subpersonalidades del ego. Entonces, se actúa como esta personita mezquina, que limita o distorsiona los sentimientos y percepciones basándose en alguna ilusión egoísta o necesidad insatisfecha.

Por lo general, todo el mundo, excepto uno mismo, puede ver cuándo se procede de uno de estos falsos yos: el maniático del control, la víctima, el que se retuerce de autocompasión, o el que monta en cólera cuando no se sale con la suya, presume, manipula, seduce o miente en defensa propia. Todos reconocen estos aspectos sombríos e inconscientes de la naturaleza humana, pero suele ocurrir hasta que se actúa de forma ridícula. La buena noticia es que Alguien en el interior siempre "lo sabe".

El verdadero Ser nunca se comporta como una persona entrometida o "necesitada", porque sus necesidades ya están cubiertas; el Ser simplemente es, y se siente perfectamente cómodo simplemente siendo. Es realista, atento, tranquilo y centrado, sin necesidad de probarse a sí mismo. En este auténtico estado del ser, se siente compasión y aceptación por los demás y por la vida de forma natural, y se deleita en ser humano, a veces incluso con una sensación de asombro infantil.

Cada vez que alguien se sorprende a sí mismo atascado o malhumorado por algún problema, con un momento de reflexión, su alma puede "levantarlo" y recordarle que el Ser es más grande que sus condiciones. Se puede agradecer que el verdadero Ser sepa "estar en el mundo y, sin embargo, no ser de él". Pero esta forma de ser más significativa no puede estudiarse o pensarse sin más; tampoco se puede utilizar este conocimiento sagrado para negar o reprimir los sentimientos humanos ordinarios. Requiere una actividad más profunda: el alma debe despertar en su cuerpo terrenal. En otras palabras, hay que vivirlo.

Para los gnósticos, esta es la historia mítica de cómo el alma se embelesó con su propia belleza reflejada en la naturaleza y cayó a la Tierra, y del viaje psicoespiritual que cada uno debe experimentar para volver a la Fuente.

Es evidente que el Ser mantiene a la persona en contacto con su historia más grande, recordándole que proviene de otra dimensión de la Realidad, aquí para ayudar a desplegar el Plan divino para la única Humanidad, simplemente siendo de verdad quien Dios hizo que fuera. Como se mencionó anteriormente, todos son una pieza necesaria del rompecabezas que el Creador inventó y llama "Vida".

Una vez que se reconoce, valida y encarna la auténtica esencia espiritual, uno se siente perfectamente en casa. Pero aquí hay una paradoja: Aunque siempre se ha sido este Yo espiritual esencial, recién ahora se está convirtiendo conscientemente en él como un hecho evolutivo en la naturaleza. Esto es lo que se siente al vivir en el Reino de los Cielos en la Tierra. Y la Era de Acuario es el momento cósmico para que ocurra este despertar.

Esto está dando vida al matrimonio mítico de la Diosa de la Tierra Psique con su compañero espiritual Eros, el espíritu semilla del Amor Divino y la Inspiración. Pero cabe recordar que Eros se llevó a Psique a vivir con él en la mente inconsciente colectiva. El Amor Divino y la Inspiración todavía no se han integrado plenamente en el reino humano, permaneciendo suspendidos como una perspectiva abierta. Sin embargo, se experimentan espontáneamente fragmentos de estas cualidades divinas en raros momentos. Vienen como el Destino. Y es posible comprometerse a participar conscientemente en el Amor y la Sabiduría en todos los aspectos de la vida. Quizás con el reconocimiento y la voluntad, algún día se traiga el Reino de los Cielos a la Tierra.

Parte 5 – El Gnosticismo en la Vida Moderna

La vida como ritual sagrado

A medida que se presencia cómo se revela el verdadero Ser, la conciencia se expande y se comienza a percibir el mundo repleto de señales y metáforas sincrónicas, símbolos poderosos que revelan algo sobre la riqueza de la vida. El símbolo y la sincronicidad actúan como "enzimas" que infunden en la psique significados más profundos de los que suelen conocerse sólo con el intelecto. Se empieza a ver lo extraordinario en lo ordinario en cada lugar donde se mira.

Sincronicidades, metáforas, parábolas, imágenes, historias míticas, patrones geométricos, e incluso colores y sonidos, conforman el lenguaje del alma. Este es el poder de la gnosis en plena acción, que mantiene al individuo conscientemente inmerso en cada aspecto de su vida. La vida que se está viviendo aquí en la Tierra es realmente asombrosa. Vivir cada día se convierte en un ritual sagrado.

El alma encarnada guía de maneras misteriosas que a menudo desconciertan al intelecto mediante destellos de perspicacia, acontecimientos sincrónicos o escenas e imágenes que irrumpen espontáneamente en la conciencia, cargadas de significado. Un trozo de papel que danza en el viento se convierte en un símbolo trascendente de movimiento grácil que eleva fuera de algún calvario actual. Un pájaro se posa frente a la ventana y mira justo en el momento en que se necesita recordar la propia capacidad para elevarse. El aroma del aire desencadena un recuerdo que llena un vacío en la necesidad de comprender algo.

Se lee acerca de alguien cuya vida es sorprendentemente paralela a la propia y de repente se recuerda una fortaleza que se tiene, o una pieza que falta en la historia de la propia vida. Es el alma la que indica metafóricamente el camino. "¿Por qué acaba de ocurrir esto?", uno se pregunta. Se cuenta que cuando una vez le hicieron esta pregunta a Carl Jung, quien respondió con ligereza: "Porque así fue". Y existe una sagaz canción de Pete Seeger:

"Para todo gira, gira, gira,

hay una temporada gira, gira, gira

y un tiempo para cada propósito

bajo el cielo".

Como la tendencia es vivir constantemente centrado en las actividades cotidianas ordinarias, rara vez las personas se toman tiempo para darse cuenta del mundo mágico simbólico en el que viven como su Ser creado por Dios. He aquí un sencillo ritual de recuerdo que otorga mucho poder y que se puede hacer para empezar el día:

Pararse erguido mirando hacia el Este, con los brazos extendidos por encima de la cabeza y las palmas de las manos abiertas hacia el cielo. Luego, muy rápidamente, dar una palmada con ambos brazos hacia abajo a lo largo de los costados del cuerpo mientras se dice con convicción "Estoy dispuesto a ser mi verdadero Yo todo el día". Y decirlo en serio.

Este ritual sólo lleva unos 20 segundos, y proporciona "los ojos para ver y los oídos para oír" a medida que transcurre el día. Se aprende a vivir la vida gnóstica. Se empieza a pensar a través de la parábola y la interacción simbólica, viendo que todo lo que se hace en la vida ordinaria tiene un significado sagrado. Y esto trae consigo un aumento de la autoestima como un sutil cambio en el campo gravitatorio de la Tierra.

Un ritual realizado por los gnósticos nazarenos, llamado "El Círculo del Amor", se consideraba la forma más vital de vivir en el mundo. Cerraban los ojos e imaginaban estar en el centro de un círculo de luz, diciéndose a sí mismos: "Estoy viviendo como mi yo-Dios y sólo el amor puede entrar en este círculo". Practicado a diario durante varias semanas, este ritual transforma cualquier juicio o prejuicio que se pueda estar cargando. Se empieza a ver a todas las personas de esta vida como almas hermanas. Y puesto que todos los juicios son vencidos, la aceptación y la comprensión se dan a todos, y se siente compasión por aquellos que están heridos o enfadados - incluso si algo de su energía negativa viene hacia uno.

Al atravesar ciclos vitales o acontecimientos problemáticos, el poder transformador de los rituales y ritos de paso provoca cambios drásticos en la conciencia. A veces es necesario un ritual vívido para integrar una subpersonalidad que ha dejado de ser útil, o para ver el significado más profundo de alguna situación incómoda. Se pueden evocar los sentidos con incienso, cánticos, ritmo, movimiento, gestos y trance. El ritual sagrado es transversal a los ámbitos psicológico, antropológico y neurobiológico. Este trabajo espiritual expresivo y sincero puede movilizar las energías curativas del médico interior.

La humanidad es siempre y ya una parte integral de toda la sabiduría y el amor que proviene de ser "el Todo". Esta es verdaderamente la naturaleza humana. Y a lo largo del Tiempo, "el Camino" ha sido revelado a través de las Tradiciones Religiosas esotéricas que, desafortunadamente, apenas son conocidas en la corriente principal de la sociedad actual. La Biblia está sembrada de estas verdades ocultas fundamentales de las Eras. Y también lo están las artes sagradas metafísicas, como la astrología, la numerología, la alquimia y las cartas arquetípicas del Tarot. Pero tristemente, en la conciencia de las masas, la creencia en estos sistemas metafísicos de sabiduría y simbología a menudo se considera mera superstición, o a veces incluso francamente maligna. Una vez, un cristiano empedernido advirtió que leer el Tarot era trabajar con el Diablo.

La supresión del gnosticismo y de sus artes sagradas, con sus enseñanzas profundamente esotéricas, en su mayoría malinterpretadas y muy malentendidas, ha empobrecido los sistemas religiosos y educativos convencionales. La mayoría de los escritos gnósticos originales, junto con muchos otros contextos de estas enseñanzas sagradas simbólicas, acabaron en la Biblioteca de Alejandría que fue quemada hasta los cimientos por el Papa Teófilo en el 391 d.C. para "librar al mundo del paganismo".

Pero, afortunadamente, el gnosticismo ronda la Ortodoxia hoy en día, siendo de nuevo reconocido y honrado por ardientes buscadores de sabiduría -- aunque no es lo mismo que entonces; se ha convertido en un crisol de conocimiento esotérico, sintetizado a partir de las Tradiciones de Misterios persas, egipcias, helenísticas, cristianas y judías. Sin embargo, esto no es malo, ya que todas estas enseñanzas conservan la Sabiduría universal sin parangón de las Edades.

El Cristianismo Gnóstico

El gnosticismo tiene sus raíces filosóficas en la antigua religión zoroástrica y en los primeros trabajos de los esenios, existentes al menos desde el siglo II a.C. Muchos de los primeros seguidores del gnosticismo incorporaron una amplia gama de enseñanzas y prácticas de los Misterios Antiguos en lo que posteriormente se conocería como "Cristianismo Gnóstico", el cual ha permanecido prácticamente perdido para la humanidad desde el siglo IV.

Un análisis de su historia revela que el cristianismo se originó a partir de un legado de Sabiduría Perenne, y que Jesús enseñó los mysteria a aquellos de sus seguidores capaces de comprender sus enseñanzas más profundas, ese reducido grupo de devotos a quienes se refería en el griego koiné original de la Biblia como "la asamblea de la ekklesia", llamados a emprender la ardua labor de la transformación personal y edificar el Reino de los Cielos en la Tierra, quienes habían recordado su propósito divino al venir a este mundo.

Al redescubrir esta porción largamente olvidada del patrimonio religioso, se aprecia que el cristianismo, tal como fue concebido originalmente, representa el camino esotérico atemporal hacia el verdadero recuerdo, siempre parte integral de las Antiguas Tradiciones Mistéricas. Joseph Campbell lo recuerda: "Existen buenas autoridades para considerar al Cristianismo como una continuación de una Tradición de Misterios, o como algo verdaderamente excepcional, mediante lo cual Dios -si se comprende lo que esto significa- vino al mundo de una manera muy especial".

Los Misterios Antiguos constituyeron el fundamento del Cristianismo desde sus inicios. Moisés fue un Iniciado en la Escuela de Misterios de Heliópolis, donde posteriormente Jesús estudiaría los más raros manuscritos antiguos. Conocida como "la Ciudad del Sol", Heliópolis fue el centro del aprendizaje y la teología ancestral que atrajo a personas de extraordinario conocimiento y perspicacia, donde estudiaron Pitágoras y Platón, y fue el lugar de nacimiento de Moisés. Aparentemente, el padre de Jesús, José, y su tío José de Arimatea eran miembros de la orden esotérica de los esenios, en la cual Jesús se convirtió en candidato a la iniciación a temprana edad.

Algunas de las epístolas de Pablo, junto con el Evangelio de María Magdalena y un Evangelio secreto de Marcos, confirman que las enseñanzas místicas esotéricas se transmitían oralmente durante la época de Jesús a "aquellos que tenían oídos para oír", comunicadas en secreto entre los primeros cristianos que estaban siendo iniciados en los Misterios Mayores durante el siglo I. Pablo había declarado haber escuchado "palabras inefables que no le es lícito a un hombre pronunciar, misterios que no podían ser entregados a los 'niños en Cristo'".

La primitiva secta cristiana de los paulistas, considerados gnósticos, seguía la idea de San Pablo de que es necesario despertar y vivir la propia verdad, "probar todas las cosas" y nunca vivir en una fe ciega, sabiendo que estas enseñanzas secretas gnósticas más profundas sólo se impartían a aquellos espiritualmente preparados, refiriéndose a las arduas pruebas de los diversos grados de Iniciación, considerados las personas de más elevado nivel en la Tierra, llamados pneumáticos, individuos que representaban al Espíritu de Dios en inteligente compenetración con las comunidades a las que servían.

Al igual que Salomón, las enseñanzas secretas de Jesús versaban sobre "Hombre, Conócete a Ti Mismo", instando a sus seguidores a comportarse como los seres auténticos que Dios hizo que cada uno de ellos fuera, enseñando a sus discípulos que seguir autoridades externas era un esfuerzo inútil, que el conocimiento sin una transformación interior es ilusión, mera apariencia, insistiendo en que todos se liberaran de las limitaciones e ilusiones que impiden conocer y ser el verdadero Yo. Como tan conmovedoramente afirma Jean-Yves Leloup en su libro sobre El Evangelio de Tomás: "Pasar del rumor a la realización es pasar de las palabras y las creencias a la totalidad en la acción, hacer que lo exterior y lo interior sean uno... De esta manera neutral y compasiva, se descubre lo que es y lo que somos".

Los evangelios gnósticos revelan que Jesús fue un maestro esotérico del más alto nivel, y los primeros cristianos gnósticos, formados en los Misterios Antiguos, lo sabían muy bien. Jesús codificó sus mensajes en símbolos esotéricos e ideas arquetípicas, expresando lo siguiente en El Evangelio de Felipe: "La verdad no vino al mundo desnuda, sino velada con imágenes y tipos; de otro modo no puede ser recibida; hay un renacimiento a través de la imagen del renacimiento. Ciertamente es necesario renacer a través de la imagen".

Para comprender los Misterios, los gnósticos se entrenaban en la interpretación del mito, del símbolo y de la alegoría, el lenguaje místico en el que los secretos de la vida y del alma están claramente escritos para los iniciados, pero que a menudo resultan oscuros para el gran público. La iniciación en estos Misterios interiores revela el significado alegórico del mito. Aquellos que no estaban en el Camino de la Iniciación veían la historia de Jesús sólo como un hecho histórico físico, lo cual creó la forma adoptada de cristianismo popularizado que aún se acepta hoy en día.

Los cristianos gnósticos egipcios ocultaron gran parte de este conocimiento secreto en el simbolismo hermético, considerando la historia de Jesús como una alegoría que codificaba simbólicamente estas enseñanzas secretas, al igual que los filósofos paganos consideraban los mitos de Osiris, Dioniso y otras deidades paganas. Los símbolos no proporcionan una mera información fáctica, sino una amplitud de comprensión.

Filón de Alejandría, el filósofo helenístico que vivió durante la época de Jesús, influyó enormemente en el inicio del cristianismo, conocido por muchos historiadores religiosos como "el padre del pensamiento gnóstico", siendo la influencia más fuerte sobre Clemente de Alejandría y el biblista Orígenes, y se cree que también influyó mucho en los escritos de Pablo y en el Evangelio de Juan.

La filosofía esotérica de Filón se basaba en el pensamiento pitagórico y platónico, creyendo que las enseñanzas de Pitágoras y Platón eran una revelación de las enseñanzas de Moisés, exponiendo las enseñanzas de este último con un enfoque gnóstico. Filón advirtió a sus estudiantes que una interpretación literal ordinaria de la Biblia ahogaría la forma en que la Humanidad conoce a Dios, pues Dios es demasiado complejo para ser entendido en términos literales, creyendo que era necesario que el alma humana se elevara fuera de la forma ordinaria de pensar, para poder entrar en un estado de iluminación espiritual, comprendiendo a Dios a través de la gnosis.

En el siglo V, según Clemente de Alejandría, los Misterios del Cristo Interior sólo se entregaban a unos pocos adeptos, las escrituras que desde el principio se comunicaban en secreto a "los que eran dignos". También el filósofo esotérico griego Orígenes se refiere a los Misterios como la forma en que los cristianos más sabios entendían su espiritualidad, mientras que las masas eran lo que él llamaba "cristianos somáticos", personas que aún dormían y seguían de memoria las enseñanzas cristianas literales.

De forma recurrente, incluso en la Biblia, se indica que los Misterios debían permanecer secretos. Como se menciona en 1 Corintios, Pablo habló de misterios ocultos que sólo podía compartir con "cristianos maduros", y se sabe que cuando Jesús se refirió a "los que tienen oídos para oír", entendió claramente que eran muy pocos los pensadores profundos que se interesarían siquiera por el origen místico y el significado simbólico de la vida.

Uno de los símbolos más prominentes mencionados en el cristianismo gnóstico es el ichthys, o el pez, un símbolo de Jesucristo y del Ojo de Dios que Todo lo Ve, cuya forma es conocida como la Vesica Piscis, representando la intersección geométrica sagrada entre dos círculos iguales superpuestos, o mundos, teniendo la parte superpuesta forma de pez. Este símbolo tiende un puente entre el Cielo y la Tierra, siendo la reconciliación de los opuestos, ya que Cristo es considerado el mediador entre los dos mundos. Cuando se está en este espacio mental, se vive la historia mayor: una persona puede leer el Registro Akáshico, la historia espiritual registrada de la vida arquetípica de la Humanidad desde el principio de los tiempos.

En la mitología egipcia, el pez era un símbolo del alma. El dios Adonis se llamaba Ichthys. Y el talismán pagano de la fertilidad era un pez. Muchas diosas paganas tenían estanques donde nadaban peces sagrados, que nunca debían ser tocados por manos humanas. Si se estudia mucho sobre simbolismo, se encontrará que había muchas deidades semíticas de peces. En los templos antiguos se comía pescado ritualmente y, como es sabido, incluso hoy en día algunas personas comen pescado los viernes como ritual en su vida religiosa.

El símbolo Ichthys también representa el alma en el cristianismo, viéndose aquí las raíces paganas imbricadas en la historia cristiana. El pez es una asimilación de la figura de Cristo de los evangelios, y Jesús llamó a sus discípulos "pescadores de hombres", recordando que alimentó milagrosamente a los 5.000 con dos peces. Según Carl Jung, este Cristo simbólico estaba "atrapado en el mar del inconsciente": "El nombre Ichthys sale de nuestras profundidades y sirve de puente entre el Cristo histórico y la naturaleza psíquica del hombre, donde habita el arquetipo del Redentor. De este modo, Cristo se convirtió en una experiencia interior, 'el Cristo interior'".

La cruz es también un símbolo esotérico muy importante en el cristianismo, representando mucho más que la muerte de Jesús en el Gólgota; es el símbolo universal del centro sagrado de la creación. El brazo vertical es la columna vertebral o polo del universo, que une el Cielo arriba, la Tierra en el centro y el Infierno abajo. El brazo horizontal, que se cruza en el centro del polo, representa el plano de la manifestación física, el pasado, presente y futuro en la Tierra.

La cruz del Calvario tiene tres estaciones en su base, que representan las tres etapas de la Iniciación que equilibran y limpian los cuerpos humanos físico, emocional y mental para convertirlos en vehículos dedicados para el alma. La cruz cristiana se representa con el brazo horizontal más arriba en el asta que en el centro igualado del brazo vertical, elevando un poco la personalidad humana, representando un nivel superior de conciencia para los cristianos.

Sin embargo, la cruz no pertenece sólo al cristianismo, siendo un símbolo universal que se remonta a los Señores Solares de Mitra, Krishna, los tibetanos y la deidad mesoamericana Quetzalcóatl. Para los egipcios, la cruz es el Ankh, su símbolo de la vida eterna.

En las Tradiciones Místéricas Occidentales, el brazo vertical de la cruz simboliza los siete niveles de conciencia, de bajo a alto, y el brazo horizontal representa el paso a través del tiempo pasado, presente y futuro en el mundo humano, de izquierda a derecha. Cuando se está simbólicamente en la intersección de los dos brazos de la cruz, se está en el momento presente, capaz de moverse hacia arriba hacia el Espíritu, y hacia abajo hacia el esfuerzo humano. En la intersección de los dos brazos de la cruz, se está simbólicamente en el centro del ser como el Ser humano/divino.

Una cruz, por lo tanto, simboliza el matrimonio del ego con el alma. El ego es la conciencia de la persona individual, que sabe vivir en la vida mundana ordinaria, mientras que el alma es inocente y vaporosa. Por eso, mientras se esté aquí en la Tierra, ambos deben unirse y convertirse en un alma encarnada. En el cristianismo original, el ego humano nunca fue vilipendiado; simplemente fue visto exactamente como lo que es: una vestimenta necesaria para que el alma se vista mientras vive en esta vida humana mundana.

El cristianismo gnóstico era su propia forma de cristianismo: se trataba de la forma interior de conocer a Dios y a uno mismo. Los gnósticos no eran miembros de ningún camino espiritual o Escuela de Misterios en particular; el gnosticismo siempre ha sido su propio camino. A lo largo de la historia, muchos grandes pensadores han creído que la sabiduría, o gnosis, se origina en la experiencia interior de la psique humana, donde la psicología arquetípica y el misticismo religioso se encuentran, sirviéndose del pensamiento gnóstico, incluidos los psicólogos de talla mundial Carl Gustav Jung, Mircea Eliade y Rudolph Steiner, así como el mitólogo Joseph Campbell, el filósofo místico George Gurdjieff y su brillante comentarista, P. D. Ouspensky, aunque Gurdjieff siempre se refirió a sí mismo como un cristiano esotérico. Pero, de hecho, el cristianismo gnóstico es esotérico, y aquellos que hayan estudiado los libros de Alice Bailey notarán su obvia posición en el pensamiento gnóstico.

Todos los mencionados son "conocedores" que operan dentro del círculo esotérico de la Humanidad, maestros de la vida interior.

En el libro "El Código Da Vinci" de Dan Brown, se lee que Leonardo da Vinci y muchas personas famosas eran miembros de una sociedad secreta filosófica llamada el Priorato de Sion, fundada en el siglo XI para preservar las verdaderas enseñanzas de Jesús, siendo algunos de sus miembros conocidos Sir Isaac Newton, Victor Hugo, Robert Fludd, Claude Debussy y Hugo Botticelli. Pero no se ha sabido con certeza si estas personas eran realmente gnósticas o no, porque rara vez hablaban de ello abiertamente; sólo se expresaban desde este lugar de "conocimiento" profundamente intuitivo y sincero.

Mientras que los primeros cristianos convencionales de la Iglesia Ortodoxa confiaban en las enseñanzas exotéricas de Jesús dadas al público general, los gnósticos depositaban su confianza en las enseñanzas esotéricas secretas que Jesús enseñó a unos pocos. Durante los tres primeros siglos después de la muerte de Jesús, los gnósticos presentaron abiertamente su mensaje como testimonio de la Sabiduría Perenne, y al conocer las tradiciones esotéricas de los misterios, interpretaron la historia de Jesús de forma diferente a los demás cristianos.

Los cristianos gnósticos sabían que la verdadera religión cristiana se basa en estas verdades más profundas de la Sabiduría Perenne, aunque este hecho ha permanecido mayormente desconocido y raramente enseñado en lo que se ha convertido en el cristianismo popularizado. Estos "conocedores" siempre han sido un pequeño grupo de personas ampliamente inteligentes y profundamente intuitivas que piensan más allá de la norma y de las formas más literales del pensamiento de masas.

A lo largo de la historia, los paganos han sido calificados erróneamente de herejes, supersticiosos o incultos, especialmente por las primeras autoridades eclesiásticas. Pero esto no podría estar más lejos de la verdad. Fueron los paganos quienes trajeron conceptos como la democracia, la filosofía racional, las bibliotecas públicas, el teatro y los Juegos Olímpicos, siendo iniciados de las diversas religiones místericas, pensadores creativos y cultos, artistas e innovadores. Practicados en diversas formas en todas las culturas del mundo mediterráneo en la antigüedad, los Misterios Paganos inspiraron a muchos de los más grandes pensadores de la época.

Aunque los paganos honraban a Jesús y a la religión cristiana, para ellos el Jesús mítico era más importante que el hombre histórico, reconociéndolo como el Dios de los judíos, con la misma "historia vital" que la de los otros dioses paganos adorados en Egipto, Grecia, Siria, Persia, India y Asia Menor. Adonis, Osiris, Dioniso, Atis, Serapis, Mitra, Horus y Krishna tienen todos aspectos importantes de la misma historia de vida: todos nacieron de una virgen, recibieron la visita de tres Reyes Magos, cabalgaron en un burro con hojas de palmera, fueron sacrificados, muertos y enterrados, y resucitaron.

En realidad, Krishna y Jesús son simbólicamente intercambiables como representantes del Hombre Divino. La madre de Krishna, Devaki, fue eclipsada por el dios Vishnu y quedó embarazada, y el rey indio Kansa intentó matar a todos los bebés varones cuando Krishna nació, al igual que hizo el rey Herodes en el momento del nacimiento de Jesús. Al niño Krishna le dieron oro, incienso y mirra, igual que los Reyes Magos al niño Jesús. Mitra también era llamado "el Hijo de Dios" y "la Luz del Mundo", y el 25 de diciembre era el cumpleaños de Mitra, Osiris, Adonis y Dioniso. Estos dioses míticos son todos Hijos de Dios que mueren crucificados y resucitan.

Parece que la mayoría de las culturas se basan en la creencia de que deben ser despertadas por sabios iluminados que vienen desde los reinos espirituales más elevados para devolver a la humanidad la identidad que Dios le ha dado. Muchas escuelas gnósticas a lo largo de la historia han enseñado que Jesús, Melquisedec, Buda, Krishna, Lao Tzu, Kwan Yin y otros grandes Maestros de la Sabiduría eran todos intermediarios del Cristo universal. Para los cristianos gnósticos, el Cristo no es un Ser, sino un estado cósmico de conciencia que eclipsa a todos los Hijos divinos de Dios.

Es fácil convertirse en devoto de uno de estos Maestros, pero el proceso de despertar no puede ser simplemente entregado por estos grandes Seres de Luz; cada uno debe recorrer el viaje interior de la Autorrealización por su cuenta y llegar a comprender estas enseñanzas universales "de adentro hacia afuera". De lo contrario, la espiritualidad carecerá de sustancia.

Aunque esto puede ser un pensamiento perturbador para algunos, la familiaridad con la vida de todos estos dioses niega la idea de la singularidad de la historia cristiana. Sin embargo, es difícil determinar en qué medida el cristianismo se adoptó realmente del paganismo, debido a la pérdida de tantos documentos y a la imposibilidad de rastrear con precisión el pedigrí del paganismo o, francamente, de cualquier creencia religiosa formulada.

Como ya se ha mencionado, el emperador Constantino, que definió el cristianismo en el año 325, ni siquiera fue bautizado como cristiano hasta su lecho de muerte. Los investigadores históricos han encontrado datos que indican que Constantino fue descaradamente pagano durante toda su vida; la visión que tuvo de una Deidad que transformó su vida no fue de Jesús, sino del dios pagano del Sol, Helios.

En el Paganismo, el sol se convierte en tres soles separados en tres niveles: el sol espiritual, o Dios; el sol solar que vive en los corazones humanos como Hijos de Dios; y el sol físico que ilumina la tierra. Estos tres soles se convierten en la Santísima Trinidad de Padre, Hijo y Espíritu Santo en el Cristianismo.

Muchos de los caminos espirituales sin edad han utilizado el sol como símbolo de iluminación y enseñan que el espíritu "crístico" vive en cada corazón humano, que todos pueden convertirse en un sol. Por lo tanto, el sol se ha vinculado al Poder de Dios, como "el Hijo de Dios". Y los Señores Solares Ra, Horus y Mitra son todos símbolos del Cristo interior, tal como lo es Jesús, quien en la Biblia dice que es "la Luz del Mundo".

Los vestigios de la religión pagana en la simbología cristiana son abundantes en lo que llegó a definirse como "cristianismo". Y esto se evidencia de muchas maneras en la investigación de Carl Jung. Los discos solares egipcios se convirtieron en los halos de los santos católicos. Los pictogramas de Isis la muestran amamantando a Horus de forma similar a los que representan a la Virgen María con el niño Jesús. El pan y el vino son el cuerpo y la sangre de un dios en los misterios egipcios. Y muchos de los talismanes paganos se han convertido en reliquias en el mundo cristiano.

Los rituales de la Iglesia son formas de Magia Ceremonial de los mundos Paganos, muchos de los cuales, desafortunadamente, han perdido su significado místico hoy en día. La comunión, o "comer a Dios", era un ritual Pagano. El domingo era el día para adorar al Dios Sol. En la teología egipcia, la Santísima Trinidad era Atum el Padre, Horus el Hijo y Ra el Espíritu Santo. El fuego infernal inextinguible del cristianismo es el mismo que el lago de fuego descrito como infierno en los misterios egipcios. El "juicio final" cristiano es la "segunda muerte de los condenados" egipcia. La idea cristiana del Paraíso es la misma que en los Misterios egipcios: una hermosa tierra siempre verde con agua vivificante y un monte glorioso donde los espíritus se perfeccionan en el Cielo de la eternidad.

En bóvedas medio hundidas en la tierra bajo casi todas las iglesias cristianas de la Edad Media, había un lugar secreto donde antiguamente se celebraban los Misterios. Y lo que hoy se llaman sacramentos son los misterios del cristianismo primitivo. Por aquel entonces, a nadie se le permitía mencionar los mysteria ni pronunciar el nombre de Cristo, refiriéndose a Él simbólicamente como el Pastor o Ichthys, el Pez. En las primeras ceremonias matrimoniales cristianas, el hombre y la mujer se cogían de la mano con Ichthys entre ellos, no casándose simplemente como marido y mujer, sino uniéndose en Christos, y hoy, en muchas bodas cristianas, los novios siguen unidos en Cristo.

Muchos de los misterios cristianos se originaron en realidad en los antiguos misterios egipcios del totemismo, que se centraban en la veneración de objetos sagrados, y en los que los humanos tienen un parentesco místico con una entidad espiritual, a menudo un animal o una planta. Para los cristianos esotéricos, el Totemismo es el conjunto de los símbolos y rituales que representan a Dios en la sociedad: el bautismo, la transfiguración, la resurrección y la ascensión, la madre siempre virgen, y el misterio de un niño de 12 años que se transforma repentinamente en un adulto que intermedia el Cristo o el Sumo Sacerdote, Melquisedec, todas prácticas enigmáticas del antiguo Egipto que realizaban en realidad como expresiones físicas de su espiritualidad.

Los milagros que Jesús era conocido por hacer mientras estaba aquí en la Tierra eran los mismos que se realizaban en la Tierra espiritual eterna del Paganismo llamada "Amenta", donde los muertos fueron resucitados, los ciegos fueron hechos para ver, los mudos para hablar, los sordos para oír, y los cojos para caminar por el dios libertador Horus, quien junto con Jesús fueron llamados el Buen Pastor, el Cordero de Dios, el Pan de Vida y el Segundo Adán. En Alejandría, mucho antes de la era cristiana, se exhibía anualmente el nacimiento del niño.

De forma recurrente, incluso en la Biblia, se indica que los Misterios debían permanecer secretos. Como se menciona en 1 Corintios, Pablo habló de misterios ocultos que sólo podía compartir con "cristianos maduros", y se sabe que cuando Jesús se refirió a "los que tienen oídos para oír", entendió claramente que eran muy pocos los pensadores profundos que se interesarían siquiera por el origen místico y el significado simbólico de la vida.

Uno de los símbolos más prominentes mencionados en el cristianismo gnóstico es el símbolo hermético del ichthys, o el pez, un símbolo de Jesucristo y del Ojo de Dios que Todo lo Ve, cuya forma también es conocida como la Vesica Piscis que representa la intersección geométrica sagrada entre dos círculos iguales superpuestos, o mundos, teniendo la parte superpuesta forma de pez. Este símbolo tiende un puente entre el Cielo y la Tierra, siendo la reconciliación de los opuestos, ya que Cristo es considerado el mediador entre los dos mundos. Cuando se está en este espacio mental, se vive la historia mayor: una persona puede leer el Registro Akáshico, la historia espiritual registrada de la vida arquetípica de la Humanidad desde el principio de los tiempos.

Un estudio de la historia religiosa deja claro que el Hijo de Dios, como el Ungido siempre venidero, o el Príncipe de la Paz, se ha manifestado a lo largo del tiempo en muchas culturas: Melquisedec, el Faraón, el César, el Mikado, el Ciro o el Cristo, siempre considerado un nacimiento de lo eterno en el Tiempo. Desde que el primer emperador de Roma, Augusto César, se invistió de esta divinidad, todos los emperadores de Roma continuaron esta doctrina egipcia. Así que Augusto tenía este título de Hijo divino de Dios mucho antes de que le fuera otorgado a Jesús de Nazaret en los evangelios bíblicos.

"Los dichos, dogmas, doctrinas, tipos y símbolos, incluyendo tanto la Cruz como el Cristo, no se originaron allí donde se conocieron por primera vez", recuerda el filósofo esotérico Gene Kiefer. Constantino y los primeros obispos de la Iglesia tomaron estos acontecimientos mitológicos y prácticas de los misterios egipcios y los transpusieron a la forma física, y luego afirmaron que todo era sólo cristiano. Los cristianos convencionales odiarían oír esto, pero como los investigadores Timothy Freke y Peter Gandy han documentado tan rigurosamente, el cristianismo es sin duda una forma del mismo paganismo que siempre ha declarado herético.

El Puente Arcoíris que une personalidad y alma

A medida que se vive conscientemente en el Reino Humano, se aprende a fusionar la vida física terrenal con la vida del Espíritu. En la Escuela Arcana de Teosofía, este proceso se conoce como "construir el antakarana", el puente arcoíris que entreteje los hilos de la conciencia entre la personalidad egoica y el alma. El intelecto se eleva hacia la intuición espiritual, mientras que la mente superior del alma desciende al cerebro para influir en las formas humanas habituales de existencia. Este proceso bidireccional crea "el Camino Iluminado", permitiendo a los seres humanos verse como entes inmortales de una dimensión eterna de la realidad, incluso mientras están encapsulados en estas densas formas humanas temporales.

Sin embargo, nunca se permanece mucho tiempo en un puente; éste se utiliza únicamente como medio para ir de un lugar a otro. Como se recuerda en el Evangelio de Tomás: "Sed transeúntes". Comentando esto, el historiador de la religión Jean-Yves Leloop indica que es un signo de salud psíquica verse como transeúntes, ya que así se está más en contacto con la realidad. El antakarana es la luz del alma, una corriente de energía que penetra en la mente a través de las grietas del intelecto, creando una continuidad de conciencia para nunca olvidar quién se es realmente, incluso en medio de los dramas humanos más apremiantes. Esta corriente de luz une mente y corazón, así como las vidas interior y exterior, haciendo a los seres humanos auténticos. Como señala el maestro tibetano Djwhal Khul, el antakarana es el hilo de la conciencia que trabaja de abajo hacia arriba, desde el exterior hacia el interior, y desde el mundo de los fenómenos exotéricos hacia el mundo de las realidades subjetivas y el significado.

Al antakarana se le denomina "puente arcoíris" porque abarca los siete niveles (o colores) de los chakras que se experimentan mientras se está en la piel humana. No obstante, es importante comprender que este puente entre la personalidad y el alma no es un camino recto que pueda seguirse por pura lógica. Es un arco de los niveles de conciencia tanto del ego como de la naturaleza superior que deben ser mezclados por la mente y el corazón para alcanzar la completitud:

7. Voluntad de Dios (violeta)

6. Aspiración a servir (azul)

5. Imaginación creadora (turquesa)

4. Corazón - el puente del arcoíris (verde)

3. Intelecto (amarillo)

2. Emociones (naranja)

1. Físico/Instintos (rojo)

Al estudiar este arco de conciencia, se observa que cuando el nivel uno se une con el nivel siete, es posible funcionar como el Yo-Dios en este mundo. El nivel dos mezcla la vida emocional con el nivel seis, de modo que los deseos centrados en el ego se amplían hacia la compasión por los demás. Y cuando el nivel cinco se filtra en el nivel tres, la mente superior puede verterse en el intelecto, permitiendo que la imaginación creativa y la inteligencia activa del alma fluyan en los pensamientos. Es necesario comprometerse a vivir en el cuarto nivel de conciencia para que este matrimonio de la personalidad con el alma pueda realizarse. Nada de esto puede suceder a menos que se abra el corazón.

El cuarto nivel de conciencia es el agente activo de transformación que une el Amor divino con la Sabiduría obtenida de la experiencia humana. Las personas con el corazón cerrado se vuelven egoístas y estrechas de miras, viviendo puramente desde su estado de ego, incapaces de acceder al Espíritu. El corazón es el pasaje práctico y amoroso hacia la naturaleza divina. Como se sabe, el corazón puede mirar en ambas direcciones: hacia arriba, hacia las formas de ser del alma, y hacia abajo, hacia la vida cotidiana ordinaria del ego. Con todo el corazón, es necesario centrarse ahora en construir este puente simbólico entre la experiencia terrenal y las raíces celestiales, para poder ser la máxima expresión como seres espirituales mientras se vive aquí en la Tierra.

Una vez construido este puente, se podrá ver más allá de cualquier pensamiento o recuerdo que cree karma o distorsione la realidad, de modo que estas perversiones ya no influirán; se "mantendrá erguido" en el momento presente como el prístino Ser único que el Creador hizo ser a cada uno. Se podría decir que esta forma gnóstica de pensar es el puente del arcoíris que se cruza para volver a casa con uno mismo.

Sin duda, muchos ya se han alejado de sistemas de creencias obsoletos e insostenibles y están encarnando esta comprensión más expansiva de la verdadera identidad y del motivo por el que se ha venido a la Tierra. Siempre que surja una cuestión problemática en un momento dado, se verá que la vida interior está determinando esta condición exterior, y no al revés. Una vez que se comprenda cómo funciona este reflejo impecable, resulta muy sanador. Se verá que cada error que se comete en la vida es sólo otra lección de cómo el alma está aprendiendo a ser humana.

Darse cuenta de esto proporcionará un fuerte sentido de que esta vida humana es verdaderamente maravillosa; se trata de aprender a ser completos como seres espirituales en forma física. Cuando la mayor parte de la Humanidad pueda darse cuenta de esto, se inclinará la balanza y se creará un salto cuántico en la conciencia que manifestará el Cuarto Reino en la Naturaleza a su máximo potencial.

El Yo arquetípico está alineado con la voluntad de Dios. Y aunque todavía bastante frágil e incluso no plenamente reconocido, ha sido invocado. La invocación es una poderosa fuerza espiritual que atrae al Espíritu a la vida humana para que los Señores (Leyes) de la Evolución puedan hacer avanzar a la humanidad. Desde el nivel arquetípico de la realidad, se crea el nuevo mundo. Algunos individuos han tenido visiones y revelaciones místicas que respaldan esta opinión, incluido el impulso imperioso de escribir sobre ello. Y se ha sabido de varios otros que también han sentido este mismo propósito sagrado de sus vidas.

Si lo expuesto aquí resuena con algunos lectores, tal vez sean de hecho miembros de este "nuevo grupo de servidores del mundo" mencionado en la literatura esotérica, al que se hace referencia como "la Exteriorización de la Jerarquía Planetaria". En el lenguaje teosófico esotérico, la palabra "Jerarquía" tiene un significado especializado: Es el núcleo de discípulos dedicados que trabajan para hacer evolucionar la conciencia de la Humanidad, tal como se expresa a través de corrientes de pensamiento inspirado.

La evolución de la especie humana es la historia más grande de la Humanidad. Y el sabio mitólogo Joseph Campbell lo sabía: "Más vale que se tenga una gran historia", dijo, "o ninguna; son todas esas pequeñas historias en medio las que causan tantos problemas".

Las teorías de la autorrealización de Abraham Maslow, la psicología profunda de Carl Jung, la psicosíntesis de Roberto

Assagioli y la psicología basada en el alma de Rudolph Steiner han servido como importantes puertas de entrada a esta forma más arquetípica de autoconocimiento. Y el campo emergente de la psicología transpersonal está ayudando a las personas a centrarse más en el futuro que desean en lugar de obsesionarse con las heridas del pasado. Los terapeutas transpersonales definen el yo como una personalidad egoica y un alma espiritual. Al darse cuenta de esto, se está de hecho despertando y avanzando por el "Camino de retorno a la Fuente".

Pero no es un Yo en el que se introduce uno fácilmente: Aprender a ser humano ha sido muy difícil para el alma espiritual. Y aprender a ser consciente del alma aún está en pañales para la mayoría. Ha sido necesario trabajar duro para limpiar la psique humana de todas las distorsiones y asuntos inconclusos que aún se arrastran del largo viaje de la Humanidad a través del Tiempo. El camino ha estado plagado de conflictos, incertidumbre, responsabilidades abrumadoras y espejismos de lujo y éxito que consumen los frágiles egos con anhelos que nunca se satisfacen. Y estas proyecciones del ego superan tan fácilmente a las personas.

Al despertar, algunos de estos conflictos y apegos tan arraigados se ven ahora con una sonrisa, o incluso con un poco de asombro por cómo se pudo llegar a quedar tan atrapado en algo así. Victimismo, sentimientos de culpa o vergüenza, sentimientos heridos, sensación de fracaso, necesidad de demostrar la propia valía a los demás... este tipo de problemas del ego parecen desvanecerse. Muchos están aprendiendo simplemente a mirar el mundo en el aquí y ahora, contentos con dónde se encuentran en este largo viaje a casa.

El alma nunca juzga; simplemente observa. En una visión, un individuo salía de un charco de agua sucia, lo miraba con compasión y se daba cuenta de que era su pasado del que tenía que salir. Estaba teniendo uno de esos preciosos momentos en el Tiempo, de pie en su verdadero Ser, presenciando su vida "desde arriba". Y pudo ver que todo ha tenido un propósito sagrado, incluso los tiempos difíciles y los malos errores. Como tan conmovedoramente señaló el estimado sabio indio, Sri Aurobindo: "Por tus tropiezos, el mundo se perfecciona".

Todos están llamados ahora a convertirse en puros reflectores del Espíritu en el plan de Dios para la Humanidad. Los gnósticos lo sabían, y los evangelios gnósticos lo dejan muy claro. Por eso Jesús le dijo a María Magdalena que se convirtiera en su verdadera naturaleza y viviera en la simplicidad del no-apego. En su Evangelio, Jesús le dijo:

"El apego a la materia da lugar a la pasión contra la naturaleza. Así, surgen los problemas en todo el cuerpo... Estate en armonía. Si estás fuera de equilibrio, inspírate en las manifestaciones de tu verdadera naturaleza".

Ya no sólo se participa en esta vida humana, sino que se está evolucionando hacia arriba y fuera de ella. Este cambio direccional en la conciencia es una transición abrupta de cómo se ha vivido en el pasado, un experimento completamente nuevo en la evolución. No todo el mundo tendrá "oídos para oír" esta llamada. Pero aquellos cuya personalidad y alma se están convirtiendo en uno anclarán su conciencia en una dimensión completamente nueva de la Realidad. En esta forma de ser del tamaño del alma, los Antiguos Maestros Gnósticos creían que se vive en el Pleroma eterno de donde se ha venido -- no en la otra vida, sino ahora mismo donde uno se encuentra actualmente. Cabe recordar que el Pleroma no es un terreno; es un estado expandido de conciencia. No hay ningún lugar al que ir; sólo hay alguien que ser.

Los Gnósticos y La Hermandad Blanca

Los custodios de la Sabiduría Ancestral, conocidos como la Gran Hermandad Blanca, han acompañado a la humanidad desde el inicio de los tiempos. Es importante aclarar que el término "blanco" no hace referencia a la raza o al color de la piel, sino a los practicantes de la Magia Blanca, aquellos que cumplen la voluntad divina en la Tierra y combaten el mal con el bien. El Mago Blanco habita en la conciencia del alma y es receptivo al Plan Divino para la Humanidad.

Existen científicos y metafísicos cuya fuerza motriz proviene de revelaciones divinas, sirviendo como ejemplos contemporáneos de Magos Blancos. Estos sabios conocen el manejo de las leyes universales para el beneficio de la humanidad, realizando el trabajo del místico práctico basado en manifestaciones reales. Sin embargo, lamentablemente también existen Magos Negros en la Tierra que manipulan estas leyes para fines egoístas, causando estragos en el mundo.

Según la tradición esotérica, las Antiguas Tradiciones Misteriosas fueron entregadas a la Humanidad por "los sabios de antaño", conocidos como la Gran Hermandad Blanca de Sirio, una estrella brillante en el firmamento nocturno terrestre. A lo largo de la historia, estos Maestros de Sabiduría han encarnado la Luz y han venido a la Tierra para transitar el camino de la naturaleza superior e íntima de la Humanidad, elevando las fuerzas del egoísmo y el materialismo a un plano espiritual más elevado. Su ley rectora establece que al intentar aferrarse a lo que se posee, inevitablemente desaparecerá. Estos iluminados miembros de la Humanidad nos guían a seguir las influencias del alma y a aprender a vivir con un desapego de corazón abierto.

La historia esotérica relata que esta antigua Hermandad de almas despiertas se estableció en la Tierra hace cuatro millones y medio de años en Shamballa, una isla en el Mar de Gobi, con el propósito de servir como fuente fundacional de guía para el despertar espiritual de la Humanidad. Constituyen el origen de todas las grandes filosofías, mitologías y tradiciones espirituales del mundo. Esta Hermandad universal de Adeptos iluminados es una afirmación ampliamente compartida por las escuelas esotéricas de finales del siglo XIX y principios del XX. Estos magistrales "sabios de antaño" velan por el desarrollo del Plan Divino para la Humanidad, conocido en la Tradición Misteriosa Occidental como 'la Jerarquía Espiritual en el Sendero del Servicio a la Tierra', guiando la evolución humana a través de la radiación de influencias espirituales e ideas progresistas.

En el ámbito de las ideas esotéricas, todas las Escuelas de Misterio están supervisadas por estos seres realizados por Dios que residen en los reinos superiores de la conciencia. Estos Maestros Ascendidos y discípulos desencarnados rara vez toman forma humana; se acercan principalmente desde el plano mental de la conciencia, penetrando las mentes con profunda sabiduría e inspiración. Se manifiestan en momentos de meditación y en instantes espontáneos de profunda perspicacia y revelación.

Estos son los guardianes de la gnosis. Con la dispensación de Acuario, todos están llamados a seguirlos y ayudar a las almas hermanas en el camino de la iluminación. Es posible convertirse en discípulos de la Gran Hermandad Blanca con una voluntad comprometida de servir a la Humanidad en las áreas en las que se está mejor preparado. Quizás, sin que el intelecto lo sepa, muchos se han estado preparando para este trabajo planetario durante toda la vida.

Estos custodios son los Hermanos Mayores que han transitado la vida terrenal durante más tiempo que el individuo promedio y, habiendo obtenido una mayor medida de luz, han asumido mayores responsabilidades por el destino cósmico de la Humanidad. En los círculos esotéricos, se afirma que la naturaleza física de estos Maestros Ascendidos se ha transmutado en cuerpos sin edad que ya no están sujetos a la muerte y al renacimiento. Por lo tanto, pueden viajar de forma materializada o desmaterializada, y desde un estado desencarnado, impactan las mentes de los buscadores con visiones e inspiraciones más elevadas. Se dice que algunos abandonan el Camino del Servicio Terrestre para avanzar en su propia evolución en otras dimensiones, mientras que otros toman forma física en identidades veladas y permanecen aquí para guiar a los estudiantes en el Camino. Su labor consiste en difundir el conocimiento de la Sabiduría Antigua dondequiera que encuentren una respuesta.

Los primeros filósofos egipcios conocían esta Jerarquía Espiritual siglos antes del nacimiento de Jesús, y contribuyeron a preservar los Misterios con una sincera profundidad de honor y comprensión. El filósofo judío helenístico Filón de Alejandría, contemporáneo de Jesús, se refería a estos seres avanzados cuando afirmó que tales hombres mantienen viva la chispa encubierta de la Sabiduría secretamente por todas las ciudades del mundo, para que la Virtud no se extinga por completo y desaparezca de la humanidad, construyendo torres de Pensamiento infinito.

Estos Seres magistrales no se interesan en las vidas personales de los individuos; solo se conectan con aquellos que realizan algún tipo de servicio con propósito que ayude a la gente a evolucionar. Su misión es siempre ayudar a la Humanidad a despertar de su letargo para que más personas se conviertan en transmisores del Amor y la Verdad. En los círculos esotéricos, esto se conoce simplemente como "El Trabajo".

Algunos individuos han sentido la presencia de uno de estos Guías Espirituales altamente avanzados en su vida meditativa. En la imaginación creativa, se han tenido visiones de quienes se cree que son discípulos de Maestros como Djwhal Khul, aconsejando en el trabajo de vida. También se ha experimentado una sensación de guía al enseñar en público o al escribir libros. A menudo, pasan varias horas sin darse cuenta, como si se estuviera "en la Zona" y el tiempo desapareciera. Este proceso sagrado es verdaderamente un misterio inspirador.

En El Apócrifo de Pedro, Jesús puede haberse referido a la Gran Hermandad Blanca y a los gnósticos cuando habló de un remanente fiel de personas que fueron etiquetadas como herejes por aquellos "que se nombran a sí mismos obispo y también diáconos". Este texto paleocristiano, escrito en hojas de pergamino de la Biblia original en griego koiné, fue encontrado en la tumba de un monje cristiano en el siglo IX. En este texto apócrifo condenado como herético, Pedro imaginó a Jesús llevándolo a un "país fuera de este mundo" donde residían sumos sacerdotes y hombres justos, vestidos con ropas de ángeles resplandecientes. Estos inmortales, alegó Jesús, participan de la "sabiduría de la Hermandad que realmente existe, que es la comunión espiritual con los unidos en comunión".

Muchos creen que la Orden de Melquisedec fue la fuente de la Gran Hermandad Blanca y de la Tradición Gnóstica. Curiosamente, la Biblia parece validar esto: en el Nuevo Testamento, se afirma que "Jesús fue llamado por Dios sumo sacerdote según la Orden de Melquisedec". Parece evidente que Jesús, quien encarnaba al Cristo universal, era un Maestro encarnado de esta Hermandad cósmica. Solo un alma muy avanzada podría haber vivido la vida que Jesús vivió.

La conciencia crística universal es un Misterio cósmico sagrado. Esta ardiente luz de la Divinidad envuelve a un alto

Iniciado en cada Era que está bien preparado para representar al "Hijo de Dios" aquí en la Tierra y ayudar a redimir a la Humanidad. Estos miembros inmortales de la Hermandad son los que mueven el mundo.

El Agni Yoga, inspirado por el Maestro Ascendido El Morya, es el Yoga del Fuego, la Luz iluminadora del Espíritu. Se considera la forma más elevada de yoga en la Tierra, recordando que se necesitan brasas vivas para purificar la conciencia de la Humanidad. Puede generar inquietud e incluso perturbación hasta que se responda al llamado del propósito del alma, obligando a entrar en las condiciones más impactantes de la existencia. Como se recuerda, el ímpetu del Fuego es tan fuerte como la estructura de un cristal, y una multitud de aplicaciones del trabajo del Fuego se revelan como las condiciones más sorprendentes de la existencia. Comenzando por las formaciones luminosas ordinarias visibles a simple vista, hasta los complejos fuegos del corazón, se es conducido al reino del Mundo Ardiente.

La Tradición Misteriosa Occidental enseña que hay un cargo en la Jerarquía Planetaria ocupado por un Maestro de los Maestros, conocido como el Señor del Mundo, que desempeña el papel tanto del Bodhisattva del Budismo Mahayana como del Cristo. Este es el Señor Maitreya, el Logos espiritual cósmico todopoderoso también conocido como Sanat Kumara que, según la Cábala judía, vino al Planeta Tierra desde Venus. En las enseñanzas teosóficas, este es el Ser exaltado que ensombreció a Jesús con la conciencia de Cristo durante los últimos tres años de su vida.

En estas enseñanzas, los Señores Solares que residen en el cosmos junto con el Señor Maitreya son conocidos como los Kumaras. Otro nombre para Jesús, según la Orden de Melquisedec, es Sananda Kumara, que es uno de estos Señores Solares también conocidos como "Hijos de Dios". En el Antiguo

Testamento, el Señor del Mundo es conocido como "El Anciano de Días". A menos que se profundice en el estudio esotérico, rara vez se escucha sobre estos Seres Cósmicos universales cuyas identidades trascienden verdaderamente la comprensión del intelecto humano.

Algunos de estos Señores Solares no participaron en "la Caída" y nunca han encarnado, permaneciendo en conciencia en el Reino de los Cielos y sirviendo como Instructores a la humanidad a través de inspiraciones y revelaciones. Otros sí encarnaron y se convirtieron en Rishis, Gurús y Avatares que han aparecido aquí desde las primeras tradiciones de los Reyes Divinos egipcios. Los más grandes de ellos fueron Thoth, a veces llamado Hermes, y Khufu, el constructor de la Gran Pirámide. También los faraones eran considerados descendientes directos de Dios. A continuación, se enumeran algunos de los Maestros de la Sabiduría que se cree han encarnado en la Tierra y han hecho notables contribuciones al avance de la evolución humana:

. Zaratustra de Persia (también conocido como Zoroastro), que enseñó a elegir entre los poderes cósmicos del bien y del mal.

. Pitágoras, padre de las matemáticas.

. Heródoto, padre de la Historia.

. Hipócrates, padre de la medicina moderna.

. Euclides, padre de la geometría.

. Demócrito, padre del átomo.

. Abraham, padre de la religión judeo/cristiana.

. Mahoma, el padre del Islam.

. El Maestro Kuthumi de Cachemira y el Maestro Tibetano Djwhal Khul de la Escuela Arcana del Cristianismo Esotérico.

. Santa Germaine de Transilvania.

. Confucio, el filósofo chino.

. Hermes Tresmegisto de Grecia.

. Vyasa, el sabio que escribió el Mahabharata en sánscrito.

Quizás los más conocidos sean Platón, Sócrates y Aristóteles de Grecia; Rama Krishna de la India; Lao Tzu de China; San Francisco de Asís; Quan Yin de la India; San Pablo de Tarso; Swami Vivekananda de la India; María Magdalena; William Shakespeare; William Blake; Sir Isaac Newton; la Madre Teresa; Kahlil Gibran; Roger Bacon; Helena Blavatsky; Valentinus y Basilides de Alejandría; y Leonardo da Vinci, entre otros.

Los misteriosos Magos que vinieron al nacimiento de Jesús desde Oriente portando oro, incienso y mirra, eran evidentemente Seres de Luz encarnados de este Orden Superior que diseñaron el trabajo de Jesús aquí en la Tierra y luego lo guiaron en el desarrollo de la sabiduría y las habilidades que necesitaría para encarnar al Cristo. Varios historiadores los consideraron descendientes de Seth y miembros de la Orden de Melquisedec o de la Orden esotérica de los Esenios.

Es posible que el lector esté siguiendo las enseñanzas de algunos de los altos Iniciados mencionados, cada uno de los cuales ha aportado un regalo único y vital al mundo, especialmente en las áreas de la filosofía y la psicología: Sri Aurobindo, Paramhansa Yogananda, el Dalai Lama, Alice Ann Bailey, George Gurdjieff, Carl Gustav Jung, Rudolph Steiner, Mircea Eliade, Roberto Assagioli, William James, Abraham

Maslow y Joseph Campbell. Los físicos de mentalidad mística David Bohm, Fred Alan Wolf, Fritjof Capra y Robert Oppenheimer han ido mucho más allá de lo que suelen aportar los físicos ordinarios. Se cree que muchos de estos maestros consagrados son gnósticos, o al menos sus enseñanzas están en consonancia con los diversos aspectos del pensamiento gnóstico.

Herman Hesse y los autores de la generación beat Jack Kerouac y Allen Ginsberg eran gnósticos, al igual que los novelistas ingleses E. M. Forster y Lawrence Durrell. Esta es una maravillosa cita del notable libro de Hesse El lobo estepario, relativa a los conflictos del protagonista entre la realidad exterior y la interior: "Tienes el anhelo de abandonar este mundo y penetrar en un mundo más allá del tiempo. Sabes, por supuesto, dónde se oculta ese otro mundo. Solo dentro de ti existe esa otra realidad".

Referirse a estos seres humanos tan aclamados como Maestros Ascendidos, Avatares o Altos Iniciados es un lenguaje esotérico que a algunos puede parecerles un poco rebuscado. Raramente se habla de estos niveles exaltados del ser, ya que francamente la mayoría de las personas nunca estudian la sabiduría esotérica. Ciertamente, la idea de Maestros Ascendidos que guían la evolución de la Humanidad nunca ha sido validada como un hecho científico. Tampoco se menciona este lenguaje en las escuelas regulares de educación.

Sin embargo, en el mundo esotérico, esta Hermandad universal de Maestros es un tema fundacional común, y muchos de sus maestros o escritores afirman haber recibido inspiración o contacto real de uno o más de estos seres avanzados. El gnosticismo se basa en la sabiduría milenaria y el ambiente espiritual de estos Maestros. Afortunadamente, gran parte de su conocimiento prístino se ha conservado en las diversas Escuelas de Misterios, junto con los evangelios gnósticos recientemente descubiertos y otros conocimientos esotéricos como los Rollos del Mar Muerto de los Esenios.

Los párrafos anteriores sobre la sabiduría atemporal de esta Hermandad cósmica apuntan a una profunda exploración que requeriría muchos años, quizás incluso vidas, de estudio. Se han mencionado solo aquellos conocidos, principalmente de las áreas de la psicología y la física teórica, pero hay muchos más. Nunca se conocerá la identidad de todos los que han venido específicamente para ayudar al avance de la especie humana. No buscan ser conocidos o reconocidos, ya que sirven desde un lugar de propósito sagrado, no desde el ego personal.

Al revisar esta lista, es posible sentirse atraído por algunos de estos guías magistrales, y esta atracción puede llevar a reconocer algo sobre la propia vocación o linaje espiritual. Muchos lectores han nacido en esta vida con conciencia de Iniciado, o en lenguaje gnóstico, han nacido como "los que saben". Por lo tanto, siempre han sido un estudio rápido en el reconocimiento de la sabiduría esotérica.

La identidad de Jesús

La identidad y el propósito de Jesús en la Tierra han sido investigados y debatidos durante siglos. Recientemente, se han descubierto textos y evangelios tempranos escritos por contemporáneos de Jesús que ofrecen una perspectiva diferente sobre su figura. En estos escritos, Jesús no es presentado como el Mesías, el Cristo o el Hijo unigénito de Dios, sino como un sabio errante y carismático, un hombre sencillo lleno del espíritu divino que predicaba la aceptación incondicional de todos los seres humanos. Se le consideraba un hombre sabio y compasivo, sin atributos sobrenaturales significativos. Curiosamente, muchos de los escritores religiosos y políticos más prominentes de la época ni siquiera mencionaban a Jesús en sus obras.

La abundancia de relatos contradictorios y datos refutados sobre Jesús dificulta la tarea de explorar su historia popular desde una perspectiva fáctica. Parece que el verdadero Jesús se desvaneció tras las proyecciones y el atractivo emocional de las religiones de la época, siendo moldeado para encajar en el ideal arquetípico de un Salvador cósmico o un "Gobernante supremo".

En la tradición judía, la existencia histórica de Jesús es un hecho sólido, aunque su identidad como "el Mesías" siempre ha sido cuestionada. Conocido como Yahshua ben Yahseph en árabe, o Yeshua en hebreo, se creía que era un legítimo candidato al Sacerdocio-Rey genealógico, descendiente de Eleazar, el hijo de Aarón, quien fue el primer sacerdote que sirvió en el Templo de Salomón. Esta es la línea real del Sacerdocio Zadok judío gobernante, fundado por el Rey Salomón. Estos Sumos Sacerdotes llevan el título de "Melquisedec", quien se convirtió en el Sacerdote-Rey de la antigua ciudad de Salem, más tarde conocida como Jerusalén, considerada el lugar donde los mundos espiritual y material tienen su mayor punto de encuentro. A menudo se afirma que Jesús era un Sumo Sacerdote de la Orden de Melquisedec, y que Melquisedec hizo de Jesús el Sumo Sacerdote eterno de Jerusalén. En el capítulo 7 de la Epístola a los Hebreos, se describe a Melquisedec como un gran hombre "que no tiene principio de días ni fin de vida, sino que fue hecho semejante al Hijo de Dios; permanece sacerdote para siempre".

La Orden de Melquisedec es considerada la Orden más elevada de la creación, pues es la Orden real sacerdotal eterna del Cristo Cósmico. Así, en la religión cristiana se establece una conexión metafísica. Los cristianos gnósticos y la Orden esotérica de los esenios afirmaban que Jesús era una reencarnación de Melquisedec. Sin embargo, numerosos historiadores señalan que Melquisedec es un título, no una persona. Además, cualquier doctrina sobre Jesús siendo una reencarnación de alguien puede ser cierta, pero no encuentra fundamento en las Escrituras, ya que los escribas designados por los romanos eliminaron meticulosamente todas las referencias a la reencarnación de la Biblia.

Según la tradición judía, Miriam, la madre del Jesús histórico, pertenecía a la Casa de Aarón, mientras que su padre, Yahsef, pertenecía a la Casa Real de los Príncipes de David. Jesús descendía por nacimiento de estas líneas reales. Si este linaje biográfico es verídico, resulta ficticia la idea de que Jesús nació en un pesebre, criado por dos jóvenes campesinos empobrecidos de Israel. Miriam era considerada una heredera zadoquita y fue educada bajo la protección del sacerdocio zadoquita con el propósito de dar a luz al Mesías en el futuro.

De acuerdo con la tradición judía, Jesús debía pertenecer a la Casa de Sadoc para poder convertirse en el tan esperado Mesías. Los zadokitas eran sacerdotes de la línea de Aarón que se establecieron alrededor del año 163 a.C. en el Templo judío de Bubastis, dedicado a la diosa gata Bast. Este templo estaba construido bajo tierra, permitiendo al pueblo observar desde arriba los sagrados rituales que allí se celebraban. Aún hoy pueden apreciarse las ruinas de los muros de este templo.

Los sacerdotes zadokitas eran considerados demasiado místicos para ser ampliamente aceptados por todos los judíos. No obstante, la investigadora teológica Alice Hunt ha encontrado evidencias bíblicas y extrabíblicas de la existencia del sacerdocio zadoquita. Según Hunt, Juan el Bautista también pertenecía a la Casa de Sadoc, y en su época muchos lo consideraban el Mesías venidero. Los historiadores tienen la certeza de que el primer Sumo Sacerdote en el Templo de Salomón era un Sacerdote Sadoquita. Sin embargo, los helenistas griegos se opusieron a este sacerdocio hereditario y, en el año 172 a.C., asesinaron al Sumo Sacerdote Onías III, interrumpiendo así la línea zadoquita. A partir de ese momento, Jerusalén se convirtió en una ciudad griega helenista.

Seguir el hilo de esta historia puede resultar frustrante debido a las numerosas discrepancias y lagunas en la información proporcionada por diversos historiadores e investigadores acerca de la verdadera identidad de Jesús. No obstante, se sabe con certeza que era un judío halájico. El término hebreo halakhah se refiere a la interpretación ética judía de la Ley Bíblica. Tal como proclaman las Escrituras, Jesús vino a cumplir la Ley de la Torá, no a abolirla. Para los judíos ortodoxos, la halajá es el camino que siguen para expresar su imagen divina y su relación con Dios, lo cual hacen humildemente mediante buenas obras prácticas ordinarias en el mundo, tal como hizo Jesús.

Los primeros Padres de la Iglesia eran conscientes de que el cristianismo es heredero del judaísmo bíblico y de que Jesús era judío. Sin embargo, a lo largo de la historia, los cristianos han restado importancia a este hecho y han presentado a los judíos como enemigos anticristianos de Jesús, responsables de su crucifixión. Es importante destacar que, con muy raras excepciones: todos los más proclamados primeros seguidores de Jesús eran judíos gnósticos.

Aparentemente, Jesús se inició en los Misterios Antiguos durante los 18 años de los que no tenemos conocimiento bíblico. Los Magos sabían que Jesús de Nazaret iba a ser un Mensajero de la Luz enviado para traer una forma completamente nueva de conocer a Dios y una manera totalmente nueva de ser. Eran conscientes de que había venido para hacer avanzar nuestro proceso evolutivo según el plan divino para este mundo. El Maestro Tibetano Djwhal Khul señala sabiamente este avance evolutivo de la Humanidad en la siguiente declaración:

"La luz se está vertiendo lentamente en la vida de la humanidad, y en el resplandor iluminado formularemos la nueva psicología y religión y llegaremos a una nueva enunciación de la antigua verdad. A través de la lente de la mente iluminada, pronto veremos aspectos de la Divinidad hasta ahora desconocidos".

Durante sus primeros años de vida, Jesús fue guiado por los Maestros de Sabiduría de la esotérica Orden Esenia para ser un precursor de esta nueva efusión de divinidad. El historiador judío Flavio Josefo, autor de las ampliamente estudiadas obras "Guerras de los judíos" y "Antigüedades de los judíos", menciona la existencia de tres grupos filosóficos distintos en el judaísmo durante la vida de Jesús: los fariseos, los saduceos y los esenios. Mientras que los fariseos y los saduceos son mencionados en la Biblia, curiosamente, los esenios no aparecen en absoluto. Dado que los esenios eran místicos y seguidores de la sabiduría esotérica, cabe preguntarse si su omisión en todos los textos canónicos romanos fue deliberada. Probablemente nunca lo sabremos con certeza.

Gnosticismo moderno

Este es el semillero de la obra de Carl Jung; Jung era un verdadero gnóstico que construyó toda su teoría psico-teísta en torno a los arquetipos y al proceso de Autorrealización, que denominó "Individuación". Se refirió a menudo a los gnósticos en sus escritos e incluso se le vio en algunas fotografías llevando su anillo gnóstico. Su clásico libro visionario, Los Siete Sermones a los Muertos, fue atribuido al ampliamente estimado gnóstico alejandrino Basílides.

Es una enseñanza directa de la Tradición Misteriosa Occidental que la verdad ya vive dentro de cada persona. En lenguaje esotérico, los gnósticos son "agentes kármicos libres" que han aprendido a pensar por sí mismos. Como recuerdan los evangelios gnósticos, Jesús no tuvo miedo de mostrar cómo cada uno debe salir de las normas culturales, religiosas y sociales limitantes y ser "aquel que sabe". Los gnósticos habían resucitado "la asamblea de la ekklesia" descrita en los primeros textos bíblicos como aquellos que recordaban que eran divinos.

En el gnosticismo, la integración psicoespiritual, que conduce a la trascendencia, es el objetivo más elevado. Los valores religiosos consisten más en conectar con el Yo arquetípico que con alguna forma de doctrina extraña. Al ser ellos mismos de forma natural, los cristianos gnósticos ayudaron a otros a buscar una experiencia de vida significativa con la vida espiritual, que les proporcionara un sentido de plenitud y un propósito sagrado. Sabían que sin el esfuerzo humano y un fuerte compromiso para mantener la psique despejada, no hay forma de que lo sagrado tome forma en este mundo. Las personas son los vehículos que el Espíritu utiliza para materializar conscientemente sus procesos transformadores en esta Realidad.

Este tipo de trabajo terapéutico profundo es muy personal; aumenta armoniosamente la intensidad de la experiencia de ser humanos. Y paradójicamente, cuanto más profundamente las personas se adentran en la psique humana personal, menos individuales se vuelven. Carl Jung creía que, en el fondo de la psique, el ser humano es el mundo. Los gnósticos creían que debían manifestar la vida divina aquí en la Tierra, no haciendo buenas obras, sino simplemente con su forma de ser. Su trabajo interior para limpiar su psique se convirtió en su búsqueda religiosa.

La integración psicoespiritual tiene el poder de expandir las mentes hacia la mente colectiva de la Humanidad. Y allí, se encuentran con todas las grandes mentes y se inspiran en las enseñanzas espirituales universales, en la herencia ancestral y en los futuros planos no formados que esperan su invocación. Siempre que se pueda alcanzar esta profundidad de comprensión de quiénes se es realmente, se tendrá el poder de despertar y tomar posesión de la voluntad personal y deslumbrarse con la impresionante sacralidad de ser humanos. Como recuerda Arnold Toynbee, en momentos de crisis, ciertos individuos se alejan del mundo exterior hacia la psique, y descubriendo allí una nueva forma de vida, regresan al mundo exterior como una minoría creativa, que actúa como levadura para la renovación de la civilización.

La forma gnóstica de acceder a la belleza del Yo central es la sanadora de todas las disfunciones humanas y estilos de vida autodestructivos. Este trabajo interior podría manifestar el Cielo en la Tierra si todo el mundo estuviera dispuesto a hacerlo. Esta fue la búsqueda del Santo Grial, y a lo largo de toda la historia también la de los gnósticos.

A Manera de Cierre

La evolución del Todo Absoluto se despliega a través de manifestaciones sucesivas en el espacio y el tiempo, conocidas como Eras. Según los astrólogos, actualmente nos hallamos en una transición entre la Era de Piscis y la Era de Acuario. En la Era de Piscis, la humanidad aprendió la devoción, la adoración a seres considerados más iluminados y el enfoque en complacer a los demás. Sin embargo, con el advenimiento de la Era de Acuario, la mirada se vuelve hacia el interior, convirtiéndonos en nuestros propios guías y siguiendo nuestra sabiduría interna. En los tiempos venideros, se establecerá el hecho de que somos más de lo que aparentamos, siendo el alma etérea nuestro verdadero Ser. Esta visión era compartida por los primeros cristianos gnósticos.

Hace dos milenios, la misión de Cristo fue demostrar los poderes divinos latentes en cada ser humano. Ha llegado el momento de realizar nuestro potencial más elevado, lo cual, según los gnósticos, manifestará el Reino de los Cielos en la Tierra. No obstante, solo un pequeño grupo de personas, capaces de pensar a través de la gnosis, están preparadas para manifestar conscientemente esta tarea. Los lectores de este texto forman parte de este nuevo grupo de servidores del mundo, mencionado en diversas tradiciones esotéricas. Las tareas iniciáticas ya no se guían a través de ritos de paso sagrados o iniciaciones ceremoniales diseñadas por otros, sino que ocurren en medio de la vida diaria. Este trabajo sagrado se realiza simplemente siendo uno mismo, y un grupo muy pequeño es suficiente para crear un salto cuántico en la conciencia.

Carl Jung, como gnóstico profundamente arraigado, comprendió la necesidad de volverse hacia el interior en una seria autorreflexión y encontrar la manera de llevar la sabiduría de la Edad Media que mejora la vida al ropaje moderno. Consideraba esto necesario para ayudar a la humanidad a evolucionar. Su percepción psicoespiritual de la relevancia de las ideas gnósticas ha contribuido significativamente a este esfuerzo. El objetivo es elevarse plenamente a la expresión arquetípica, ya que, como advirtió una vez Carl Jung, solo a gran riesgo se pueden cortar las raíces sin destruir los ideales y los pájaros celestiales de la psique arquetípica.

Como seres espirituales procedentes de un orden superior de la Realidad, los seres humanos tienen un profundo anhelo de realizar su propia naturaleza trascendente mientras se encuentran encapsulados en carne humana. Para los gnósticos, explorar la psique siempre ha sido una búsqueda religiosa inspiradora. Sin embargo, lamentablemente, la vida espiritual moderna ya no ofrece fácilmente las historias míticas numinosas, las percepciones espirituales y las experiencias de transformación interior que los gnósticos aprecian tanto. Gran parte del cristianismo se ha convertido en una religión monótona, plagada de dogmas y credos memorizados que muchas personas aprenden de memoria, a pesar de ser totalmente irrelevantes para muchos buscadores espirituales contemporáneos.

Para muchas personas, las religiones ortodoxas cristalizadas simplemente han caído en el fondo de sus mentes, con pocos signos de un verdadero renacimiento espiritual. No es sorprendente que se experimente un malestar cultural en torno a la vida religiosa, un auténtico empobrecimiento espiritual. Como señala el filósofo junguiano Alfred Ribi, una renovación de la vitalidad no se encontrará en una mayor exteriorización, sino en un giro radical hacia el interior.

Afortunadamente, esta fachada ostensible como forma de vida está perdiendo fuerza en la humanidad y muchos están reconectando con la vida del alma, con sus poderes divinos de revelación, imaginación creativa y transmutación. Desde esta conciencia subjetiva superior, se está superando la caída en la oscuridad, el materialismo y el aislamiento de los reinos de la Luz. Antes de que se desvanezca el último cálido pulso de la vida, muchos se están retirando de sus heces mortales hacia esa Gloria donde no hay mancha de Noche.

Aquellos que han estado dispuestos a realizar un trabajo interior, su hermoso Ser divino está reclamando su identidad. Saben quiénes son, para qué están aquí y comprenden que es el momento de partir y participar conscientemente en una relación correcta con sus almas hermanas y hermanos. Están siendo llamados a ayudarse mutuamente a ser más inspirados, amorosos y sabios. Como se menciona en una de las enseñanzas teosóficas favoritas:

Que la energía del Ser divino inspire y la luz del alma dirija; que sean conducidos de la oscuridad a la luz, de lo irreal a lo real, y de la muerte a la inmortalidad.

Como Hijo del Hombre, Jesús era el ideal de Dios de un ser humano plenamente realizado. Sus enseñanzas originales hablan ahora a través de los Evangelios gnósticos recientemente descubiertos, que indican que el cristianismo pretendía ser el camino hacia el verdadero autoconocimiento. Jesús buscaba recordar que era necesario disciplinarse para vivir como la sagrada descendencia eterna de un Padre celestial. Se trataba del despertar del Cristo interior, nunca de adherirse a ninguna autoridad religiosa exterior.

Jesucristo, como Hijo de Dios e Hijo del Hombre, honró el Reino Humano más allá de todos los límites y puso a la humanidad en el Camino del Retorno a su herencia divina como almas espirituales. En otras palabras, espiritualizó el Reino Humano, ordenando ser resucitados de entre los muertos mientras se está en esta vida, no después de morir físicamente.

Al despertar, se verá el milagro de la propia vida humana: que ha sido una empresa sagrada, y que no se está herido en lo más mínimo por haber vivido plenamente en este mundo descarado. Como se indica en el Evangelio de Felipe, cuando una perla se arroja al barro, su valor no cambia.

Una perla arrojada al barro no pierde su valor y ungirla con aceite no aumentará su valor; su valor permanece inalterado. Así es con los hijos de Dios; dondequiera que estén, son igual de preciosos para su Padre.

Aquellos que están despertando están trayendo el Reino de los Cielos de la única forma en que puede manifestarse en la Tierra: siendo ellos mismos esta nueva conciencia. Quizás esta sea la razón por la que encarnaron aquí al comienzo de esta Era. Y si es así, ya lo saben en su corazón, por lo que se abrirán naturalmente a esta nueva forma de ser mientras viven su vida diaria. Cada uno es una expresión única de este nuevo grupo de servidores del mundo, aquí para ayudar a la humanidad en este momento crucial de la evolución de la especie, simplemente siendo ellos mismos. Todos tienen una esfera de influencia, sin importar su tamaño. Como recuerda el tibetano Djwhal Khul: "Así debe ser, especialmente ahora, y ayúdenme a hacer mi parte".

Lamentablemente, este trabajo sagrado de hacer avanzar la conciencia humana se ha quedado casi estancado en el mundo actual. Pero, afortunadamente, muchos están llegando por fin a una etapa de su evolución en la que pueden absorber verdaderamente la forma gnóstica de buscar el Autoconocimiento y la purificación interior y la revelación que conlleva, porque el Libro en el que yacen todos los misterios está dentro de cada uno.

Por la voluntad e intensa pasión para expresarse en la Tierra como el verdadero Ser humano/divino -aunque la mayoría de las veces sin darse cuenta de ello- se ha estado honrando la vocación, siguiendo el Camino esotérico del Servicio a la Tierra. Esta es la vía gnóstica de la ekklesia que lleva hacia el interior para saber que Dios y los seres humanos son uno. Y a través de la gnosis, se puede experimentar este "saber" atemporal en cada momento de la vida. El gnóstico árabe Monoimus lo expresa con elegancia:

> Abandónese la búsqueda de Dios y de la creación y de otros asuntos similares. Búsquese partiendo de uno mismo. Apréndase quién es dentro de uno mismo el que hace suyo todo, y dice: Dios mío, mente mía, alma mía... Apréndase la fuente de la tristeza, la alegría, el amor... Si se investigan detenidamente estos asuntos, se encontrará en uno mismo.

Conseguir este recuerdo de la verdadera naturaleza es la tarea evolutiva actual. Esta es la dispensación de Acuario a la que se ha venido a servir. Los seres humanos son los Portadores de Agua que nutren la Tierra. Y a partir de ahora, vivir como el verdadero Yo humano/divino será la base de todo lo demás que se haga en la vida.

En resumen, he aquí las 5 etapas básicas en este viaje de despertar cuando se somete uno a los procedimientos transformacionales del Autoconocimiento, o gnosis:

1) Se permanece continuamente en la búsqueda de esa verdad oculta cada vez mayor. Esta búsqueda nunca se impone, ni se otorga; se debe "Buscar y hallar".

2) Se afirma y reconoce la Presencia que reside en el núcleo de la naturaleza humana. Lo que se busca ya reside en lo más profundo de cada uno. Es el verdadero Ser. Se sabe que está ahí o no se buscaría.

3) Al recordar la fuente del Ser, surge la preocupación por cómo se ha permitido que el ego corrompa y desvíe. Surge la humildad al darse cuenta de que se sabe muy poco de la Realidad. Se derrumban los cimientos.

4) Esto lleva al asombro y la admiración infantiles. Surge la maravilla al darse cuenta de que el mismo Espíritu que mueve el Cielo y la Tierra es el mismo Espíritu que mueve a cada uno. "Si no se hacen como un niño, no entrarán en el Reino de los Cielos".

5) Esta resonancia con el Espíritu se convierte en sabiduría. Se puede ver más allá de todas las dualidades hacia una forma más elevada y unificada de vivir en el mundo. Se entra en el silencio como el Ser esencial, sabiendo que el Reino de Dios está dentro, ahora se puede vivir en la paz de simplemente ser.

Estas palabras marcan las etapas de una Iniciación esotérica. Y esta sabiduría es la bendición esencial de los evangelios gnósticos:

Quien busca debe continuar buscando hasta que encuentre. Cuando encuentren, serán perturbados; y siendo perturbados, se maravillarán y reinarán sobre Todo.

Esto es lo que los gnósticos llamaban "el Gran Reposo": convertirse en participantes compasivos de la aventura épica de vivir como seres inmortales mientras habitan cuerpos mortales. Ahora se debe casar lo humano con su Ideal arquetípico que siempre y ya se es. Se vuelve a casa con uno mismo.

Como bien sabía el poeta místico Rumi, todos han recorrido un camino evolutivo que es totalmente mágico y misterioso:

Morí como una piedra y resucité como una planta.

Morí como planta y resucité como animal.

Morí como animal y nací como hombre.

¿Por qué debo temer? ¿Qué he perdido con la muerte?

Como hombre, la muerte me barre de este mundo de hombres

Para que pueda llevar las alas de un ángel en el cielo,

Sí, incluso como un ángel no puedo permanecer,

Porque no habita sino el rostro de Dios.

Así sobrevuelo el mundo de los ángeles

Hacia adelante y hacia arriba, hacia luces ilimitadas;

Entonces déjenme ser como nada, porque en mi corazón

Suena como una canción de arpa que debemos volver a Él.

Este es el final del viaje de reencarnación del que habla Jesús en el capítulo 3 del Apocalipsis cuando habla de la Nueva Jerusalén: "Al que venciere, yo lo haré columna en el templo de mi Dios, y no saldrá más".

El Alma única de la Humanidad está haciendo consciente el Quinto Reino en la Naturaleza ahora donde todos viven juntos como seres eternos. ¿Y quién sabe? El misterio de la muerte/renacimiento puede resolverse para siempre en este próximo ciclo de la evolución humana. El Evangelio de Felipe alude a esto: "Cristo crea el mundo nuevo, y la muerte retrocede". Y también, en el capítulo 21 del Apocalipsis, se oye: "Enjugará Dios toda lágrima de los ojos de ellos; y ya no habrá muerte, porque las primeras cosas pasaron".

Como seres espirituales, los humanos han estado aprendiendo a ser humanos desde fuera hacia dentro; ahora empezarán a aprender desde dentro hacia fuera -- desde el recipiente alquímico del corazón, donde el Amor Divino se convertirá en la identidad sentida. Esta nueva forma de vivir ya no se basa en lo que se ha sido en el pasado; la identidad viene ahora directamente del "más allá". Así que es necesario comprometerse ahora mismo a elevarse a su encuentro, utilizando la imaginación creativa para llevarse por encima del abismo de cualquier duda, viejos miedos, baja autoestima o asuntos no sanados que aún se puedan estar cargando.

Es bastante obvio que vivir en la Tierra como la naturaleza de Dios en cuerpos humanos aún no se ha hecho realidad. Pero es importante recordar que imaginar algo como real es la primera etapa de la manifestación. Y los seres humanos ya poseen una imaginación creativa. Por lo tanto, se utiliza la sagrada capacidad de creación de imágenes para moldear mentalmente el Ser elegido al gusto de cada uno. Pero no basta con pensarlo; se le debe dar vida con un deseo sincero y una aspiración apasionada. De lo contrario, "no hay jugo para la máquina".

Parece que Jesús nunca quiso que los humanos vivieran en la ignorancia de su verdadera naturaleza. En Marcos 4:22, dijo: "Porque no hay nada oculto que no haya de manifestarse, ni nada secreto que no haya de salir a la luz." Como en respuesta a esta promesa bíblica, ahora se cuenta con la Biblioteca Gnóstica de Nag Hammadi y los Rollos del Mar Muerto de los Esenios que brindan las enseñanzas originales de Jesús. Y hoy en día, estas escrituras están siendo interpretadas por almas sabias que buscan eliminar toda la ignorancia que bloquea la clara visión de quién fue Jesús en realidad y lo que realmente enseñó. En la Introducción a La Biblioteca de Nag Hammadi, el renombrado erudito religioso James M. Robinson, quien afirma haber sido transformado al editar estas escrituras, declara:

"El enfoque que reunió a esta colección es un distanciamiento de las masas de la humanidad, una afinidad con un orden ideal que trasciende completamente la vida tal como se conoce... No es una revolución agresiva lo que se pretende, sino más bien una retirada de la participación en la contaminación que destruye la claridad de visión."

La "contaminación" a la que se refiere es la versión diluida y prescriptiva de la ortodoxia de las enseñanzas de Jesús, proclamada como el único cristianismo verdadero. Sin embargo, los evangelios gnósticos son las verdaderas enseñanzas que Jesús dio a sus discípulos, quienes estaban siendo entrenados para llevar su mensaje por el mundo. La Biblia trata más de hechos históricos y de lo que se debe y no se debe hacer para salvarse. Las enseñanzas gnósticas son los dichos reales de Jesús que guían interiormente para recordar cómo manifestar la propia conciencia crística y cumplir el propósito sagrado de venir a este mundo.

Gradualmente, a través de los años, muchos se han dado cuenta de que no hay una verdadera elevación espiritual en las religiones extrínsecas que se centran en un remoto Dios exterior y ordenan seguir a las autoridades religiosas para ser salvados. Gracias a los evangelios gnósticos, ahora se sabe que incluso Jesús llamó a estas autoridades "canales secos". Como ávidos buscadores, por fin se ha encontrado una Tradición espiritual que realmente resuena con la sabiduría mística del corazón y permite seguir llamándose "cristianos".

Los cristianos gnósticos siempre han validado la manera personal de cada uno de conocer a Dios. Para ellos, asistir a servicios entre cuatro paredes con un ser humano al frente no es necesario para alcanzar la salvación. Según las enseñanzas de Jesús, como le dijo a María Magdalena, sólo a través de las propias revelaciones visionarias interiores se podrá conocer el verdadero mensaje de Cristo. Esta forma de conocer es una conciencia que trasciende completamente el dogma del intelecto o las ideas religiosas preconcebidas; es el misterio de la realización, los misterios del Cristo interior.

Este es el camino de la ekklesia de las enseñanzas originales de Jesús que se han perdido desde que el primer Nuevo Testamento griego fue mal traducido por los canonistas romanos, sustituyendo la palabra ekklesia por la palabra kuriakos. Y aunque se descubrieron hace más de seis décadas, los evangelios gnósticos acaban de salir a la luz.

Entonces, ¿qué tiene el gnosticismo que, en el mundo actual, sigue teniendo el poder de anular el pensamiento ortodoxo de muchas personas reflexivas? Parece centrarse en el anhelo de despertar a un nuevo nivel de conocimiento consciente de quiénes son los seres humanos, e incluso a una nueva forma de conocer a Dios. Se ha vivido mucho tiempo esta vida humana física. Y muchos se han aburrido bastante de buscar la gratificación del ego en este mundo materialista y de buscar siempre fuera de sí mismos para encontrar la salvación. La conciencia se está expandiendo ahora, buscando un camino más elevado.

Esto podría significar que se está subiendo un peldaño en la escalera evolutiva, acercándose a la culminación destinada de la especie humana. Tanto si las personas se sienten preparadas como si no, la evolución las agarra por los pantalones y las empuja hacia adelante. Quizá un día no muy lejano los seres humanos se den cuenta de que son seres inmortales y vivan como tales, en lugar de andar a tientas con opiniones y chascarrillos lógicos, como tan bien hacen estos pequeños egos limitados.

Es cierto que muchas personas están descubriendo más del milagro de lo que realmente son. Tal vez esté surgiendo una síntesis de la dualidad más elevada: el matrimonio de lo Humano con lo Divino. La humanidad parece encontrarse en este punto de inflexión, cambiando su identidad para encarnar su naturaleza más elevada. Y a través de este anhelo y voluntad de ser el Ser esencial, el gnosticismo está atrayendo hoy a buscadores reflexivos. Tal vez el Pleroma, donde se vive en la plenitud del ser, sea un estado de conciencia en el que se puede vivir ahora mismo. Todo lo que se tiene que hacer es imaginarlo y hacerlo realidad.

Pluma Arcana

FIN

Sobre el Autor

Pluma Arcana es el seudónimo de un enigmático alquimista moderno, cuya vida ha estado marcada por una incesante búsqueda de conocimiento oculto y una profunda fascinación por los misterios que se esconden más allá de los límites de la realidad convencional. Desde temprana edad, Pluma Arcana sintió una insaciable curiosidad por descifrar los secretos del universo y comprender las fuerzas invisibles que rigen nuestro mundo.

Nacido en una familia de mente abierta, Pluma Arcana tuvo la fortuna de crecer rodeado de libros sobre filosofía, religión y esoterismo. Sus padres, ambos amantes de la sabiduría antigua, fomentaron en él un espíritu inquisitivo y una pasión por el aprendizaje. Desde muy joven, Pluma Arcana se sumergió en las obras de los grandes pensadores y místicos de la historia, desde Hermes Trismegisto hasta Carl Jung, pasando por Paracelso y Aleister Crowley.

A medida que crecía, Pluma Arcana comenzó a experimentar una creciente sensación de que la realidad que percibimos es solo una ilusión, una matriz que oculta una verdad más profunda y trascendental. Esta inquietud lo llevó a explorar diversas tradiciones espirituales y esotéricas, en busca de respuestas que pudieran saciar su sed de conocimiento.

Fue durante sus estudios universitarios de filosofía y psicología cuando Pluma Arcana tuvo su primer encuentro con la alquimia. Fascinado por la idea de la transmutación espiritual y la búsqueda de la Piedra Filosofal, se sumergió en los antiguos tratados alquímicos, descifrando sus enigmáticos simbolismos y alegorías. Pronto comprendió que la alquimia no se trataba solo de transformar metales en oro, sino de un profundo proceso de transformación interior, un camino hacia la iluminación y la liberación.

A partir de ese momento, Pluma Arcana se dedicó en cuerpo y alma al estudio y la práctica de la alquimia, combinándola con sus conocimientos de gnosticismo, hermetismo y otras corrientes esotéricas. A través de la meditación, la contemplación y la experimentación, comenzó a desarrollar su propio sistema alquímico, adaptado a los desafíos y necesidades del mundo moderno.

Pero su búsqueda no se detuvo ahí. A medida que profundizaba en los misterios de la alquimia, Pluma Arcana comenzó a vislumbrar la existencia de fuerzas oscuras y parasitarias que parecían alimentarse de la energía vital de la humanidad. Estas entidades, a las que más tarde identificaría como los Arcontes, se manifestaban tanto en el plano físico como en el psíquico, manipulando sutilmente nuestras percepciones y emociones para mantenernos atrapados en un estado de ignorancia y esclavitud.

Convencido de que la alquimia podría ser una poderosa herramienta para liberarnos de las cadenas de los Arcontes, Pluma Arcana se embarcó en una misión para compartir sus conocimientos y experiencias con aquellos que estuvieran dispuestos a escuchar. A través de sus escritos y enseñanzas, busca despertar en otros la chispa de la curiosidad y el deseo de trascender los límites impuestos por la matriz ilusoria.

Hoy en día, Pluma Arcana continúa su incansable búsqueda de sabiduría, explorando los rincones más recónditos de la psique humana y del cosmos. Combina sus estudios alquímicos con investigaciones en campos como la física cuántica, la neurociencia y la psicología transpersonal, buscando puentes entre la ciencia y la espiritualidad.

Además de su labor como escritor y maestro, Pluma Arcana es un apasionado defensor de la libertad individual y la soberanía energética. Cree firmemente que cada ser humano tiene el potencial de convertirse en su propio alquimista, transmutando el plomo de la ignorancia y el miedo en el oro de la sabiduría y la liberación.

A través de sus obras, como "Contra los Arcontes: Sabiduría Hermética y Gnóstica para Ganar la Batalla contra los Parásitos Energéticos y Alcanzar la Liberación Psíquica", Pluma Arcana busca empoderar a sus lectores, proporcionándoles las herramientas y conocimientos necesarios para enfrentar a los Arcontes y reclamar su libertad innata.

Con su estilo único, que combina erudición, profundidad filosófica y un toque de misterio, Pluma Arcana se ha convertido en una figura influyente en los círculos esotéricos y contraculturales. Su mensaje resuena con aquellos que anhelan despertar del letargo impuesto por la mátrix y embarcarse en un viaje de autodescubrimiento y transformación.

Mientras la humanidad se adentra en una era de incertidumbre y cambio acelerado, la voz de Pluma Arcana se alza con esperanza y sabiduría, invitándonos a cuestionar nuestras creencias, a desafiar los límites de lo posible y a reclamar nuestro poder inherente como seres espirituales en una aventura cósmica sin fin.

Printed by Libri Plureos GmbH in Hamburg, Germany